매일
인문학
공부

✳
이 책은 2015년 출간한 『사색이 자본이다』에 새로운 원고를 덧붙여 펴냈습니다.

매일
인문학
공부

김종원 지음

SIGONGSA

들어가며   **스스로 할 수 있는 사람은
세 명분의 일을 해낼 수 있다**

　지금 우리의 내면은 겨울이다. 추워서 바깥으로 나갈 수 없고, 아무리 씨를 뿌려도 열매를 기대할 수 없다. 우리는 그렇게 외출과 성장이 완벽하게 봉쇄된 시기를 살고 있다. 그러나 나는 오히려 이 겨울에 희망이 있다고 생각한다. 바깥을 완벽하게 밀폐할수록 더욱 윤기 나는 찰진 밥을 완성해내는 압력 밥솥처럼, 우리의 내면은 지금 가장 풍요로운 겨울을 보낼 가능성을 품고 있기 때문이다. 봉쇄와 차단, 폐쇄는 오히려 더욱 풍성하며 깊은 내면의 시간을 보낼 수 있는 가능성의 기간이다.

　이전의 세계에서 살아남기 위해 '내'가 '우리'를 방해하지 않는 삶을 살아야만 했다면, 이제는 반대로 '우리'가 '나'를 방해하지 않는 삶을 살아야 한다. 그래야 좋은 게 아니라, 반드시 그래야 산다. 조직과 유연하게 소통하며 모두의 의견을 더한 결과를 내는 것이 목표였다면 이제는 우리보다 내가 앞서야 하며 그렇게 해서 나온 결과를 주장할 수 있어야 자기 존재의 가치를 전할 수 있다. 이제는 자기 생각이 곧 자기 가치인 시대를 사는 셈이다. 결론은 하나다. 당신이 가난을 원하지 않으며 경제적 자유를 얻고 싶다면 스스로 그것을 쟁취해야 한다. 누구도 당신을 돕지 않는다. 어떤 방법으로 돈을 벌어서 어떤 식으로 운용하며 가치를 더할지는 오로지 당신의 선택에 달려 있다.

서문의 제목으로 쓴 '스스로 할 수 있는 사람은 세 명분의 일을 해낼 수 있다'는 말은 이탈리아의 속담이다. 실제로 우리는 세 명분의 몫을 해내는 사람을 일상에서 자주 목격한다. 스스로 할 수 있다는 것은 무슨 의미일까? 스스로 할 수 있는 사람은 누군가의 명령을 받거나 기다리는 데 시간을 허비할 필요가 없고, 다양한 생각과 주장을 하나로 모으기 위해 정신력을 낭비할 필요도 없다. 또한 '하는 사람'과 '하는 척만 하는 사람', '아예 하지 않는 사람'을 구별하는 방법이나 각자에게 합당한 보상을 따져보고 집행할 필요도 없다. 그래서 아무것도 없는 허허벌판에서도 이미 모든 준비를 끝낸 사람처럼 조금의 망설임도 없이, 누구도 상상하지 못한 것을 척척 만들어낸다.

누군가의 명령이나 결론을 기다린다는 것은 그렇게 사라지는 시간을 바라만 보고 있어야 한다는 뜻이다. 자기 삶을 살고 싶다면, 이 말을 꼭 기억해야 한다.

> 지금 해야 할 일을 선택하고
> 실천의 과정을 결정하는 사람은
> 반드시 나 자신이어야 한다.

물론 타인의 의견도 들을 필요가 있고, 때로는 다양한 주장이 도움이 되기 마련이다. 하지만 세상에는 분명 혼자서 해내야 할 때가 있다. 그런 중요한 순간에 타인의 말에 휘둘려 중심을 잡지 못한다면, 무엇도 제대로 할 수가 없다. 그건 마치 남의 날개 위에 올라타 남이 날아가는 곳으로 떠밀려서 이동하는 것과 같다. 자신의 날개로 날아갈 수 없다면, 그 인생에서 우리는 자유와 성장을 기대할 수 없다. 모두 남의 것이기 때문이다. 세상 어디에도 다른 새의 날개에 기대어 살아가는 새는 없다.

당신은 당신의 날개로 날아야 한다.

그래서 내가 꺼낸 키워드가 바로 '매일'과 '인문학', 그리고 '공부'다. 바로 앞을 예측할 수 없는 시대, 지금까지 경험한 적이 없는 문제를 현실에서 마주할 때 우리의 사고는 거의 멈춘다. 해결책은커녕 생각 자체를 하지 못하게 되는 셈이다. 과거에 경험한 과정이나 패턴이라면 어느 정도 대응이 가능하지만, 새로운 세상에서는 과거에 해왔던 어떤 것이든 해결책이 될 수 없다. 이 경우 가장 많이 나타나는 경향이 선택을 누군가에게 미루는 사람의 증가다. 그들은 스스로 선택하지 않아서 결과에 대한 책임도 지지 않는다. 그러나 그것은 엄청난 불행이다. '나의 것'이라고 부를 만한 것을 하나도 만들 수 없기 때문이다. 그런 삶에 빠지고 싶지 않다면 우리는 매일 자신을 중심에 두고 더 나아지려는 시도를 해야 한다. 그게 바로 내가 『매일 인문학 공부』를 쓴 이유다.

　우리는 살아오며 수많은 시험 천재들을 곁에서 지켜봤다. 지능 검사부터 학창시절을 거쳐 대학 입시까지 그들은 놀라운 성적으로 최고의 것을 손에 쥔다. 물론 그것도 멋진 일이다. 그러나 나는 내 주변 시험 천재들이 수업 시간에 무섭게 집중하는 모습은 봤어도, 눈을 반짝이며 수업 내용에 흥미를 느끼는 모습은 본 적이 없다. 암기하고 이해하려는 노력은 최고였지만 그들에게 "아, 더 알고 싶다"라는 순수한 지적 욕구가 자극되는 순간은 없었던 것이다. 뛰어난 지능과 목표한 것을 반드시 암기하는 능력은 지금까지의 세상에서 그 나름의 위치와 지위를 보장했지만, 이제는 순식간에 세상이 바뀌어 더는 그것이 삶의 무기가 될 수 없는 시대가 왔다. 예상할 수 없는 문제가 갑자기 눈앞에 나타날 때 당황하지 않고 마치 어제도 만난 문제인 것처럼 지혜롭게 풀어갈 수 있는 힘은, 결국 매일 멈추지 않고 인문학을 공부하는 일상에 존재한다. 그것이 곧 내가 강조하는 '사색가'로의 진화다. 우리는 이제 사색하는 인간으로 진화해야 살아남을 수 있다.

　　사색은 생존이다.

　『매일 인문학 공부』는 『사색이 자본이다』의 개정판이다. 그러나 개정판이라고 부르기가 다소 아쉬운 이유는 전체 원고의 절반 이상을 새롭게 집필했기 때문이다. 개정판이라고 '시간의 흐름'만

반영하기보다는 내가 전할 수 있는 가장 값진 것을 모두 담아내고 싶은 마음에, 결국 '시간의 깊이'를 더해 새로운 책을 쓸 때와 같은 정성을 쏟을 수밖에 없었다. 나는 지난 20년 가까이 대문호 괴테와 함께 사색을 연구하며 인문학을 만났고, 그것이 흔들리는 세상에서 우리를 구원할 최선의 지적 무기라는 사실을 알게 되었다. 그래서 이 시대를 사는 사람들에게 당장 필요한 내용을 담고 있는 이 책에 더욱 심혈을 기울였다. 개정판 작업을 하며 나는 괴테와 오직 둘만이 존재하는 공간에서 영혼의 대화를 나누다가, 서로의 지성과 사색의 세계에 깊이 빠져들기를 반복했다. 치열하게 그 시간을 보내며 우리는 결국 마침표가 될 하나의 문장을 만났고, 이를 서로의 눈빛을 바라보며 마치 시를 낭송하듯 조용히 들려주었다. 괴테와 내가 20년 넘게 간절한 마음으로 찾았던 그 언어를 당신에게 소개하며 본격적으로 『매일 인문학 공부』를 시작하려 한다.

> 모든 인생은 불확실성과의 고독한 결투다.
> 내면이 강한 자가 더 오래 버틸 수 있다.
> 내면이 강해질수록 인생은 선명해진다.

아무도 고통을 받지 않고
모두가 서로를 돕고 의지할 수 있는
그런 세상을 만들어야 한다고 주장하지만,
그게 쉽지 않은 이유가 뭘까?
우리가 자주 내뱉는 이 말에 답이 있다.
"나도 돕고 싶지만, 어쩔 수 없었어."
"이해는 하지만, 어쩔 수 없었어."
세상은 쉽게 변할 수 있는 것이 아니다.
결코 나쁜 사람이어서
온갖 불의와 타인의 고통을 목격하고도
"어쩔 수 없었다"라고 말하며 피하는 게 아니다.
그도 정말 어쩔 수 없었기 때문이다.

사람은 대부분 선하다.
누구나 타인을 돕고 살려고 하며
모두가 행복하기를 진심으로 바란다.
그러나 한 가지 단서가 필요하다.
"자신의 생존과 충돌하지 않는 경우에만!"
내게 돈을 주는 직장,
명예와 자리를 주는 사람,
이 모든 것을 갖게 도와주는 이념과 원칙.
이것들을 훼손하며 타인을 돕기란 쉽지 않다.

"어쩔 수 없었다"라는 말 앞에는
"나도 먹고 살아야지!"라는,
아주 굵고 선명한 글자가 생략되어 있다.
그러나 나는 그렇게 방관하는 삶을 원하지 않는다.
그게 바로 오늘도 매일 인문학을 실천하며
마치 공부하듯 하루를 살아가는 이유다.
나는 "어쩔 수 없다"라는 말을 핑계 삼아,
고통스러운 현실을 살아가는 누군가를 외면하거나
애써 고개 숙이며 지나가고 싶지 않기 때문이다.
그들의 손을 잡고 내 생명을 나눌 수 있는 삶의 여유와
아픈 이들에게 나의 이익을 양보할 수 있는 내면의 힘과
펄떡이며 솟아오르는 용기를 가슴에 담고 살고 싶다.
나를 믿고 사랑하는 사람에게 실망을 주고 싶지 않다.

그래서 나는 더욱 매일 인문학을 공부하며
멈추지 않고 성장하는 일상의 사색가로 살아간다.
그 이유를 묻는다면 답은 오직 하나뿐이다.

내 힘은 내 안에 있으니까.

목차

들어가며　스스로 할 수 있는 사람은 세 명분의 일을 해낼 수 있다 **4**

01 ✻ 의식 | 하나의 고정관념으로 사는 비극

삶을 다시 고쳐 쓰고 싶다면 **18**

당신의 공간을 소중하게 생각하라 **23**

원하는 것을 반드시 이루는 생각의 기술 **26**

당신은 생각하는 사람인가, 고민하는 사람인가? **30**

사색가가 되는 4단계 **33**

사색은 강인한 내면에서만 흐르는 강이다 **37**

사색 독서 •『예루살렘의 아이히만』, 한나 아렌트 **40**

02 ✻ 변화 | 생각을 바꾸면 인생을 바꿀 수 있다

성장하는 사람의 시작은 남들과 다르다 **58**

그들처럼 되고 싶다면 그들처럼 사색하라 **61**

멋진 변화의 답은 사색에 있다 **64**

세상에서 가장 깨우기 힘든 사람 **68**

당신은 당신이 생각하는 만큼 읽을 수 있다 **71**

삶의 변화를 이끄는 괴테의 7가지 독서법 **76**

사색 독서 •『유배지에서 보낸 편지』, 다산 정약용 **84**

03 철학 | 세상을 바라보는 원칙을 세워라

폭넓은 사색은 다양한 고정관념에서 시작된다 102

고정관념은 사색이라는 엔진에 시동을 거는 장치다 106

모든 고독을 긍정하고, 끝없이 확대하라 110

고독한 자만이 영감을 발견할 수 있다 114

나뭇잎 하나가 흔들릴 때 세계를 느끼라 117

불안이라는 무기를 활용하라 120

힘든 날을 이겨내는 마음 자세는 무엇이 다를까? 123

시선의 수준이 곧 내면의 수준이다 125

사색 독서 •『군주론』, 니콜로 마키아벨리 128

04 몰입 | 끝없이 탐색하고 흡수하는 영혼으로 진화하라

과거로부터 가장 값진 것을 배우는 시선 146

비논리적 발상으로 가능성을 부여하라 150

하나를 꾸준히 반복하면 일어나는 기적 155

보이지 않는 것을 발견하고 온몸으로 흡수하는 사색 독서법 158

자존감을 높이는 방법 166

외로움을 극복하는 마음 처방 170

나만 내 고통을 안고 잠재울 수 있다 174

산만한 생각을 버리는 7가지 산책의 기술 177

사색 독서 •『괴테와의 대화』, 요한 페터 에커만 182

05 지성 | 단잠을 자기 위해서 가장 중요한 건 오래도록 깨어 있는 것

문해력 천재들이 대상을 분류하고 분석하는 법 198

사물의 핵심으로 파고드는 '전체의 지성'을 얻는 법 204

하나의 고전에서 천 개의 생각을 발견하라 207

인간의 기품은 어디에서 오는가? 212

지성을 갖추게 만드는 8가지 말의 원칙 215

사색 독서 • 『차라투스트라는 이렇게 말했다』, 프리드리히 니체 220

06 성장 | 지식의 깊이보다 중요한 생각의 깊이

부와 관계, 성장과 지혜를 끌어들여 나의 것으로 만드는 사색 234

모든 성장은 사색의 힘으로부터 시작된다 237

세상을 바라보는 괴테의 8가지 사색법 243

고독과 사색을 통한 생각 확장의 기술 254

당신은 자신의 일을 하기 위해 태어났다 258

사색 독서 • 『자유론』, 존 스튜어트 밀 262

07 ✳ 일상 | 단 한 번뿐인 내 인생 허투루 낭비하지 않기

쓸데없는 일과 사람으로부터 내 시간과 노력을 지켜내는 방법 274

현명한 사색가가 관계를 설정하고 대처하는 법 277

똑같은 일상을 특별하게 바꾸는 마법 280

내 삶의 원칙을 지켜주는 루틴의 힘 284

당신을 아무에게나 허락하지 말라 287

세상의 규칙을 내게 맞게 변형하는 7가지 생각법 291

사색 독서 • 『프랭클린 자서전』, 벤자민 프랭클린 296

08 ✳ 사랑 | 모든 삶은 단 한 번의 사랑으로 완성된다

사랑은 우리를 멈추게 하고, 멈출 때마다 귀한 것을 준다 314

어떻게 자기완성을 추구하며 살아갈 것인가? 318

누군가의 가치를 찾아낸다는 것에 대하여 322

천 개의 눈과 심장으로 관찰하고, 사랑으로 연결하라 325

필요한 모든 것을 당신 자신에게서 구하라 329

나는 당신을 만나기 전부터 당신을 사랑했습니다 333

성장하려면 혼자가 될 용기를 내라 338

외로움에서 벗어나야 삶의 자유를 찾을 수 있다 341

사색 독서 • 『젊은 베르테르의 슬픔』, 요한 볼프강 폰 괴테 346

 **자립** | 사색이란 불확실성과의 고독한 결투

정보의 양이 아닌 생각의 깊이가 성장을 결정한다 362
사색을 통해 성숙해진 사람은 강하다 366
당신은 당신이 생각하는 만큼 성장할 수 있다 371
사색의 수준이 인생의 수준을 결정한다 376
유일한 삶을 살게 하는 이어령의 5가지 조언 382
나는 죽을 때까지 우아하게 살기로 했다 387
확실한 것에서 우리는 무엇도 배울 수 없다 390
사색 독서 •『죽음의 수용소에서』, 빅터 프랭클 394

나가며　읽었으면, 배웠으면, 이제 밖으로 나가라 406

매일 인문학 공부

01

의식

하나의
고정관념으로
사는 비극

삶을 다시
고쳐 쓰고
싶다면

누구나 살다 보면 자신을 바꾸고 싶다는 강렬한 열망에 사로잡히는 시기가 온다. 매우 아름다운 시기다. 스무 살이든 아흔 살이든 자기 삶을 고쳐 쓰고 싶다고 생각한다는 것은 새롭게 태어난다는 사실을 의미한다. 지금이라도 삶을 다시 고쳐 쓰고 싶다면 다음의 다섯 가지를 기억하라.

초조한 마음으로 얻을 수 있는 건 없다.

자신을 바꾸고 싶다는 강렬한 열망이 여전히 가슴에 남아 있다는 것은 당신이 아직 청춘이라는 사실을 의미한다. 물론 청춘은 인생 중 가장 여유를 즐기며 무언가에 도전할 수 있는 시기다. 그러나 그 빛나는 시기를 초조한 마음에 빼앗기면 청춘이 누릴 수 있는 특권의 반을 잃는 것과 같다. 역사상 세계 어느 나라에서든 청춘은 미약하게 시작해서 조금씩 앞으로 나갔다. 빠르게 무언가를 이루려는 초조한 마음은 나중에 결국 수십 배의 고통으로 돌아온다. 청춘을 제대로 사용하고 싶다면 스스로 무언가를 시작해서 과정을 하나하나 경험해나가는 근사한 기쁨을 놓치지 말아야 한다.

최고의 수익률을 올리는 상품에 투자하자.

수익률이 최고로 좋은 상품은 뭘까? 주식? 부동산? 외환? 아니면 금? 다 좋지만 나는 최고의 수익률을 올리는 상품은 당신 자신이라고 생각한다. 아무리 높은 수익률을 올리는 상품도 연간 최대 10퍼센트를 넘기 힘들다. 게다가 그건 돈이 불어나는 것이지 당신의 가능성이 커지는 것은 아니다. 이를테면 아르바이트나 직장을 다닐 때 매년 20퍼센트 정도 자신의 가치를 높이겠다는 생각으로 일해보자. 해보면 그리 어려운 일이 아니라는 사실을 깨닫게 된다. 게다가 그렇게 올린 가치는 고스란히 당신의 가치로 남는다. 그 어떤 보상보다 귀하다. 어떤 하락장에서도 당신은 빛나는 가치를 뽐내게 된다.

빠르게 명성을 얻고 싶다면 먼저 유명해져야 한다.

사색의 대가들은 입을 모아 명성이란 참 좋은 거라고 말한다.

누구도 그걸 거부하지 않는다. 명성만으로 얻을 수 있는 것이 세상에 정말 많기 때문이다. 만약 당신이 자기 분야에서 명성을 얻었다면 그만큼 일에 투자할 비용도 절감할 수 있다. 그래서 사실 조금이라도 빠르게 명성을 갖는 게 좋다.

 단, 기억할 게 하나 있다. 먼저 유명해져야 한다. 명성이란 유명해진 이후에 만날 수 있는 과정이다. 이 순서를 제대로 기억하지 못하면 영원히 목표점에 도착하지 못한다. 유명해지려면 열심히 하는 것도 필요하지만 자신이 어느 지점에서 불타는지를 발견하는 게 중요하다. 젊은 날의 열정은 마치 기름과 같다. 하지만 아무리 많은 기름을 갖고 있어도 불이 어디에 있는지 알지 못한다면 자신을 태울 수 없다.

언제나 진리를 추구하자.

 인터넷 세상을 한 번 둘러보면, 굳이 실시간으로 확인하지 않아도 언제나 검색어 상위권을 차지하는 키워드는 대개 타인의 단점이나 세상의 부조리를 비난하는 것들이라는 사실을 짐작할 수 있다. 누군가 인기를 얻고 세상에 나오면 그 옆에서는 그가 과거에 못된 짓을 했던 사실을 끄집어내 끌어내리려고 안간힘을 쓴다.

 언제나 우리는 타인의 단점이나 못난 모습을 정말 잘 발견해서 들춰낸다. 진리를 찾기보다는 잘못된 것을 찾기가 쉽기 때문이다. 이를테면 잘못은 과일 표면에 있는 흉터와 같아서 누구나 쉽게 발견할 수 있다. 하지만 그 과일의 맛을 알기 위해서는 깊은 곳까지 파고들어야 한다. 그들은 결국 흉터단 보고 사과의 맛까지 판단하는 것이다.

그래서 진리는 아무에게나 자신을 허락하지 않는다. 늘 타인과 세상의 좋은 부분을 바라보려고 노력해야 볼 수 있다. 그것을 잡아서 당신의 일상에 심어보라. 그렇게 당신은 '아무나'가 아닌 특별한 사람이 된다.

동시에 두 가지 이상을 추구하지 말자.
정치 감각이 예리했던 괴테는 그럴 듯한 말을 늘어놓는 정치인을 보며 이렇게 말했다.

입법가든 혁명가든, 평등과 자유를 동시에 약속하는 자는 공상가가 아니면 사기꾼이다.

시대가 변해 의미가 조금 달라질 수도 있지만 동시에 두 가지 이상을 말하는 사람은 조심할 필요가 있다. 덜 일하고 더 많이 벌게 해준다는 달콤한 말을 하는 사람은 괴테의 말처럼 몽상가가 아니면 사기꾼일 가능성이 높다. '많은 돈'과 '자유로운 인생'을 동시에 주겠다는 메시지는 아주 오래전부터 사람들을 유혹하는 데 지겹도록 활용된 말이다. 대표적으로 이런 말들이 그렇다. "빠르게 최고가 되게 해준다." "본업보다 부업으로 돈을 벌게 해준다." "누구나 쉽게 대가가 될 수 있다."

기억하자. 하나를 얻으려면 반드시 하나를 버려야 한다. 귀한 것은 자신을 동시에 허락하지 않는다. 그래서 성장도 언제나 시간과 노력이라는 선불을 요구한다.

심각해질 필요는 없다. 모두의 진리를 찾으려고 하면 당신은 실패할 가능성이 높다. 세상에 그런 것은 없으니까. 진리는 모두의 것이 아니라 당신만의 것이다. 우리는 모두 각자 자신이 경험하며 지나온 길 위에서만 진리를 찾을 수 있다.

지금 자신이 어디에 서 있는지 스스로 감지하며 살아가는 게 중요하다. 세상은 자꾸 당신을 흔들며 방향감각을 잃게 만든다. 그래서 지금 당신 눈에 무엇이 보이느냐가 아니라 어떤 지점에서 그것을 바라보고 있느냐를 알아야 한다. 그래야 비로소 무언가를 제대로 바라볼 수 있고 마음 깊이 이해하게 된다.

남이 아닌 당신의 내부를 탐색하며 살라.
인생은 결국 자신을 발견하며 사는 거니까.

당신의 공간을
소중하게
생각하라

평생 쓰지 않는 물건을 버리지 못해 이사를 다닐 때마다 안고 가는 사람이 많다. 나는 그들에게 이런 말을 한다.

"버리지 못하면 담을 수 없어요. 버리는 게 쉽지 않다면 이렇게 생각하세요. 버리지 못해 쓰지 못하는 이 공간이 얼마나 안타까운지. 값이 얼마나 나가든 물건보다 소중한 건 당신이 머무는 공간에 대한 사랑입니다."

다이어트 역시 결국 공간에서 이루어지는 행위다. 하나하나 천천히 살펴보자. 먼저, 다이어트에 실패하는 사람들의 공통점은 뭘까? 음식을 향한 과도한 애정과 사랑이다. 그들은 주로 이런 방식으로 음식에 대한 애정을 드러낸다. "빵을 하나 사뒀는데 버리기 아까우니까 먹자."

멀쩡한 음식이 상해 버려지는 건 분명 안타깝고 아쉬운 일이다. 그럼에도 더 안타까운 일은 그걸 먹으며 소비하는 그들의 인생이다. 먹고 끝나는 것이 아니기 때문이다. 즐겁게 음식을 먹은 이후 자신이 참지 못하고 먹었다는 사실에 분노하며 소비하는 시간, 다시 다이어트를 결심하기 위해 들이는 노력, 그 모든 '시간이라는 공간'보다 귀한 음식은 없다.

그 사람의 의식 수준은 공간을 대하는 의지로 결정된다. 사물과 사람을 대하는 우리의 의식 수준도 결국 주변 공간을 대하는 나의 의지의 합일 뿐이다. 당신의 공간을 무엇보다 소중하게 다루고 생각하라. 음식이 썩는 것이 아까워 배에 넣는 행위는 결국 배라는 자신의 공간을 고문하는 일이며, 분노를 참지 못해서 누군가에게 비난을 퍼붓는 행위도 자신의 일상이라는 공간을 공격하는 일이다. 당신은 자신의 의식 수준을 높일 수도 있지만 반대로 낮출 수도 있다.

공간을 진실로 귀하게 여기는 사람은 누구보다 주변을 잘 정리하고, 몸의 균형을 중요하게 생각하는 사람은 헛된 음식의 유혹에 빠지지 않는다.

"와, 저런 멋진 곳에 살면 걱정이 없겠어요."
"이렇게 화려한 식당에 있으면 기분이 절로 좋아지겠어요."
"풍경만 바라봐도 영감이 절로 나올 것 같아요."

우리는 타인의 일상을 바라보며 이렇게 말하곤 한다. 그러나 여기에서 발견하고 느끼지 못한 것을 다른 곳에서 발견할 수 있다는 생각은 착각이다. 여기에서 걱정이 없어야 하며, 지금 그 자리에서 기분이 좋아야 하며, 익숙한 곳에서 영감을 발견할 수 있어야 한다.

내 작은 방에서 발견하지 못한 것은 거대한 우주로 떠나도 발견하지 못한다. 지금, 여기에 당신을 바꿀 모든 것이 있다.

당신을 유혹하는 일시적인 것에서 벗어나
당신이 추구할 영원한 것을 바라보라.

원하는 것을
반드시 이루는
생각의 기술

어떤 일이든 대가의 경지에 들어서면 이런 변화가 생긴다.

- 무엇을 선택하든 결과가 좋다.
- 투자든 일이든 모든 것이 생각보다 잘된다.
- 주변 사람의 미래를 예상하는 능력이 생긴다.
- 세상의 변화에 흔들리지 않고 일상을 주도하며 산다.

분야를 막론하고 보통 사람은 평생토록 노력해도 할 수 없는 일을 단 일주일 만에 그것도 멋지게 해내는 사람들이 있다. 그 모든 것이 마치 마법처럼 그 사람들 인생에서만 이루어지는 이유는 다른 사람들에게는 없는 '육감'이 있기 때문이다.

그게 무엇인지 딱히 설명하기는 힘들지만 그들은 세상의 모든 영역을 일반적인 기준에서 벗어나 새롭게 바라보는 힘이 있다. 그걸 지금까지 우리는 대가가 되면 저절로 얻는 육감이라고 불렀지만, 육감은 사색가들의 특징 중 하나다. 사색가들은 전혀 관계가 없는 이것과 저것을 순식간에 연결해서 불가능하다고 생각하는 모든 일의 성공 가능성을 100퍼센트에 가깝게 재배치할 줄 아는 사람들이다.

내부에 축적한 과거 어느 순간의 경험이나 독서에서 깨달은 지식을 현재 자신이 고민하는 문제와 서로 연결해서 인생이 걸린 투자 문제를 단 1분만에 결정하는 사람들을 보면 '참, 애쓰지 않고 잘 한다'라는 생각이 든다. 그리고 대가만 누릴 수 있는 특권이라고 치부하며 부러워하는 선에서 그친다. 하지만 아니다. 대가가 되면 육감을 가질 수 있는 것이 아니라, 육감을 가진 사색가가 되면 대가가 될 수 있는 것이다. 실제로 그들은 투자, 재테크, 철학, 과학, 음악 등 다양한 분야에서 활동하며 이름을 떨치고 있다.

이 모든 차이는 결국 의식 수준에서 시작한다. 의식 수준이 남들보다 높은 사람들은 자신이 목표로 정한 것을 쉽고 빠르게 하나하나 이루어 나간다. 나도 지난 10년 이상 사색을 실천하며 스스로 "하고 싶다"라고 말한 것들을 실제로 하나하나 이루며 살고 있다. 지인들이 볼 때는 그저 상황에 꿰맞춘 이야기라고 생각하겠지만, 나는 스스로 이루고 싶은 것이 아니면 입 밖으로 꺼내지 않는다. 입에서 나온 말은 결국 현실이 되기 때문에 아무 말이나 던지다는 것은 인생을 아무렇게나 살겠다는 다짐과 같다. 쉽게 말하고 쉽게 약속하는 행동은 자신의 의식을 스스로 가볍게 취급하는 것과 같다.

그러므로 의식 수준을 높이고 싶다면 일상을 대하는 태도를 조금만 바꿔보자. 말도 중요하지만 태도까지 바꾸면 생각한 것을 이룰 가능성이 급격하게 높아진다. 만약 당신이 인당 30만 원이 넘는 최고급 식당에서 서빙을 하고 있다면 이런 생각을 하게 될 가능성이 높다. '나는 이런 비싼 음식을 언제 먹어볼까?' '내 돈 주고 사 먹지도 못할 음식을 남에게 주고만 있구나.' 어쩔 수 없다. 아무리 긍정적인 사람이라도 이런 생각의 벽을 쉽게 벗어나기 힘들다. 그게 바로 의식의 한계이다. 그럴 때 이렇게 생각을 바꿔보자. '자, 오늘도 손님에게 제공할 서비스를 최고 품질로 높여 보자. 곧 내가 받게 될 서비스니까.'

만약 당신이 지금 다니는 직장의 임원이 목표라면 '오늘부터 최고의 회의 시스템을 구축해보자. 곧 내가 주도할 시스템이니까'라고 생각하며 일하고, 무언가를 배우는 학생이라면 '오늘은 선생님이 연구하는 공간을 깨끗하게 청소해보자. 곧 내가 앉아서 연구할 자리니까'라고 생각하며 실천하자. 이것은 단순하게 꿈을 꾸면 이루어진다는 주문이 아니라 현실을 대하는 태도를 완전히 바꿔 의식 수준을 극적으로 높이는 최선의 방법이다.

무언가를 간절하게 원한다는 것은
간절하게 행동하겠다는 의식을 증명한다.
그렇게 뭐든 간절해지면 결국 의식의 수준이 높아지며
무언가를 이룰 가능성도 높아진다.

당신은
생각하는 사람인가,
고민하는 사람인가?

대화를 하다가 궁금한 내용이 생기면 가장 먼저 스마트폰을 꺼내 검색을 한다. 몇 초만 검색하면 모든 의문이 해소될 정도로 우리는 수많은 정보에 둘러싸여 있다. 스마트폰은 우리가 많은 것을 알고 있다고 착각하게 만든다. 아는 게 힘이라는 말이 있지만, 스마트폰으로 얻은 정보가 진짜 나의 힘이 될까? 스마트폰 속에 있는 모든 정보를 나의 머릿속에 저장하면 평생 성장하는 사람이 될 수 있을까?

아는 게 정말 힘이라면 세상은 성장하는 사람들로 가득 찼을 것이다. 중요한 건 정보의 '양'이 아니라 알고 있는 그 정보를 어떻게 '연결'하고, 새로운 것으로 '탄생'시킬 수 있느냐이다.

지난 수백 년에 걸쳐 인간은 이전에는 상상도 할 수 없는 혁신을 만들어냈다. 세계 최고 스포츠 브랜드인 나이키의 출발로 거슬러 올라가보자. 미국 오리건대학교의 육상 선수였던 필 나이트와 그의 코치였던 빌 바워먼의 합작으로 시작된 나이키는 시장 점유율에서 푸마와 아디다스에 비해 열세였다. 하지만 1970년대 새로운 기술을 접목한 혁신적인 운동화를 출시하면서 최고의 자리에 오를 힘을 얻었다. 이러한 결과를 위해 엄청난 제작비와 연구비를 들이지 않았다. 모든 것은 빌 바워먼의 주방에서 시작되었을 뿐이다.

빌 바워먼은 여느 날처럼 아침에 일어나 주방에서 와플을 굽고 있는 아내를 지켜봤다. 아내가 요리하는 모습에서 영감을 얻은 바워먼의 머릿속에서 수많은 생각이 태어나고 연결되었다. 그리고 와플 제조기를 본뜬 기계에 액체 고무를 부어 만드는 밑창을 구상해냈다. 새로운 밑창을 단 조깅화는 이전의 것들보다 튼튼하고 가볍고 유연해서 많은 사람의 사랑을 받게 되었다.

우리는 그의 발견이 세상에 전혀 없던 게 아니라는 사실을 눈여겨봐야 한다. 이미 존재하는 것을 다른 것과 연결함으로써 새로운 것을 발견해 세상에 내놓은 것이다. 이처럼 세상을 바꿀 무언가를 발견하기 위해서는 세상의 생명체와 물건들의 존재 이유를 인지하고 있어야 한다. 이런 생각들이 새로움을 존재하게 만드는 힘이다. 이 모든 것은 사색에서 나온다. 우리 안에는 세상을 아름답게 만들 수 있는 재능이 존재한다.

사색을 위해 특별한 장소와 환경이 필요한 것은 아니다. "여기 참 사색하기 좋은 공간이다." 분위기가 멋진 카페나 조용한 곳을 보고 이렇게 말하는 사람이 있다. 그런데 이건 잘못된 접근이다. 이런 방식으로 생각하는 사람은 사색을 할 수 없다. 공간이 주인이 아니라 그 공간에 존재하는 내가 주인이며, 나를 통해 공간의 분위기와 공기가 바뀐다. 공간이 좋아서 사색을 할 수 있는 것이 아니라 사색을 하기 때문에 그 공간의 기운이 좋게 바뀌는 것이다.

사색은 자신에게 기회를 주는 가장 근사한 지적 도구다. 누구도 막을 수 없으며 모든 과정과 결과가 '나의 것'으로 남는다. 그것을 알고 생각의 경로를 바꿔야 비로소 완벽한 사색을 시작할 수 있다. 끊임없이 생각하는 사람만이 세상을 변화시킬 수 있으며, 위대한 발견은 생각을 멈추지 않는 사람에게 주어지는 선물이라는 사실을 명심하자.

사색가가
되는
4단계

세상을 바꾸거나 기존 질서를 파괴하며 자신의 철학을 펼친 사람들의 공통점은 사색가였다는 것이다. 그들은 사색을 통해 자신의 경험을 변형하고 통합하여 새로운 지식을 만들어냈다. 여기에서 중요한 것은 사색은 지능과 관계가 없다는 사실이다. 문제는 생각의 질이다.

사람은 크게 생각하는 사람과 고민하는 사람으로 구분된다. 이들은 모두 자신이 생각하며 살고 있다고 믿는다. 하지만 전자와 후자는 전혀 다른 삶을 살아간다. 고민하는 사람(자신은 생각하고 있다고 믿는 사람)의 생각은 진짜 생각이 아니다.

나이키의 창업자인 빌 바워먼은 생각하는 삶을 살았다. 그는 좌절하지 않고 경쟁 브랜드인 아디다스와 푸마보다 뛰어난 운동화를 만들기 위해 생각하는 사람이었다. 주어진 일을 제대로 해내는 사람, 남들은 상상도 하기 힘든 기획안을 척척 만들어내는 사람, 시키는 일을 기대 이상으로 해내는 사람들의 공통점은 모두 생각하는 사람이라는 것이다. 그들은 절대 고민하지 않는다. 생각하는 사람은 언제나 모든 문제가 해결 가능하다고 생각하고, 해답을 찾으려고 사색한다.

고민하는 사람은 야구를 할 때도 '투수가 던진 공을 과연 칠 수 있을까?'라는 고민에 빠져 방망이를 휘두르려는 시도조차 하지 못한다. 하지만 생각하는 사람은 투수가 던진 공을 방망이에 정확하게 맞추기 위해서 어떻게 타이밍을 잡아야 하는지 어떻게 휘둘러야 하는지 생각한다. 고민하는 사람은 온갖 변수에 파묻히고, 생각하는 사람은 상황을 발판 삼아 도약할 하늘을 바라본다.

생각하는 사람, 즉 사색가가 되기 위해서는 어떤 방법으로 자신을 발전시켜 나가야 할까? 괴테의 삶을 통해 사색가가 될 수 있는 4단계를 구상했다.

고정관념 만들기 오래된 나를 떠나 세상을 관통하라.

모든 사물을 객관화하기 보이지 않는 것을 발견하고 온몸으로 흡수하라.

가능성 확대하기 모든 불확실한 것을 긍정하고 끝없이 확대하라.

더 많은 사색 도구 활용하기 천 개의 눈과 심장으로 관찰하고, 사랑

밑줄 <u>으로 연결하라</u>.

괴테는 사물을 객관화한 다음 자신의 사색 도구를 활용해 연결 가능성이 없다고 생각하는 것들을 연결시킴으로써 새로운 것을 만들어냈다.

사색가가 되기 위한 4단계 중 가장 어려운 단계는 1단계, 고정관념 만들기다. 고정관념을 부정해야 하는 이유는 고정관념이 생기게 되면 나의 이익만을 생각하기 때문이다. 그리고 그런 생각이 정당하다고 착각하게 된다.

"대기업이 골목길 편의점 사업하는 게 뭐가 나쁘다는 거야? 새벽에도 먹을 수 있고 좋잖아."

"하청 업체에 단가를 내리라고 압박하는 게 뭐가 나쁘다는 거야? 물건을 싸게 살 수 있고 좋잖아."

"탈세하면 좀 어때? 누구한테 피해를 주는 것도 아니잖아."

"사무실 바닥에 쓰레기 좀 버리면 어때? 내 덕에 청소부들이 먹고살잖아."

이런 사람들은 자신이 처한 현실에만 얽매여 삶의 본질적인 목적을 잃어버린다. 그리고 자신의 고정관념으로 보는 세상이 진리라고 믿는다.

사람은 누구나 자신의 사고의 틀 안에서 생각한다. 즉 자신만의 안경을 끼고 사물을 바라보는 것이다. 이를 개성이라고 할 수도 있지만, 평생을 자신만의 안경을 끼고 살아간다면 좁은 우물에 갇혀 사는 개구리와 같다. 하나의 안경을 갖고 있는 사람은 하나의 눈으로, 여러 개의 안경을 갖고 있는 사람은 그만큼 다양한 눈으로 세상을 바라볼 수 있다.

물론 고정관념이 없는 사람은 없다. 무조건 고정관념을 버리라는 말은 아니다. 세상을 협소하게 바라보지 않을 정도의 고정관념은 필요하다. 왜냐하면 고정관념이 없는 사람은 생각하지 않는 사람일 가능성이 크기 때문이다. 사색을 통해 사물에 대한 다양한 고정관념을 갖게 되면 사물을 객관화하기가 쉽다. 그리고 다음과 같은 일을 쉽게 해낼 수 있다.

- 복잡한 문제를 간단하게 정리하여 해결할 수 있다.
- 발상이 풍부하고 새로운 아이디어를 창출해낼 수 있다.
- 일을 막힘없이 처리할 수 있다.
- 결단이 빠르고 자기가 모르는 분야에 대해서도 해답을 이끌어낼 수 있다.

나는 당신이 최고의 사색가가 되어 주어진 삶을 의미 있게 살아갈 방법을 찾아내기를 바란다. 그 전에 기억해야 할 사실이 하나 있다. 이 책을 읽기 전에 무엇을 얻어야 하는지 확실한 질문을 갖고 있어야 한다. 아무리 좋은 고전이라도 무엇을 얻어야 하는지에 대한 질문을 갖고 있지 않은 사람에게 답을 해줄 수는 없기 때문이다.

사색은
강인한 내면에서만
흐르는 강이다

직장에 다니던 시절 새벽 5시에 자전거를 타고 출근하면 사람들이 "뭘 그리 고생하며 다녀?"라고 묻곤 했는데 나는 고생이라는 생각을 한 번도 해본 적이 없었다. 그리고 아주 오랜 후에야 깨달았다. 새벽에 일찍 출근하는 사람에게도 이렇게 두 부류가 있다는 사실을.

"이런 시간에 출근을 해야 하다니, 이게 사는 거냐?"

"와, 일찍 출근하니 사람이 없어서 편안하네."

나는 그 시간을 매우 사랑해서 가끔은 새벽 4시 30분에 집을 나서서 내게 주어진 공간을 만끽하기도 했다.

"에이, 작가님은 그럴 수 있는 환경이었나 봐요? 저는 집에서 그렇게 일찍 나올 수가 없네요. 부럽네요"라고 말하는 사람도 있을 것이다. 그런 말을 하는 사람에게 내가 해줄 수 있는 말은 이것 하나다. "그럼 다른 방법을 찾아보세요."

누구에게나 할 수 없는 이유는 많다. 그들은 마치 창고에 오래 보관한 반품 상자처럼, 변명을 가득 채우고 살고 있다. 그러나 인생은 정말 1센티미터의 차이로 결정되는 전쟁이다. 새벽 5시에 나와서 자전거를 타고 출근하면 근사한 한강을 조망하며 사색 속에서 페달을 밟을 수 있지만, 조금만 늦게 나와도 사람과 자동차로 가득한 공간에서 쫓기듯 움직이며 한강을 바라볼 여유조차 없이 그저 목적지와 도착할 시간만 계산하게 된다. 선택은 언제나 자신의 몫이다. 그러나 이불 속에서 30분을 더 버틴 대가는 반드시 치러야 한다.

세상에서 가장 깨우기 힘든 사람은 지금 곤히 잠든 사람이 아니라, '잠자는 척'하는 사람이다. 그를 깨울 수 있는 사람은 오직 자기 자신뿐이다. 할 수 없는 척, 의지가 있는 척, 존경하는 척, 자신을 속이며 얻을 수 있는 것은 아무것도 하지 않았다는 후회 하나뿐이다. 남에게 명령하는 것은 매우 쉽다. 그럴 수 있는 자리에 오르거나, 자기 영역의 기술을 조금 더 배우면 된다. 그러나 어떤 지위와 기술로도 할 수 없는 것이 하나 있으니, 자기 자신에게 명령하며 사는 것이다.

처음 만나는 사람이 가진 내면의 강도를 알 수 있는 방법이 하나 있다. 바로 그가 무엇을 경멸하는지 관찰하는 것이다. 사람은 누구나 자신이 추구하는 일상과 철학을 잘 말해주지 않는다. 자신도 잘 모르고 있기 때문이다. 상대가 무엇을 경멸하는지를 보면 우리는 그가 어떤 일상을 보내고 있으며, 어떤 철학으로 점철된 미래를 살게 될지 짐작할 수 있다. 누가 봐도 알 수 있게 보여주는 것은 대부분 가짜이거나 가공한 것들이다. 아무도 볼 수 없는 것에서 우리는 그 사람이 지닌 내면의 강도를 짐작할 수 있다.

세상에서 가장 강한 내면의 소유자는
남에게 강한 자가 아니다.
온갖 할 수 없는 이유를 딛고 일어서
지금 당장 움직이라고
자신에게 강력하게 명령할 수 있는 자가,
누구도 흔들 수 없는 강한 내면을 가진 사람이다.
일어나라, 움직이라.
그리고 스스로 생각하라.
당신은 모든 것을 가진 사람이다.

──────── 사색 독서 ────────

『예루살렘의 아이히만』

한나 아렌트

2001년 독일의 올리버 히르비겔 감독은 인간 본성에 대한 흥미로운 실험을 담은 영화 〈엑스페리먼트The Experiment〉를 만들었다. 등장인물들은 우리 주변에서 흔히 볼 수 있는 택시 운전사와 항공사 직원 등 평범한 사람들로, 그들을 각각 죄수 역과 간수 역으로 설정해 감옥에 배치하며 이야기가 시작된다.

실험은 간단했다. 등장인물들은 각자 자신에게 주어진 역할에 충실하면 됐다. 단 하나 주의할 점은 '절대로 폭력을 행사해서는 안 된다'는 원칙을 지키는 것이었다.

첫째 날은 8명의 간수와 12명의 죄수들이 아직 감옥보다는 사회 분위기에 익숙한 상태였다. 잠깐 아주 사소한 일이 일어났다. 77번 죄수가 우유를 못 먹는 동료 죄수의 남은 우유를 마셔주면서 가벼운 벌을 받은 것이다. 그 일로 77번 죄수는 약간의 불만을 가지게 되었지만 큰 무리 없이 그냥 넘어갔다.

둘째 날이 되자 전날 우유에 얽힌 일 때문에 죄수와 간수 사이에 힘겨루기가 시작되었다. 간수들은 죄수들을 휘어잡기 위해 죄수들의 옷을 벗기는 굉장히 모욕적인 벌을 주었다. 불길한 기운이 감돌았지만 폭력은 오가지 않았다.

셋째 날은 일촉즉발의 상황에서 드디어 일이 터졌다. 77번 죄수가 첫째 날 우유 일로 계속 불만스러운 행동을 하다가 간수들에게 집단으로 두드려 맞고 강제로 삭발을 당했다. 이날 간수들은 자신들이 가진 힘이 무엇인지 알게 되었고, 어떤 방법으로 권력의 힘을 보여줄 수 있을지 고민하기 시작했다.

넷째 날은 급기야 죄수 중 한 명이 신변에 불안을 느끼며 실험에서 빠졌다. 남은 죄수 11명 중 한 명은 극심한 히스테리 증세를 보이기 시작했다.

다섯째 날은 죄수들이 간수들의 권력에 완전히 굴복했다. 처음부터 어떤 폭력도 허락되지 않았지만 죄수 중 한 명이 간수들의 곤봉에 맞아 사망했다. 실험을 시작한 지 110시간 만에 살인이 발생한 것이다. 사람이 죽자 통제 불능 상태에 빠지면서 모든 게 엉망이 되었다.

대략적인 줄거리를 읽고 대수롭지 않게 받아들일 수 있지만 놀랍게도 이 영화는 실화를 바탕으로 제작되었다. 바로 필립 짐바르도 교수가 1971년 실행한 '스탠퍼드 교도소 실험'이다. 영화와 달리 실험에서는 살인 사건이 벌어지지 않지만 실험이 보여주는 인간 본성은 많은 사람을 충격에 빠뜨렸다. 여기서 우리가 더욱 주의 깊게 바라봐야 할 것은 실험에 참가한 사람들이다. 연구진이 실험 대상자를 선정한 과정은 굉장히 단순했다.

- 중산층 수준 이상의 교육을 받고 지극히 일반적인 사람들을 실험 대상자로 정했다.
- 범죄 경력이 있거나 정신의학적으로 문제가 있다고 판단되는 이들은 사전에 엄격하게 제외했다.

하지만 매일 마주치는 이웃처럼 지극히 평범한 사람이라고 판단한 실험 대상자들은 이렇게 변했다.

- 간수 역을 맡은 사람들은 차츰 수감자에게 언어 학대, 성추행 등 가혹 행위를 하기 시작했다.
- 죄수 역을 맡은 사람들로부터 착한 간수로 평가받은 사람들 역시 시간이 지나자 동료의 가혹 행위를 방조했다.

이 실험을 통해 짐바르도 교수는 '악행은 개인의 기질이 아닌 환경의 영향을 받는다'라는 결론을 내렸다. 하지만 이 결론보다 중요한 사실은 이 실험이 생각하는 자와 생각하지 못하는 자가 어떤 삶을 살게 되는지를 극명하게 보여주는 가장 좋은 사례라는 점이다. 프랑스의 시인 폴 발레리는 "생각하고 살지 않으면 사는 대로 생각하게 된다"라고 말했다.

실험에 참가한 사람들에게는 하나의 공통점이 있었다. 바로 생각하지 않는 사람들이라는 점이다. 그들은 단 하나의 고정관념을 가진 사람들이었다. 죄수는 죄수의 고정관념으로, 간수는 간수의 고정관념으로만 생각하고 행동했기 때문에 그런 심각한 부작용이 일어난 것이다. 가장 무서운 사람은 고정관념이 없는 사람이 아니라, 단 하나의 고정관념으로만 사는 사람이다.

하나의 고정관념으로 산다는 건 비극이다

하나의 고정관념으로 산 대가로 사형을 선고 받은 사람도 있다. 독일 졸링겐에서 태어난 아이히만은 제2차세계대전 중에 독일, 독일이 점령한 유럽 각지에 있는 유대인의 체포와 강제 이주를 지휘했다. 독일이 항복한 후에는 가족과 함께 아르헨티나로 망명해 리카르도 클레멘트라는 가명을 쓰며 자동차 공장 기계공으로 은신하며 살았다. 그러나 얼마 못 가서 이스라엘의 비밀 정보 단체인 모사드에 체포당해 이스라엘로 압송되었다. 아이히만은 예루살렘의 법정에서 사형 판결을 받고 1962년 5월 교수형에 처해졌다.

그러나 조금 놀라운 부분이 있다. 그는 도망을 다니면서도 늘 가족과 함께 지냈다. 보통 범죄자들은 가족과 함께 다니면 발각되기 쉬워서 혼자 다니는데, 그는 직업을 여러 번 바꾸는 노력까지 하면서 절대 가족과 떨어지려고 하지 않았다. 그렇게 가족에 대한 사랑이 넘치는 그가, 지극히 평범해 보이는 그가, 왜 죄 없는 유대인 600만 명을 학살하는 데 일조한 것일까?

아이히만의 삶을 깊게 관찰하고 사색해보자. 그의 이야기가 담긴 『예루살렘의 아이히만』을 살펴보면, 그가 친위대에 가입하기 전 감압증류회사에서 보낸 5년 반은 굉장히 불만족스러운 나날이었다. 그는 극심한 실업난 속에서 생계를 꾸리기 위해 다니기 싫은 회사를 다녀야 했다. 출장 기간이 아니면 부모와 함께 시간을 보내는 등 평범하게 지내며, 해야 할 의무를 다 했다.

그런 그의 인생은 1932년, 다니던 회사에서 해고를 당하며 바뀌기 시작했다. 그해 4월 그는 린츠의 젊은 변호사 에른스트 칼텐브루너의 권고로 나치당에 가입했고, 친위대에 들어갔다.

그의 친위대 가입은 굉장히 빠르게 진행되었다. 친위대에 대한 최소한의 정보도 몰랐고, 당의 정강도 몰랐으며 알고 싶어하지도 않았다. 칼텐브루너가 그에게 친위대에 가입하는 게 어떠냐고 물었고, 그는 아무 생각 없이 "그렇게 하지 뭐"라고 대답한 게 전부였다. 그는 너무나 쉽게, 엄청난 선택을 했다.

사색 없는 선택은 그 무엇보다 위험하다

수많은 책과 방송에서 이렇게 말한다. "한 번 사는 인생, 단순하게 살자!" 왜 그런 말이 유행하게 되었는지 생각조차 하지 않은 채 사람들은 그 말대로 살려고 한다. 뉴스를 틀면 답답하고, 성적을 보면 답답하고, 회사 나갈 생각을 하면 답답하니 "인생 뭐 있어"라고 외치며 술 한잔 걸치고 그냥 다 잊고서 단순하게 사는 게 최고라고 말한다.

"단순하게 사는 게 최고야!"라는 말이야말로 명령을 내리는 자들이 당신에게서 가장 듣고 싶어하는 말이라는 사실을 알고 있는가? 당신에게 월급을 주는 그들은 당신이 아무 생각 없이 월급날만 기다리며 살기를 아주 간절하게 소망하고 있다.

물론 "나는 정말 많은 생각을 하며 살고 있다고!"라며 항변하는 독자도 있을 것이다. 그런 사람들에게 묻고 싶다.

당신은 정말 생각하고 있는가?
그 생각, 정말 당신 것인가?
언제나 별생각 없이 선택하고,
그 선택의 결과도 생각 없이 받아들이고 있지는 않는가?

이 책의 주인공 아이히만처럼 말이다. 아이히만은 죽도록 생각하는 걸 싫어했다. 그래서 그는 친위대에 가입하고 맡은 첫 임무에 만족하지 못했다. 그의 첫 임무는 프리메이슨에 관한 모든 정보를 정리하고, 프리메이슨 박물관 건립을 돕는 일이었다. 문제는 그 일이 그가 가장 싫어하는 생각을 해야 하는 일이라는 것이었다. 그는 매우 지겨웠다. 하지만 다섯 달이 지나자 그는 유대인과 관련된 새로운 부서로 발령받게 되었다.

그의 상관은 작은 일도 아주 꼼꼼하게 방법을 알려주며 명령하는 스타일이어서 생각하기 싫어하는 그의 성향에 딱 맞았다. 생각 없이 그저 시키는 대로만 하면 모든 게 착착 이뤄졌다. 그제야 아이히만은 매우 안도하며 생각이 필요 없는 자신의 일을 좋아하게 되었다.

그런 그의 삶을 뒤흔들 사건이 일어난다. 그의 상관이 시온주의의 고전인 『유대인의 국가』를 읽으라는 명령을 내렸다. 당연히 그는 명령에 따라 그 책을 완벽하게 읽고 모든 내용을 받아들였다. 그리고 책을 덮자마자 영원히 시온주의자로 살아가기로 결심했다. 아이히만은 인생 최초로 고정관념을 갖게 되었다.

완벽한 시온주의자가 된 그는 아돌프 뵘의 『시온주의의 역사』까지 읽으며 자신의 안에 확실한 고정관념을 심었다. 그러나 문제는 그가 제대로 사색을 해본 적이 없다는 사실이었다. 한 번도 제대로 사색을 해보지 않은 사람들은 어쩌다 빠진 관념에 인생이 통째로 망가질 수 있다. 아이히만이 시온주의자가 된 것은 결국 그의 선택이 아니라 상관의 명령에 의한 것이었다. 사색 없는 선택은 그 무엇보다 위험하다.

사색 없는 선택은 스스로 노예의 삶을 자처하는 것이다 ____

사색 없이 형성된 고정관념, 즉 편향된 시선을 갖게 된 사람은 세 가지 특징을 보인다.

뒤틀린 이상주의자가 된다.

아이히만이 생각하는 이상주의자란 단지 어떤 이상을 신봉하거나 또는 도둑질하거나 뇌물을 받지 않는 사람만을 의미하지 않았다. 그가 추구하는 이상주의자란 삶을 통해 이상을 실천한 사람이었고, 자신의 이상을 위해서라면 어떤 사람이든 희생시킬 각오가 된 사람이었다. 경찰 심문에서 아이히만은 자신의 이상을 실천하기 위해서라면 자신의 아버지마저 죽였을 거라고 고백했다.

수백만 명의 유대인을 학살한 아이히만은 사적으로는 가정에 충실하고, 공적으로는 맡은 일을 성실하게 수행하는 평범한 사람이었다. 평범한 사람이 그토록 극악무도한 범죄를 저지른 이유는 생각 없이 시온주의자가 되었고, 상부의 명령에 무조건적으로 복종했기 때문이다. 그는 그런 행동이 가장 이상적이라고 생각했다.

수백만 명의 유대인을 가스실에서 학살한 행위에 양심의 가책을 느끼지 않았느냐는 재판장의 질문에 아이히만은 "수백만 명의 아이와 남녀를 열정을 가지고 세심한 주의를 기울여 죽음으로 보내는 일을 하지 않았다면 도리어 양심의 가책을 받았을 것"이라고 대답했다. 또한 재판 과정에서는 철학자 칸트의 말까지 인용하며 "명령은 지키는 것이 도리입니다"라고 당당하게 말했다.

그런 파렴치한 면모에도 불구하고 그는 유대인을 특별히 싫어하지 않았다. 오히려 유대인을 좋아한다고 증언했다. 결국 싫어하지도 않은 유대인을 수백만 명이나 학살하는 악행을 저지를 수 있었던 이유는 오직 하나, 뒤틀린 이상주의 때문이었다.

과장과 허풍을 즐긴다.

아이히만은 사색할 수 없는 사람이었다. 그래서 어떤 일을 시작할 때 새로운 전략이나 방법을 생각할 수 없었다. 직장을 예로 들면 그는 그저 윗사람이 시키는 일만 잘하는, 말 잘 듣는 부하 직원에 불과했다. 하지만 그는 착각에 빠지게 된다. 마치 시험에서 옆 친구의 답안지를 베껴 100점을 맞은 학생이 계속해서 같은 상황이 반복되자 어느새 그것이 자신의 실력이라고 착각하게 되는 경우와 같다. 그는 학살의 성과가 모두 자신의 능력과 전략 덕분이라는 착각에 빠졌다. 하지만 그가 올린 대부분의 성과는 다른 사람의 머리에서 나온 것들이었다. 그는 남의 지식으로 자신을 뽐내는 데 능했다. 창조할 능력이 없기 때문에 남의 것을 빌리는 성향도 강했다.

자신이 게토 체계를 만들었다거나, 모든 유럽의 유대인을 마다가스카르로 보낼 생각을 해냈다는 허풍을 부렸다. 하지만 특권 계층을 위해 게토를 설치한 것은 국가보안부 수장이었던 라인하르트 하이드리히의 생각이었고, 마다가스카르 계획은 독일 외무부에서 생각해낸 것이었다.

자신의 의견을 내세우지 못한다.

아이히만은 놀랍게도 누군가와 이야기를 할 때 단 한 구절도 자신의 생각을 말할 수 없었다. 회고록을 쓸 때나 검찰이나 법정에서 증언을 할 때 언제나 같은 말만 했다. 언제나 같은 단어로, 같은 표현을 지겹게 반복했다. 책의 저자인 한나 아렌트는 이런 그의 비상식적인 행동을 이렇게 말했다.

말하기에 대한 그의 무능력은 생각하는 데 무능력함, 즉 타인의 입장에서 생각하는 데 무능력함과 매우 깊게 연관되어 있다. 그와는 어떤 소통도 가능하지 않았다. 이는 그가 거짓말을 하기 때문이 아니었다. 그가 말과 다른 사람들의 존재를 막는 튼튼한 벽으로 에워싸여 있었기 때문이다.

사색의 기본은 자신과의 소통이다. 하지만 그는 누군가 결정해준 고정관념에 파묻혀 살며 자신을 완전히 잃은 상태였다. 가장 기본인 자신과도 소통하지 못하니 타인과 소통하는 건 더더욱 불가능했다. 또한 언제나 누군가의 명령만 기다렸기 때문에 자신이 주체가 되어 어떤 일을 해본 적이 없었다. 또 어떻게 자신의 의견을 내세워야 하는지, 그 방법조차 모른 채 살았다.

독일이 항복을 선언할 무렵, 삶의 가장 급박한 순간에도 그는 아무런 생각도 하지 못했다. 그저 언제나 그랬듯 동료들과 마지막까지 싸우려 했다(아니, 사실 싸우기보다는 누군가의 명령을 기다렸을 것이다). 무엇을 해야 할지 결정할 수 없었던 그는 결국 상사인 지휘관에게 면담을 요청했다. 하지만 상사는 아이히만을 만나는 대신 부관을 시켜 피신하는 데 보태 쓰라며 돈을 주려고 했다. 하지만 아이히만은 완강하게 거절하며 이렇게 말했다. "저는 돈을 바라지 않습니다. 제가 원하는 건 지금 어떻게 해야 할지 명령을 내려주는 것입니다."

그에게 중요한 것은 독일이 패배했다는 사실이 아니라, 더 이상 자신에게 명령할 존재가 없다는 것이었다. 앞으로 지도자 없이 홀로 생활해야 한다는 것, 누구에게도 명령을 받을 수 없다는 것, 참고할 수 있는 어떤 전략도 없다는 사실이 그를 괴롭게 만들었다.

사색, 삶을 위한 모든 것의 시작

이 책의 저자인 한나 아렌트는 처음 재판에 참석한 날, 자신의 동족을 대량으로 학살한 아이히만을 대면하곤 비명을 지르고 기절했다. 그녀는 왜 기절했을까? 많은 사람이 그녀가 분노를 이기지 못하고 쓰러졌을 것이라 생각했다. 하지만 그녀는 그 순간을 이렇게 회고했다.

> 악마처럼 흉악할 거라고 생각한 아이히만의 모습이 너무나 약한 노인 같았다. 그리고 내 모습을 돌아봤다. 내 모습도 저런 악마 같은 자와 큰 차이가 없을 것 같다는 두려움에 빠졌다.

우리도 어느 순간 아이히만이 될 수 있다. 그는 유대인을 증오하는 사람도, 미치광이 살인마도 아니었다. 가족을 사랑했던 자상한 가장이었고, 성실히 자신의 직무를 수행한 군인이었다. 하지만 그는 자신이 서명한 서류에 의해 이송된 유대인들이 죽음에 이를 것이라는 진실을 외면했다. 아니, 그런 엄청난 일이 일어날 것이라는 생각조차 하지 못했다. 한나 아렌트는 생각하기를 멈춘 대가로 사형이라는 엄청난 벌을 받은 그를 이렇게 평가했다.

예루살렘에서 있었던 아이히만의 재판에 대해 보고하면서 나는 '악의 평범성'에 대해 언급을 했다. 이는 어떠한 이론이나 사상을 의도한 것이 아니라 단지 아주 사실적인 어떤 것, 엄청난 규모로 자행된 악행의 현상을 나타내려고 한 것이었다. 이 악행은 악행자의 어떤 특정한 약점이나 병리학적 측면 또는 이데올로기적 확신으로는 그 근원을 따질 수 없는 것으로, 그 악행자의 유일한 인격적 특징은 아마도 특별한 정도의 천박성이라고 할 수 있을 것이다. 그 행위가 아무리 괴물 같다고 해도 그 행위자는 괴물 같지도 악마적이지도 않았다. 그는 한때 자기가 의무로 여겼던 것이 이제는 범죄로 불리게 되었다는 것을 알았고, 그래서 그는 이러한 새로운 판단의 규칙을 또 다른 하나의 언어 규칙에 불과한 것처럼 받아들였다. 그는 다소 제한된 양의 관용구에다 몇 가지 새로운 것들을 추가했던 것이고, 따라서 그가 그 관용구 가운데 어떤 것도 적용될 수 없는 상황에 직면했을 때 그는 전혀 어찌할 수 없었다.

그녀는 아이히만이 재판을 받는 과정을 관찰하고 사색하며, 그의 주장을 정리해 『예루살렘의 아이히만』이라는 책을 냈다. 찬사도 있었지만, 책을 낸 후 그녀는 굉장히 많은 비판을 받아야 했다. 엄청난 수의 유대인을 죽인 그가 사실 그저 평범한 사람이었다는 그녀의 주장은 아이히만을 옹호하는 것처럼 들렸기 때문이다. 이에 그녀는 사람들 앞에서 자신을 이렇게 변호했다.

저는 아이히만을 옹호한 적이 없어요. 다만 놀랍도록 평범한 한 사람의 망연자실한 행위를 받아들이려고 한 거예요. 이해하려는 것과 용서는 달라요. 이해하는 게 내 책무라고 생각했어요. 누군가는 책임지고 이 문제를 철저히 논의해야 한다고 생각했죠. 아이히만이 인성을 버리고 완전히 포기한 건, 가장 인간적인 특성인 생각하는 능력이었어요. 그 결과 더는 도덕적인 판단을 할 수 없었겠죠. 그처럼 이렇게 스스로 생각할 수 없게 되면, 수많은 보통 사람에게도 엄청난 악행을 저지를 여지가 생겨요. 정말입니다. 이 문제를 철학적으로 숙고했어요. 생각이라는 바람을 표명하는 건 지식의 돛이 아니라 옳고 그름, 아름다움과 추악함을 말할 능력이에요. 내가 바라는 건 예기치 않은 일이 닥칠 때, 사람들이 생각의 힘으로 파국을 막는 거예요.

그녀의 저서가 많은 비판자를 만들어낸 이유는, 단지 그녀가 어떤 편에도 속하지 않았기 때문이다. 사실 많은 사람이 그녀가 모호한 태도를 취한다고 비판했으며, 그녀가 확실하게 편들어주지 않은 좌우의 모든 사람이 그녀를 탐탁하지 않게 여겼다. 그러나 그녀는 자신을 비판하는 수많은 공격에 냉담했다.

그녀가 그들의 비난에도 냉정을 유지할 수 있었던 이유는, 그녀도 인정했듯이 관찰하는 삶을 살았기 때문이다. 그녀는 아무리 힘들어도 어떤 울타리에도 자신의 몸과 마음을 기대지 않았다. 그래서 그녀는 이쪽과 저쪽을 모두 이해할 수 있었다. 쉽게 말하면, 다양한 고정관념을 이해했기 때문에 상대가 자신을 비판하는 이야기를 수긍했고, 타인을 완벽하게 이해할 수 있었다.

평생을 기댈 울타리가 없는 사고를 하며, 수많은 사람과 접속했던 한나 아렌트는 이런 말을 남겼다.

어디에도 속하지 말라. 나는 평생 어떤 민족이나 집단을 사랑한 적이 없다. 독일인이나 프랑스인, 미국인들을 민족이라는 단위로 사랑하지도 않았고, 노동자 계급이라든가 여타 집단을 사랑한 적도 없다.

그녀는 일생 동안 흔들림 없이 세계 역사를 사색하는 '관찰하는 눈'으로 살았다. 관찰하는 삶을 살기 위해서는 엄청난 용기가 필요하다. 참여한다는 것, 그래서 어떤 편에 속한다는 것은 자신을 지지하는 사람들이 생긴다는 뜻이다. 약한 자일수록 강한 사람이 많은 곳으로 들어가려고 한다. 자신의 약함을 숨기려는 마음 때문이다.

하지만 관찰하는 삶을 사는 사람은 각기 다른 입장의 지지자들에게 공격을 받는다. 한나 아렌트 역시 그랬다. 그럼에도 그녀가 평생을 관찰하며 사색하는 사람으로 살아갈 수 있었던 것은 인간에 대한 무한한 애정과 신뢰가 있었기 때문이다.

이것은 사색가들에게서 공통적으로 나타나는 특징이다. 사람을 사랑하지 않는 사람은 사색할 수 없으며, 세상으로부터 어떤 것도 배울 수가 없다. 사람을 사랑하라. 그리고 세상 수많은 사람의 마음을 당신 안에 담으라. 실패도 있을 것이다. 하지만 실패하는 것을 두려워하지 말라. 실패할 때마다 더 큰 당신이 되어 다시 일어서게 될 것이다.

다만 아무리 아파도, 반드시 깨어 있으라.
생각을 멈추지 말라.

매일 인문학 공부

02

변화

생각을 바꾸면
인생을
바꿀 수 있다

성장하는
사람의 시작은
남들과 다르다

"자신 있게 말하고 행동하면 되지."
"한번씩 위트 넘치는 말을 하면 더욱 좋아."
 이성의 마음을 사로잡는 방법을 물으면 전문가의 입에서 나오는 대답들이다.
"자신의 선택을 믿고 투자하면 되지!"
"중간중간에 나오는 위험 요소에 무릎 꿇지 말자."
 투자 전문가에게 투자법을 물으면 나오는 대답들이다. 사실 모든 영역에서 성공에 이르는 길은 같다. 그저 표현만 약간 다를 뿐이다. 문제는 현실에서의 감각이다. 연애에 대한 조언을 해주는 사람들의 가장 큰 공통점은 그들의 외모가 대부분 평균 이상이라는 사실이다. 그들이 늘 말하는 조언은 사실 이렇게 이해하면 된다.

"(멋진 사람이) 자신 있게 말하고 행동하면 되지."
"(멋진 사람이) 한번씩 위트 넘치는 말을 하면 더욱 좋아."

투자도 마찬가지다.

"(부자처럼) 자신의 선택을 믿고 투자하면 되지!"
"(부자처럼) 중간중간에 나오는 위험 요소에 무릎 꿇지 말자."

세상의 전문가들은 이미 무언가를 이뤘거나 재능과 조건을 갖춘 사람들이다. 그래서 그들의 방법이 공허하게 들릴 수 있다. 그렇다고 그들의 말이 틀린 말은 아니다. 중요한 것은 그들의 말을 듣는 사람에게 멋진 외모와 막대한 돈이 없다는 사실이다.

누가 봐도 외적으로 매력적이지 않은 사람에게 "너는 개성이 있으니 자신을 가져"라고 말해도 자신감이 갑자기 생기지는 않는다. 자신감은 구호로 얻을 수 있는 게 아니다. 모든 일에는 순서가 있다. 이를테면 처음 보는 이성과 대화하면서 작은 공감을 이끌어낼 경험을 하나하나 쌓아가는 게 좋다. 작은 성취로 내적 자신감을 얻게 되면 외적인 부분에서도 자신감이 저절로 올라간다.

그래서 일상에서의 작은 성취가 중요하다. 누구나 처음과 시작이 있고, 그때 자신이 선택한 방법에 따라 다른 결과를 맞이하게 된다. 대가의 조언을 그대로 따르는 것도 좋지만 스스로에게 자신감을 부여할 수 있도록 작은 성취를 쌓는 시스템을 견고하게 만들어야 한다.

지난 수천 년 동안 변하지 않는 사실 중 하나는, 무언가가 되려는 사람은 없지만 이미 자신이 무언가가 되었다고 착각하는 사람은 많다는 것이다. 여전히 자신의 무지를 모르고, 현재 상태를 파악하지 못해서 아무리 읽고 쓰고 말해도 좀처럼 성장하지 못한다.

나는 빠르게 뛰어가지는 않지만, 결코 중간에 멈추지는 않는다.

이 말이 왜 위대한지 알고 있는가?

사람들은 삶의 중간중간에 만나는
무거운 쇠사슬을 무서워하며
어리석게도 가벼운 올가미 속으로 뛰어들기 때문이다.
인생은 결국 발에 무거운 쇠사슬을 걸고
끝까지 그러나 천천히 가는 것임을 모르고,
조금 더 가벼운 것만을 찾다가
영원히 그를 멈추게 만들 올가미 속에서
죽는 날까지 같은 하루를 반복하며 살아간다.
가볍게 쌓아올린 것은 결코 그 사람의 경력이 되지 못한다.
쉽고, 가벼운 것은 모두 가짜다.

그들처럼
되고 싶다면
그들처럼 사색하라

1837년, 한 남자가 미국 정부로부터 우체부 가방을 제작해 달라는 의뢰를 받았다. 우체부 가방은 한꺼번에 많은 양의 우편물을 넣고 다녀야 하는 만큼 내구성이 뛰어난 고무로 제작해야 했다. 하지만 당시 사용하던 고무는 고무나무의 수액으로 만든 천연고무로, 세 가지 큰 문제점이 있었다.

- 냄새가 많이 났다.
- 날이 더우면 쉽게 녹아버렸다.
- 날이 추우면 얼면서 갈라졌다.

당시 사용하던 고무로 우체부 가방을 만들면 365일 내내 사용하는 데 큰 불편을 줄 수 있었다. 남자는 2년 동안 단단하고 탄력적인 고무를 만들기 위한 연구에 매달렸다. 하지만 그의 집안 사정은 그렇게 오랫동안 연구를 계속할 정도로 넉넉하지 못했다. 2년 동안 돈을 벌지도 않고 연구에만 매달리자 마침내 그의 아내가 폭발했다. 하루도 다투지 않고 지나가는 날이 없었다. 매일 싸움을 반복하던 어느 날, 아내에게 화가 난 그는 병을 집어 던졌는데, 병이 우연히 그가 연구를 하던 고무 그릇 속으로 들어갔다.

몇 시간 후, 연구실로 돌아온 남자는 고무 그릇 안의 고무가 단단하게 굳어 있는 것을 보고 깜짝 놀랐다. 남자가 집어 던진 병 속에 들어있던 황산이 고무와 섞인 상태에서 난로의 열이 오랫동안 가해지자 고무가 단단하게 굳은 것이다. 그는 새롭게 만들어진 고무의 특허를 신청했다.

이 이야기의 주인공은 바로 찰스 굿이어다. 훗날 그의 아들이 아버지 찰스 굿이어가 만든 고무로 타이어를 만들었고, 그것이 바로 우리가 잘 알고 있는 '굿이어 타이어'다.

찰스 굿이어가 혁신적인 고무를 발견한 것이 단순한 운이라고 생각하는가? 단연코 1퍼센트의 운도 섞여 있지 않다. 지금도 우리는 그가 혁신적인 고무를 발견한 것처럼, 세상을 깜짝 놀라게 할 수 있는 상황을 목격하고 있다. 그와 우리가 다른 점은 그는 발견했지만 우리는 지나치고 있다는 것이다. 그래서 그처럼 사색하고, 그처럼 세상을 바꿀 무언가를 발견하고 싶다면, 어떤 일이 있어도 절대 멈추지 않는 마음 자세가 중요하다. 그가 한 번의 실수로 세기의 발명품을 만들어낼 수 있었던 것은 실수마저 놓치지 않는 통찰력이 있었기 때문이다. 이런 통찰력은 부단한 노력과 끈기로 만들어진다.

세상의 위대한 발명과 발견은 우연의 결과가 아닌 멈추지 않는 데에서 나온다. 우연이라고 해도 노력하는 자에게만 나타나는 특권과 같다. 중간에 포기하는 자에게는 우연조차 허용되지 않는다. 멈추지 않고 원하는 것을 찾을 때까지 앞으로 나아가는 것이 중요하다.

성장을 앞에 두고 우리는 늘 벽을 만난다. 아무리 애를 써도 도저히 넘을 수 없고, 파괴할 수 없을 것처럼 단단한 벽이다. 성장의 기회를 놓치는 사람들은 이 벽 앞에서 "이젠 한계야"라며 주저앉고 만다.

하지만 도저히 넘을 수도, 파괴되지도 않을 것 같은 그 벽은 바로 나 자신이다. 내 생각이 나의 성장을 가로막는 벽인 셈이다. 도약하려고 하는 나 자신을 가로막는 것은 스스로 생각하지 못하고 발전하려고 하지 않는 나 자신이다.

멋진 변화의
답은
사색에 있다

만약 당신이 자신의 일에서 진짜 경력을 쌓고 싶다면, 경력을 바탕으로 평생 성장하는 현역으로 살아가고 싶다면 스스로 생각하는 힘을 길러야 한다.

하지만 이렇게 중요한 사색을 다룬 책을 찾아보기는 힘들다. 사색이란 쉽게 접근할 수 있는 부분이 아니기 때문이다. 작가들에게도 사색에 대한 주제는 까다롭다. 나 역시도 이 책을 집필하는 데 많은 시간과 노력을 투자해야 했다. 더 좋은 글을 쓰기 위해, 더 좋은 인생의 길을 전하기 위해 매일매일을 사색에 빠져 지냈다.

『사색이 자본이다』를 준비했던 기간까지 더하면 집필 준비만 3년 이상이 걸렸다. 물론 치열하게 연구하고 사색하며 보낸 그 시간은 내게 매우 값진 선물을 안겨줬다. 이 책의 주제인 사색의 방법을 알려줄 최적의 인물을 찾아냈기 때문이다. 물론 나는 그 인물을 연구하는 데 또다시 1년이라는 시간을 투자해야 했지만, 나역시 사색의 대가인 그를 연구하며 사색하는 수준이 몇 단계는 높아졌음을 느낄 수 있었다. 그를 연구하면서 사색을 통해 그가 어떤 능력을 갖추게 되었는지 알게 되었다.

- 남들이 일주일 동안 할 일을 하루만에 해결한다.
- 최고의 용인술用人術을 가지고 있다.
- 사람을 꿰뚫어보는 능력이 있다.
- 세계 수많은 사람의 멘토이다.
- 기술이 아닌 영혼으로 일한다.

실제로 그는 이 모든 능력을 통해 평생 전성기를 누렸다. 이 모든 능력을 내게 준, 나의 사색 스승이 될 그는 독일 문학의 거장 요한 볼프강 폰 괴테다. 괴테는 8살에 시를 짓고, 13살에 첫 시집을 낼 정도로 누구도 부인할 수 없는 신동이었다. 문학 쪽에 관심이 있던 괴테였지만, 아버지의 권유로 대학에서 법학을 전공하고 고향으로 돌아와 20대 초반에 변호사로 개업했다.

사실 이때까지 괴테는 타고난 천재 그 이상도 이하도 아니었다. 만약 괴테가 변호사로만 살아갔다면 우리가 기억하는 대문호 괴테는 존재하지 않았을 것이다. 하지만 그는 바로 변호사를 그만

두고서 여러 문인과 교제하고, 광범위한 주제의 독서에 몰두하고, 시와 희곡 등을 습작하는 등 자신이 하고 싶은 일을 하기 시작했다. 한마디로 본격적인 사색을 시작한 것이다.

누구나 할 수 있는 일을 그만둔 그는, 책과 사람을 만나며 누구도 할 수 없는 사색의 나날을 보냈다. 그 결과, 괴테는 소설 『젊은 베르테르의 슬픔』을 통해 20대의 나이에 베스트셀러 작가가 되었다. 물론 누구나 인생에 한 번 정도는 전성기가 온다. 하지만 그가 특히 위대한 점은 그의 전성기가 한순간에 멈추지 않고 생애에 걸쳐 계속 이어졌다는 점이다. 괴테는 80년이 넘는 기간 동안 시와 소설을 비롯하여 방대한 양의 희곡과 산문을 남겼다.

그의 위대함은 거기에서 그치지 않는다. 문학뿐만 아니라 신학, 철학, 과학 등 여러 분야를 탐구했고, 동시에 유능한 관료이자 탁월한 인격자로도 존경을 받았다. 독일의 주요 경제인과 관료들은 자주 괴테의 집으로 찾아와 다양한 사안에 대해 자문을 구했다. 프로이센의 장관 훔볼트는 말년까지 그와 절친한 관계를 유지할 정도였다. 괴테는 나라를 운영하는 그들에게 최고의 조언자였던 셈이다. 사람이 최고의 자리에 오르면 거만해지고 방탕한 삶을 살게 되기도 하지만, 괴테는 평생을 모든 사람이 존경하는 인격자로 살았다.

그가 변호사의 삶을 고수했다면 어땠을까? 만약 대학을 갓 졸업한 당신에게 변호사로 살 수 있는 기회를 준다고 하면, 그 제안을 쉽게 거절할 수 있을까? 아마 대부분의 사람은 "감사합니다.

열심히 해보겠습니다"라고 말하며 제안을 받아들일 것이다. 하지만 괴테는 안정적인 변호사의 삶을 던져버렸다. 자신의 삶이 직업으로 점철되는 것을 두려워했고, 사색이 자신의 삶을 구원할 것이라고 확신했다. 언제나 모든 변화는 그렇게 되겠다는 자신의 의지에서 시작한다. 지금 당신에게 필요한 것은 자신에게 내릴 한 문장의 명령이다. 자신에게 새로운 시작을 허락하라.

세상에서
가장
깨우기 힘든 사람

지금보다 능력이 부족했을 때, 나는 출판사나 기업에서 두 가지 제안을 많이 받았다.

"이번에 괜찮은 강연이 있어요. 그런데 사정상 강의료는 많이 드리지 못해요. 하지만 작가님에게 좋은 기회가 될 거예요."

"대필 작가가 필요해요. 그런데 비용이 정해져 있어 대필료를 많이 드리진 못해요. 하지만 저자가 워낙 훌륭한 사람이라 작업하시면서 얻을 수 있는 게 많아요."

그리고 그들은 앵무새처럼 이렇게 이야기를 마무리했다. "이번만 돈을 조금 받고 해주세요. 다음에는 꼭 많이 드릴게요."

나는 그런 제안을 대부분 거절했다. 그들의 말처럼 돈을 적게 받아도 좋은 기회가 될 수 있지만, 겪어보면 그게 아니었다. 일단 좋은 기회란 존재하지 않았고, 다음에는 더 많이 준다는 말도 대부분 지켜지지 않았다.

나를 그렇게 대한 그들에게 잘못이 있다고 말할 생각은 전혀 없다. 현실은 매우 냉정하니까. 문제는 굉장한 대우를 받고 싶었지만 굉장하지 않은 나 자신에게 있었다. 그들은 내가 받을 수 있을 만큼만 대우했다.

대가들을 만나서 그들의 이야기를 들어보면, 듣기만 해도 깜짝 놀랄 만큼 굉장한 사건은 그걸 감당할 수 있는 굉장한 사람에게만 일어난다. 결국 어떤 분야에서 일하든 자신의 능력을 키우는 게 우선이다.

"제가 일하는 분야는 사양산업이라 아무리 열심히 해도 굉장해지기 어려워요."

이렇게 말하는 사람도 있을 것이다. 맞는 말이다. 하지만 나는 매우 중요한 사실을 하나 알고 있다. 당신이 어떤 분야에서 일하든 그것은 세상이 돌아가는 흐름과 별 상관이 없다는 사실이다. 사양산업은 있어도 사양 인간은 없으니까.

중요한 것은 시간을 낭비하지 않는 것이다. 당신은 어떻게 생각하는가? 혹시 무능력한 자신을 포장하기 위해 아까운 시간을 소비하고 있지는 않은가? 자신을 굉장한 척 연기하고 포장하느라 자신을 성장시킬 시간을 놓치고 있지는 않은가?

누구에게든 당신의 인생을 맡기지 말자. 당신은 그저 자신만 믿으면 된다. 나는 당신이 당신의 가능성을 믿길 바란다. 당신은 생각보다 꽤 굉장한 사람이니까. 죽도록 열심히 해도 잘되지 않는다고 생각할지 모른다. 철옹성처럼 도저히 부서지지 않을 것 같던 사람의 삶이 어느 순간 갑자기 해체되는 광경을 보지 않았는가? 당신이 간절히 바라는 성공도 마찬가지다. 언제나 그 자리에 맴도는 것 같지만 어느 순간 아주 작은 기회를 통해 최고로 성장할 수 있다.

실패든 성공이든 그런 민감한 포인트가 있다. 그것을 건드리면 난공불락의 철옹성 안에 사는 사람도 순식간에 추락하고, 저 밑에서 바닥을 박박 기어 다니는 사람도 매우 빠르게 최고의 자리에 앉게 된다. 높은 곳에 앉았다고 자만하지 말고 낮은 곳에 있다고 주눅 들지 말아야 한다. 인생은 아무도 모른다. 그래서 결론은 하늘에 맡기고 자신의 뜻을 밀어붙이며 열심히 할 수밖에 없다.

이 모든 것을 일상에서 실천하려면 일단 깨어 있어야 한다. 잠자는 사람은 깨울 수 있지만 잠자는 척하는 사람은 죽어도 깨울 수 없다. 언제나 기억하자. 살아서 스스로 움직이는 자만이 기적을 현실로 만들 수 있다.

당신은 뭐든 다 할 수 있는 사람이다.
불가능이라는 언어에 당신의 가능성을 가두지 말라.

당신은
당신이 생각하는 만큼
읽을 수 있다

나폴레옹은 52년 동안 8,000여 권의 책을 읽었다. 독서를 통해 성장한 그는 영웅이 될 수 있었고, 지금까지도 세계에 자신의 이름을 떨치고 있다. 세상에는 8,000권의 책을 읽은 사람은 많다. 하지만 왜 모두가 나폴레옹처럼 영웅이 되지는 못할까?

주변을 보면 1만 권의 책을 읽었다는 사람도 있다. 하지만 그들은 책을 읽었을 뿐 삶을 변화시킬 힘을 찾아내지는 못했다. 많은 책을 읽었다고 해도 삶이 변화되지 않는다면 그것은 실패한 독서다. 최고의 고전을 읽으면서도 작가가 무엇을 생각하며 글을 썼는지 알지 못한다면 삶을 변화시킬 영감을 얻을 수 없다.

당신의 소중한 시간을 소비하며 책을 읽었음에도 아무것도 남는 게 없다면 도대체 당신은 무엇을 읽은 것인가? 우리는 큰 착각에 빠져 있다. 성장하는 삶을 사는 사람은 책을 많이 읽는 사람이 아니라 생각을 많이 하는 사람이다. 책을 읽을 때마다 스스로에게 '나는 이 책을 읽으면서 무엇을 얻었는가', '어떤 생각을 했는가' 치열하게 물어야 한다. 1만 권 이상의 책을 읽었다는 사람과 이야기를 해보면 10년 전과 달라진 게 없다고 한다. 그에게 있는 것이라고는 '나는 1만 권의 책을 읽은 사람이야'라는 자만심뿐이다.

어떤 생각도 탄생시키지 못한 채 그저 시간만 허비하는 독서에 빠져 있다면, 지금 눈을 감고 생각해보라.

나는 지금 생각하고 있는가?

많은 사람이 이렇게 되묻는다. "좋은 책이 좋은 생각을 낳는 게 아닌가요? 책을 최대한 많이 읽으면 좋은 생각이 나오기 시작하겠죠." 이런 생각도 착각이다. 좋은 책이 좋은 생각을 낳는 게 아니라, 많은 생각이 좋은 생각을 낳는 것이다. 그리고 그 좋은 생각을 통해 좋은 책을 고를 수 있는 눈이 길러진다. 하지만 우리는 지금 정반대로 가고 있다. 괴테는 제자 에커만이 조금 더 성장하기를 바라며, 성경의 한 구절을 읽어주었다.

그가 내 앞으로 지나시나 내가 보지 못하며, 그가 내 앞에서 움직이시나 내가 깨닫지 못하느니라(욥기 9장 11절).

괴테 역시 독서란 그저 책을 읽는 것은 아니라고 생각했다. 탁월한 발견을 할 수 있는 기회가 다가와도, 생각하지 못하는 사람은 어떤 것도 발견하지 못한다. 세상이 뒤바뀌는 사건이 일어나도 생각하지 못하는 사람은 그 어떤 위기도 느끼지 못한다.

요즘 주위에서 1년에 책을 100권 이상 읽겠다고 다짐하는 사람을 볼 수 있다. 하지만 그들 대부분은 평소 책을 거의 읽지 않다가 갑자기 독서를 시작한다. 그런 목표로는 좋은 결과를 내기 힘들다. 아무리 좋은 책을 읽어도 책 속에 담긴 영혼을 발견하지 못하기 때문이다. 그저 기술적으로 책을 읽어나가게 될 뿐이다. 괴테는 의미 없는 독서를 일삼는 독자들에게 이런 일침을 날렸다.

첫째, 독자들이 아무런 예비적인 연구나 준비된 지식도 없이 마치 소설이라도 읽는 듯이 철학과 다양한 학문으로 무장한 저자들에게 곧장 덤벼든다.
둘째, 철부지 독자들은 독서하는 법을 배우는 데 얼마나 많은 시간과 노력이 드는지 모른다.
셋째, 나는 80년간이나 독서에 몸을 바쳤지만 아직도 목표에 도달했다고 말할 수 없다.

독서는 지성인으로 살기 위한 지적 도구다. 그러나 어떤 사람은 안타깝게도 목적을 잊고 도구 자랑에만 열을 올린다. 유명 단체에서 추천하는 책, 온갖 베스트셀러 순위에 이름을 올리는 책에 언제나 흔들리며 살아간다. 삶을 풍요롭게 즐기기 위해서 선택한 도구의 노예로 살지 말자. 도구는 목적을 이루기 위해 필요한 것이지, 도구 자체는 결코 목적이 아니다.

독서를 통해 삶에 변화를 주려면 먼저 마음을 바꿔야 한다. 독서에 마음이 담기면, 어떤 결과를 얻게 될까? 논리학자, 철학자, 수학자, 사회학자이자 노벨문학상 수상자인 버트런드 러셀은 자신의 놀라운 독서 경험에 대해 들려주었다.

열한 살 때 나는 내 개인교사이기도 했던 형과 함께 유클리드 기하학에 대한 책을 읽으며 공부를 시작했다. 이것은 내 인생에서 가장 위대한 사건이라 할 만했고, 첫사랑만큼이나 눈부셨다. 나는 세상에 그처럼 멋진 것이 존재한다는 걸 상상도 하지 못했다.

세상에 기하학을 공부하며 첫사랑을 느낄 수 있다니! 러셀처럼 당신은 읽는 책에 넋을 잃을 정도로 사랑에 빠져든 적이 있는가? 이게 바로 마음이 담긴 독서의 힘이다.

괴테는 마음만 담겨 있다면 속도는 중요하지 않다고 말했다.

진심으로 책을 읽으면 10쪽만 읽어봐도 더 읽을 수 없을 정도로 진한 충격과 진동을 경험하니, 다 읽기 힘들 수도 있다. 친한 친구라고 24시간 함께 있지는 않듯 소설도 좋은 장면을 읽다가 지루하면 잠시 놓아도 되고, 클래식 음악이 4악장까지 다 듣지 않아도 테마곡 소절만 알면 되듯 책도 핵심 키워드를 통해 전체를 읽은 것과 유사한 경험을 할 수 있다.

속도보다는 진심으로 독서를 하라는 괴테의 말은 진심으로 책을 읽으면 작품을 쓸 때의 작가의 마음과 접선할 수 있고, 다 읽지 않아도 그 내용을 짐작할 수 있게 된다는 것이다. 결국 중요한 것은 책을 읽는 기술이 아니라 눈과 가슴에 담긴 마음이다. 저자를 사랑하는 마음으로, 한 문장 한 문장을 읽어내야 한다. 사랑에 빠지면 보이지 않던 게 보인다. 사랑에 빠지기 전에는 알 수 없었던 것들을 느끼게 되기 때문이다. 또한 우리는 사랑하는 사람에게서만 배울 수 있다. 그래서 내가 가장 중요하게 생각하는 것이 바로 책의 저자를 사랑하라는 것이다.

괴테를 읽기 전에 먼저 괴테를 사랑해야 한다. 몇 년에 그가 무엇을 했는지, 어떤 책으로 어떤 상을 받았는지, 검색하면 바로 나오는 그런 정보는 전혀 중요하지 않다. 그보다는 그가 어떤 마음으로 사람과 사물을 바라보고 관찰했는지, 그의 뜨거운 가슴을 느껴야 한다. 그걸 느끼면 한 줄만 읽어도 한 권을 짐작할 수 있는 힘이 생긴다. 결국 그게 바로 최고의 독서법이다. 잊지 말자.

모든 기적은 사랑 안에 존재한다.

삶의 변화를 이끄는
괴테의
7가지 독서법

괴테가 독서법에 대해 언급한 적은 없지만, 그를 20년 넘게 연구한 내 삶에는 그가 책을 읽었던 순간들의 기록이 남아 있다. 그걸 토대로 정리하면, 괴테는 다음의 7가지 독서법을 통해 순리와 힘의 균형을 잡았고, 조금 더 생산적인 독서를 실천했다.

생각이 가장 중요하다.
기계적으로 책을 읽는 삶에서 벗어나려면 문장 하나를 읽어나갈 때마다 문장에 대한 생각을 해야 한다. 눈만 움직이는 독서로는 어떤 영감도 얻을 수 없다. 눈과 머리와 가슴이 함께 하는 독서가 진짜 독서다.

괴테는 장소를 바꿈으로써 책을 읽는 마음 자체를 바꿀 수 있다고 믿었다.

안락하고 우아한 가구에 둘러싸여 있노라면 생각이 잘 떠오르지 않고 그저 편안하고 수동적인 상태가 되어버린다.

괴테는 처음 책을 읽을 때부터 편안한 의자에 익숙한 상태라면 별 상관이 없겠지만, 그게 아닌 경우 화려한 방이나 우아한 가구에 둘러싸여 책을 읽으면 그 안에 생각이 깃들기 힘들며 그것이야말로 생각 자체를 하고 싶지 않은 사람들이 하는 어리석은 독서라고 말했다.

사실 요즘은 안락한 소파나 화려한 카페에서 독서를 하는 사람들이 많은데, 그런 곳에서 정말 제대로 된 독서를 할 수 있을까? 자신을 위한 독서가 아닌 그저 누군가에게 책을 읽는 자신의 모습을 보여주기 위함은 아닐까?

당신의 삶을 돌아보라. 만약 그런 장소에서 엄청나게 많은 책을 읽었는데 책이 삶에 별로 변화를 주지 못했다면, 독서하는 장소를 다른 곳으로 바꿔보는 것이 좋다.

때를 알아야 한다.

괴테가 수많은 대작을 몰아서 쓰던 시기가 있었는데, 당시 그는 독서를 거의 하지 않았다. 가끔 책을 읽기는 했지만, 읽기 편안한 책을 골라 휴식에 방해가 되지 않도록 했다. 아니면 자신이 집필하고 있는 책의 내용과 어우러지거나 글의 진행에 도움이 되는 책만 골라서 읽었다.

그가 굉장히 심오한 책이나 심각한 지적 자극을 주는 독서를 피한 이유는 그런 독서가 창작에 방해가 되고, 또 그의 현재 관심을 분산시켜 본궤도에서 탈선시킬 수도 있기 때문이었다. 보통 사람들은 경계를 넘나들며 다양한 분야의 책을 읽어야 한다고 하는데, 때론 그게 독이 될 수도 있음을 명심해야 한다. 독서의 고수가 아니라면 생산적인 시기에는 독서를 피하고, 휴식기에 자신의 일에 도움이 되는 분야의 책을 읽는 게 좋다.

먼저 원하는 걸 담을 수 있는 그릇이 되라.

괴테는 명석한 문장을 쓰려면 우선 작가의 영혼이 명석해야 하며, 스케일이 큰 문장을 쓰려면 우선 스케일이 큰 성격을 가져야 한다고 했다. 한 작가의 문체는 그 내면의 충실한 반영이다. 작가와 마찬가지로 글을 읽는 독자 역시 스케일이 큰 책을 읽고 싶다면 거기에 맞는 큰 성격을 가져야 한다. 작은 냄비에는 엄청난 양의 물을 담을 수 없다.

많은 사람이 위대한 고전을 읽지만, 원하는 만큼 성장하지 못하는 이유가 여기에 있다. 고전의 스케일을 담을 그릇이 안 되기 때문이다. 고전을 통해 스케일을 확장시키려는 욕망이 있어도 그릇이 형성되어 있지 않으면 지혜를 얻을지는 몰라도 큰 스케일을 구축하지는 못한다. 먼저 큰 그릇을 마련해야 한다. 고전 등의 스케일이 큰 책을 읽을 때에는 자기 긍정을 통해 스케일을 최대한 확장시킨 후 읽어야 한다.

100번을 읽었다면 100번의 독후감을 쓰라.

사람이란 무언가를 이루려면 우선 무언가가 되어야 한다. 무언가 위대한 것을 이루려면 그 전에 자신의 교양을 높이 쌓아야 하는 법이고, 그 길을 가는 데 가장 빠른 수단이 바로 독서다.

독서하는 삶을 강조했던 괴테는 자신이 사랑하는 제자나 후배들을 독특한 방법으로 성장시켰다. 먼저 좋은 작품을 읽어주고 반드시 소감을 물었다. 하지만 당장 소감을 말하라고 하지 않고, 며칠 정도 생각할 시간을 주었다. 괴테는 언제나 그들이 스스로 생각하게 했고, 생각을 통해 작품 안에 있는 수많은 의미를 스스로 발견하기를 바랐다. 그게 바로 독서를 통해 성장하는 가장 빠른 방법이라는 사실을 알고 있었기 때문이다.

우리는 대개 한 번 읽은 책은 두 번 다시 읽지 않는다. 게다가 숙제가 아니면 독후감은 전혀 쓰지 않는다. 하지만 책은 읽고 그냥 덮어버리는 게 아니다. 괴테가 제자들에게 그랬듯, 반드시 읽고 생각한 것을 노트에 적는 시간을 가져야 한다. 같은 책을 100번 읽어도, 각기 다른 100번의 독후감을 쓰는 게 중요하다. 같은 책을 100번 읽으며 늘 같은 것만 얻는다는 것은 당신의 독서가 잘못되었음을 의미한다. 같은 책이라도 여러 번 읽으며 전에는 발견하지 못했던 수많은 영감을 발견해낼 수 있다. 그게 바로 진짜 책을 읽는 사람의 모습이다.

빠르게 가지 말고 멀리 돌아서 가라.

독서에서도 선택과 집중은 중요하다. 좁게는 지금 읽고 있는 책을 제대로 이해한 후에 다음 책에 눈길을 줘야 하고, 넓게는 한 분야를 제대로 이해한 후에 다른 분야의 책에 눈길을 줘야 한다.

선택과 집중의 중요성을 삶으로 체험했던 괴테는 언제나 제자들이 샛길로 빠져나가지 않도록 주의시켰고, 자신이 선택한 분야의 책에만 전념하도록 독려했다. 가령 문학을 배우는 제자들이 자연과학에 손을 대려는 기색을 보이면, 그는 단호하게 지금은 문학에만 집중하라고 충고하며 이렇게 말했다.

지금 다른 분야의 책을 읽으면 성장할 수 있을 것 같지만 그런 독서로는 어떤 실제적인 이득을 얻을 수 없다. 그러니 절대 그런 유혹에 넘어가지 말라. 그런 유혹에 빠지면 아마추어의 굴레에서 헤어나오지 못한다. 어떤 일에 내재하는 어려움을 알지도 못하고 그럴 능력도 없으면서 항상 뭔가를 해보겠다고 나서는 태도 말이다. 나는 서투른 짓이라면 어떤 것이든 죄악과 같이 미워한다.

책을 읽다 보면 자신의 분야가 아닌 책에 관심이 갈 때가 있다. 분야를 확장시키고 싶다는 충동도 생긴다. 그럴 때는 괴테의 충고처럼 자신의 분야에 확고한 철학을 세운 후에 다른 분야의 독서로 확장해야 한다. 책을 읽을 시간은 많다. 너무 서둘러 다양한 분야를 흡수하고 싶다는 생각을 버리라. 젊었을 때는 무슨 일이든 하루아침에 해치워야 한다고 생각하지만, 나이가 들면 멈추지 않고 천천히 오래가는 게 가장 중요하다는 사실을 알게 된다.

상상 멘토를 만들라.

살다 보면 해결하기 힘든 문제를 만난다. 그럴 때마다 우리는 고통을 받고 방황하는데, 괴테는 아주 독특한 대화법을 통해 그런 상황을 이겨 나갔다. 그는 자신이 풀어내기 어려운 일이 생기면, 혼자 조용히 앉아 몇 시간 동안 상상의 대화를 하곤 했다. 이를테면 상상으로 멘토를 만나는 것이었다. 자신이 책에서 읽은 멘토를 끄집어내어 해답을 제시하는 상상을 반복했다.

물론 괴테처럼 고도의 상상 대화법을 실천하기 위해서는 굉장히 많은 독서량이 필요하다. 그래야 문제에 딱 맞는 멘토를 현실로 데려와 실감나게 상상할 수 있기 때문이다. 잠들기 전이나 홀로 생각할 시간이 생길 때, 조금씩 상상 대화법을 연습하다 보면 어느새 익숙해지는 자신을 발견할 수 있을 것이다.

풀기 어려운 일을 맞닥뜨렸을 때 책 속에 있는 전문가를 현실로 불러와 상상의 대화를 해보자. 적합한 사람이 떠오르지 않으면 인터넷 검색을 해서 가장 적합하다고 생각되는 사람을 고르고, 그에 관한 책을 읽고 나서 상상의 대화를 시작해도 좋다.

물론 대화를 시도하는 곳의 분위기가 중요하다. 괴테는 자신의 방이나 한적한 곳에서 산책하며 멘토를 상상했고, 깊은 몰입을 통해 그들과 진실한 대화를 나눴다.

눈에 온 마음을 담으라.

가장 중요한 건 마음이다. 책을 읽는 눈에 마음이 담겨 있는지, 아닌지에 따라 독서의 결과가 달라진다.

가끔 시중에 나와 있는 독서법에 대한 책을 볼 때마다 불편함을 느낀다. 왜 책을 읽는 방법을 책으로 읽어야 할까? 공이 잘 맞을 때까지 같은 자리에서 끈질기게 연습을 하는 것이 골프의 왕도인 것처럼, 독서도 마찬가지일 것이다. 자신처럼 책을 읽으면 인생이 바뀐다고 말하는 것은 하루 5끼를 먹으며 살을 뺄 수 있다고 유혹하는 다이어트 서적과 다를 바 없다.

책을 읽을 때 중요한 것은 기술이 아니라 책을 읽는 사람의 마음이다. 책을 읽는 마음이 잡히면 기술은 저절로 습득되는 것이다. 이어령 박사는 진정한 독서에 대해 이렇게 말했다.

보통 성경을 제대로 읽지 못하는 사람들이 무슨 내용이 어디에 있는지에 집중한다. 정보란 아침에 탔다가 저녁에 내리고 나면 잊어버려도 되는 KTX 좌석 번호와도 같은 것인데, 거기에만 집중해 그토록 갈망하고 아끼고 사랑하던 생명을 발견하지 못해서는 안 된다.

괴테는 순리와 힘의 균형을 강조했다. 식물은 마디에서 마디로 성장하다가 마침내 꽃을 피우고 종자를 맺는다. 동물계도 마찬가지다. 애벌레나 촌충도 마디에서 마디로 성장을 하다가 마침내 머리가 나오게 된다. 인간의 경우에는 등뼈가 하나씩 이어지다가 머리에서 끝나는데, 거기에 모든 힘이 집중되어 있다. 결국 독서를 위해서는 등뼈를 하나하나 이어가는 노력이 필요하다. 그래야 비로소 책을 읽을 수 있는 머리가 생긴다.

머리가 없는 동물이 책을 읽는다는 것은 모순이다. 아직 글을 읽지 못하는 3살짜리 아이가 책을 거꾸로 잡고 읽으며 "나는 1,000권의 책을 읽었다!"라고 말하는 것과 다르지 않다. 중요한 것은 순리를 거스르지 않으려는 마음이다. 그 마음으로 읽으면 실패하지 않는다.

사색 독서

『유배지에서 보낸 편지』

다산 정약용

다산 정약용은 우리나라 최고의 지성인이자 사색가다. 우리의 머릿속에서 다산은 지적인 도전을 멈추지 않았던 지식인으로, 현명한 스승으로 인식되어 왔다. 하지만 사람들이 가장 많이 기억하는 장면은 권력 다툼에 밀려 유배지에서 20년을 보내야 했던 그의 고된 삶이다.

『유배지에서 보낸 편지』는 다산이 강진의 다산초당에서 유배 생활을 하는 동안 보낸 편지들을 엮은 책으로, 여러 작가가 새롭게 재탄생시켰다. 어떤 작가는 그의 자녀 교육법을, 어떤 이는 지식 경영법에 주목했다. 하지만 이 책을 통해 내가 독자에게 전하고 싶은 메시지는 좀 다르다. 개인적으로 『유배지에서 보낸 편지』에서 자녀 교육법이나 지식 경영법을 배우는 것은 책이 주는 가치의 10분의 1 정도만 얻는 것이라 생각한다. 이 책의 가치는 전혀 다른 곳에 있다.

다산은 어떤 사람인가. 그는 조선 후기의 실학을 집대성한 인물, 우리나라의 과학사에 중요한 인물이다. 또한 국가 경영에 관련된 모든 제도의 준칙을 서술한 『경세유표』, 지방의 관리인 목민관이 백성을 다스리는 요령과 본받아야 할 내용을 체계적으로 정리한 『목민심서』를 비롯하여 정치, 사회, 경제 사상에 대한 500여 권의 책을 집필한 최고의 학자다.

그리고 6남 3녀를 둔 아버지이자 그중 자식 여섯을 먼저 하늘로 보낸 아버지이기도 하다. 많은 자식이 돌림병 등으로 세상을 떠나자 그는 살아남았지만 여전히 약한 자식들을 강하게 키우기 위해 유배지에서도 편지를 보냈다.

중요한 건 바로 이 부분이다. 우리는 다산이 누구와도 접촉할 수 없는 유배지에서 다양한 분야의 저술 활동을 하며, 남는 시간에 자식에게 사랑을 담은 조언을 편지로 써 보냈다는 사실에 주목해야 한다. 그의 글에 담긴 의미를 연구하며 조금 더 쉽고 빠르게 고정관념을 가질 수 있는 방법을 깨달을 수 있기 때문이다.

흔들리는 세상에서 중심을 잡는 방법

다산은 유배지에서 자식들의 입장으로 감정이입을 시도했고, 자식들을 괴롭히는 병이 그들의 연약한 생각에서 비롯됨을 알았다. 그의 예상대로, 그간 풍족한 생활을 했던 자식들은 정약용이 모든 걸 잃고 유배지로 떠남과 동시에 병이 들었다. 그들은 편지에서 버릇처럼 '친척 중에 한 사람도 자신을 긍휼히 여겨 돌봐주는 사람이 없다'고 신세를 한탄하고 비관했다. 이에 다산은 이런 조언을 했다.

내가 벼슬하고 있던 시절에 익숙해진 너희들이라 항상 은혜를 베풀어줄 사람이나 바라고 있으니, 너희는 가난하고 천한 사람의 본분을 망각하는 것이다. 예나 지금이나 남의 도움이나 받으면서 살라는 법은 애초에 없었다. 더구나 우리는 친척들이 서울과 시골에 뿔뿔이 흩어져 온정을 베풀 수도 없었다. 오늘날 이처럼 집안이 패잔하긴 했지만 다른 일가들에 비하면 오히려 부자라 할 수도 있다. 다만 우리보다 못한 사람을 도와줄 힘이 없을 뿐이다. 그렇게 극심하게 가난하지도 않고 바로 남의 도움을 받지 않아도 될 처지가 아니겠느냐. 마음속으로 남의 은혜를 받고자 하는 생각을 버린다면 저절로 마음이 평안하고 기분이 좋아져 하늘을 원망한다거나 사람을 원망하는 병은 사라질 것이다.

다산은 편지로 자식들을 훈계하는 데 그치지 않고, 자식들의 약하고 부정적인 생각을 바꾸려 했다. 그는 생각의 수준이 그 사람의 수준을 결정한다는 것을 잘 알고 있었다. 자식들이 생각하는 수준을 끌어올리기 위해 수많은 편지를 쓰며 독려했고, 다양한 관념을 가지기를 바랐다.

먼저 그는 자식들이 현재 자신이 서 있는 위치를 제대로 바라볼 수 있어야 한다고 생각해 폐족廢族에 대한 생각부터 다시 정립시키려 노력했다. 아무리 공부를 강조해도 말을 듣지 않는 자식들에게 "너희들이 야만적인 생활에 빠져버리고 말 것 같다!"고 꾸짖으며 이렇게 말했다.

마음 한가운데에 반 조각의 정성이라도 있다면 아무리 난리 속이라도 반드시 진보할 점이 있는 법인데 너희들은 집에 책이 없느냐? 어째서 스스로 포기를 하려 드느냐? 영원히 폐족으로 지내버릴 작정이냐? 비록 벼슬길이 막혔다 하더라도 성인이 되는 일이야 꺼릴 것이 없지 않느냐! 문장가가 되는 일이나 박식한 선비가 되는 일은 꺼릴 것이 없지 않느냐! 꺼릴 것이 없는 것만이 아니라 과거 공부하는 사람들이 빠지는 잘못에서 벗어날 수도 있고, 사고하는 능력을 계발해 진실과 거짓을 옳게 판단하는 장점도 지닐 수 있는 것이다.

이처럼 다산은 최악의 상황에 처하더라도 생각을 바꾸면 원하는 방향으로 삶을 개척할 수 있다고 말했다.

다산은 자식들에게 "너희들에게도 희망이 있다"라고 말하고 싶었던 것이다. 생각을 바꾸면 다른 관념이 만들어지고, 동시에 같은 상황도 전혀 다르게 바뀐다. 하지만 그의 자식들은 일을 하기도 전에 "우린 폐족이니 할 수 없을 거야!"라고 말하며 시작조차 하지 않았다.

현재 많은 사람이 "개천에서 더 이상 용이 나지 않는다"라는 말로, 자신이 무언가를 이루지 못한 것은 그럴 만한 이유가 있어서라고 스스로를 위로하고 있다. 이런 논리라면 개천에서 용이 나기란 신분과 계급이 분명한 조선시대가 지금보다 몇 배는 더 힘들었다. 하지만 다산은 생각을 바꾸면 인생을 바꿀 수 있다고 생각하며, 지속적으로 자식들의 '우린 힘들 거야'라는 생각을 바꾸도록 만들었다.

많은 사람이 열심히 자신의 일에 매진하고 있다. 만약 다산이 살아 있다면, 그들은 일제히 그에게 이런 질문을 할지도 모른다. "이렇게 열심히 하는데 저는 왜 용이 되지 못하는 거죠?"

철저하게 다산의 시각에서 말하자면, 잠도 이루지 못하며 열심히 일하고 있는 당신이 용이 될 수 없는 이유는 이것이다.

폐족에서 재주 있고 걸출한 선비가 많이 나오는 이유는 무엇인가? 하늘이 재주 있는 사람들을 폐족에서 태어나게 하여 그 집단에 모범이 되게 하려는 것이 아니다. 부귀영화를 얻으려는 마음이 근본정신을 가리지 않아 깨끗한 마음으로 독서하고 궁리하여 진면목을 뼛속에다 바르게 심을 수 있기 때문이다.

결국 다산의 말에 따르면 당신이 아무리 열심히 해도 원하는 것을 이루지 못하는 이유는 간단하다. 하나는 당신의 마음과 뜻 그리고 행동이 올바르지 않기 때문이고, 또 하나는 오로지 돈과 명예를 누리기 위해 책을 읽고 일하기 때문이다. 다산이 남긴 그 두 가지 조언을 삶에 적용한다면 세상이 아무리 당신을 흔들어도 중심을 잡고 원하는 미래를 향해 전진할 수 있을 것이다.

지적 성장을 이끄는 다산의 4가지 조언

다산이 수많은 주제에 대해 연구하고 각자의 상황에 맞는 조언을 해줄 수 있었던 힘은 그가 가진 다양한 고정관념에 있다. 고정관념을 가지기 위해서는 생각을 자유자재로 변화시킬 수 있는 능력이 있어야 한다. 버튼을 누르듯 우리는 생각을 바꿈으로써 다른 관념에 접속할 수 있다. 생각을 바꾼다는 것은 굉장히 중요하지만, 서툰 생각은 인생에 상처만 남길 뿐이다. 다산은 아무 생각 없이 사는 것도 안 좋지만, 불순한 생각을 갖고 일하는 건 더 위험한 일이라고 했다.

우리가 다산에게 배울 가장 값진 가르침은 바로 이것이다. 그는 수많은 글로 어떻게 생각하고, 어떻게 살아야 하는지를 알려줬다. 우리는 그 위대한 가르침의 핵심을 그가 유배지에서 자식들에게 전한 다음 4가지 가르침에서 배울 수 있다.

같은 폐족이라고 무리를 짓지 말고 스스로 더욱 노력하라.

그는 폐족은 보통 집안사람들보다 100배 더 열심히 노력해야만, 겨우 사람 축에 낄 수 있다고 강조하며 이런 조언을 했다.

무릇 폐족이라는 것은 서로 동정하는 마음을 품고 있게 마련이어서 서로 관계를 청산하지 못하고 결국은 수렁에 빠져버리는 수가 많은데, 부디 마음에 새겨 의지를 굳게 가져라.

우리는 부정적인 말을 일삼는 사람들과는 어울리지 말라는 충고를 자주 듣는다. 다산의 생각 역시 그랬다. 그의 생각대로라면 서민이 대를 이어 서민이 되는 가장 큰 이유는 비슷한 사람들끼리 몰려다니며 신세를 한탄하고 세월을 보내기 때문이다. 언어에는 한 사람의 삶을 바꿀 정도로 강력한 힘이 있다. 다산은 그걸 놓치지 말라고 한 것이다. 물론 힘들 때 비슷한 사람들끼리 만나 위로를 받는 건 뿌리치기 힘든 강한 유혹이다. 다산도 이를 감지하고, 유혹을 뿌리칠 수 있는 용기를 강조하면서 이렇게 말했다.

용기는 삼덕三德의 하나다. 성인이 사물을 마음대로 활동하게 만들고 천지를 다스리는 일이 모두 용기의 작용으로 되는 것이다. 학문을 하고 싶을 때 "주공은 어떤 사람이냐?" 하며 그분처럼 되려고 실천하기만 한다면 그렇게 될 것이다.

그는 자신이 폐족이라는 데에서 생각을 멈추지 말고, '폐족이지만 무엇이든 할 수 있다'는 강력한 용기를 가지라고 말했다. 하고 싶은 일이 있다면 목표로 한 사람을 정해놓고 그 수준에 오르도록 노력하면 이를 수 있으니, 이런 것은 모두 용기라는 덕목을 가슴에 품은 자만이 할 수 있다고 말하며 자식들의 생각을 바꿔나갔다.

하늘로 치솟겠다는 기상으로 현실과 대결하며 살라.
  다산은 생각을 바꾸기 위해서는 일단 삶을 대하는 태도가 달라져야 한다고 강조했다.

  세상에 비스듬히 드러눕고 옆으로 삐딱하게 서고, 아무렇게나 지껄이고 눈알을 이리저리 굴리면서도 경건한 마음을 가질 수 있는 사람은 없다. 때문에 몸을 움직이는 것, 말을 하는 것, 얼굴빛을 바르게 하는 것, 이 세 가지가 학문을 하는 데 있어 가장 우선적으로 마음을 기울여야 할 곳이다.

  이 세 가지도 못하면서 다른 일에 힘쓴다면 비록 하늘의 이치를 통달하고 재주가 있어도 그것을 제대로 쓸 수 없다고 했다.
  다산의 말을 들으면, 요즘 많은 사람이 힐링에 빠져 현실에서 벗어나려는 모습과 당시 사람들의 모습이 다르지 않다는 것을 알 수 있다.
  또한 사람은 나이가 적든 많든 일희일비하기 쉽다. 기쁨도 슬픔도 스스로 다스릴 수 있는 힘이 부족하기 때문이다. 그렇기에 우리는 더욱 현실에서 고통을 겪는다. 다산은 배부르면 살찐 듯하고 배고프면 야윈 듯하게 참을성이 없다면 짐승과 인간은 차이가 없다며 이렇게 말했다.

소견이 좁은 사람은 오늘 당장 마음과 같이 되지 않는 일이 있으면 의욕을 잃고 눈물을 질질 짜고 있다가도 다음 날에 뜻대로 되는 일이 있으면 벙글거리며 낯빛을 펴곤 한다. 근심하고 유쾌해하며 슬퍼하고 즐거워하며 느끼고 성내며 사랑하고 미워하는 모든 정이 아침저녁으로 변하는데, 달관한 사람의 입장에서 본다면 비웃지 않을 수 없을 것이다.

그의 말처럼 성장을 향한 열망을 가진 사람이라면 한때 고난을 당한다고 해도, 정해둔 목표를 포기하지 않는다. 다산처럼 우리는 언제나 가슴속에 변하지 않는 성장을 향한 뜨거운 열망을 지니고 살아야 한다.

봉록과 지위를 다 떨어진 신발처럼 여기라.

직장에서 상사가 부하 직원들에게 잔소리를 하고, 온갖 위협을 할 수 있는 근본적인 이유는 무엇일까? 다산은 이렇게 말했다.

상관이 엄한 말로 나를 위협하는 것은 무엇 때문인가? 내가 이

봉록과 지위를 보전하고자 한다고 생각하기 때문이다. 간리奸吏가 비방을 조작하여 나를 겁주는 것은 무엇 때문인가? 내가 이 봉록과 지위를 보전하고자 한다고 생각하기 때문이다. 재상이 부탁을 하여 나를 더럽히는 것은 무엇 때문인가? 내가 이 봉록과 지위를 보전하고자 한다고 생각하기 때문이다. 무릇 봉록과 지위를 다 떨어진 신발처럼 여기지 않는 자는 하루도 수령의 지위에 앉아 있으면 안 된다.

우리는 가끔 "직장에서 나를 괴롭히는 사람들 때문에 살기 힘들다"라고 말하곤 한다. 그런데 그 괴로움은 어디에서 오는 걸까? 당신이 어떤 지위를, 어떤 자리를 포기할 수 없기 때문에 오는 것일 가능성이 높다. 이에 다산은 남에게 휘둘리지 않는 삶을 살 수 있는 방법을 알려준다.

흉년에 백성들의 조세를 면제해줄 것을 요구하다가 상관이 들어주지 않으면 벼슬을 버리고 떠나라.
상사의 요구가 옳지 않아 거절했음에도 알아듣지 못하고 계속 요구하면 벼슬을 버리고 떠나라.
너의 예모禮貌에 손상이 생기면 벼슬을 버리고 떠나라.

물론 현재의 상황에 맞지 않는 부분이 많다. 그저 떠나는 것만이 방법은 아닐 것이다. 중요한 건 그가 말한 본질을 바라보는 일이다. 상관이 나를 언제고 날아가 버릴 새처럼 생각한다면 내가 요구하는 것을 들을 수밖에 없을 것이며, 무례함을 저지르지 못할 것이다. 그러면 생활하기가 물 흐르듯 쉬울 것이다. 하지만 만약 구슬을 품은 자가 힘센 사람을 만난 것처럼 부들부들 떨며 오로지 구슬을 빼앗길까 봐 두려워한다면, 역시 그 지위를 보전하기가 어려울 것이다.

물론 쉽게 도달할 수 있는 경지는 아니다. 그런 수준까지 자신의 생각을 끌어올리려면, 몸의 굶주림보다 마음의 굶주림을 조심하며 사는 태도가 필요하다.

정조 경신년(1800) 여름, 다산은 그 태도가 무엇인지 깨달았다. 다산이 정범조에게 채제공의 비문을 받으러 갔을 때의 일이다. 정범조는 손을 붙잡고 다산을 기쁘게 맞으며 집 안으로 안내했다. 안에 들어선 정범조가 아내에게 눈짓을 하자, 그녀가 벽장의 시렁 안에서 종이 한 묶음을 꺼내더니 밖으로 나갔다. 다산은 뭔가 이상한 느낌을 받았다. 그래서 집 안을 찬찬히 살펴보니, 정범조의 집은 식량이 떨어진 지 며칠 정도 지난 상태였다. 정범조의 아내는 결국 종이를 팔고 얻은 70전으로 쌀과 말린 고기 한두 마리를 사서 다산과 함께 온 손님들을 대접한 것이다. 더구나 그 종이는 비문碑文이나 비지碑誌를 청하는 자가 폐백으로 보내준 것이었다. 그런데도 정범조와 아내는 태연한 모습이었고, 그 모습을 지켜본 다산은 그들의 마음 크기에 놀라 탄복하였다.

정범조는 비록 경제적으로 곤궁했지만, 다산은 그를 최고의 인격을 지닌 사람이라고 생각했다. 다산은 기란 의와 도를 배합한 것으로, 이것이 없으면 마음이 굶주린 상태가 되어버린다고 했다.

어떤 사람의 예를 들어보세. 그가 일생 동안 아름다운 옷에 맛있는 음식을 먹고 거대한 집과 성대한 장막 속에서 살면서도 도를 듣지 못하고 죽었다면 죽는 그날로 몸과 함께 이름도 없어져버리네. 그런 사람이야 동물과 같아서 공작, 비취, 범, 표범, 황새, 두루미, 거미 등의 무리와 다를 게 없는 것이네.

세상 사람들은 언제나 바쁘게 서두르면서 살아간다. 하지만 세상에 끌려 다니지 않고 세상을 끌고 가는 사람이 되고 싶다면, 몸보다는 마음의 굶주림에 민감한 삶을 살아야 한다.

오직 자신만을 위한 삶은 시시한 것이다.
다산은 아무리 사는 게 힘들어도 자신을 먼저 걱정하지 말고, 더 많은 고통을 받고 있는 이웃을 걱정하라고 말하며, 자식들에게 다음의 실천 사항을 전했다.

여러 날 밥을 끓이지 못하고 있는 집이 있을 텐데, 너희는 쌀되라도 퍼가 굶주림을 면하게 해주라.
눈이 쌓여 추위에 쓰러져 있는 집에는 장작개비라도 나누어주어 따뜻하게 해주라.

병들어 약을 먹어야 할 사람들에게 한 푼의 돈이라도 쪼개서 약을 지어 일어날 수 있도록 도와주라.

가난하고 외로운 노인이 있는 집에는 때때로 찾아가 무릎 꿇고 모시어 따뜻하고 공손한 마음으로 공경하라.

근심 걱정에 싸여 있는 집에 가서는 얼굴빛을 달리하고 깜짝 놀란 눈빛으로 그 고통을 함께 나누고 잘 처리할 방법을 함께 의논하라.

성장하는 나를 만드는 6가지 생활 수칙

다산은 모든 변화와 성취는 남을 도와줄 수 있는 마음에서 시작한다고 보았다. 자기는 남이 어려울 때 은혜를 베풀지 않으면서 남이 먼저 은혜를 베풀어주기만 바라는 것은 자식들의 생각이 아직 변화하지 않았기 때문이라고 여기고 삶을 변화시킬 수 있는 6가지 생활 수칙을 특별히 엄선해서 전했다.

첫째, 진심으로 독서하라. 내가 몇 년 전부터 독서에 대하여 깨달은 바가 큰데, 마구잡이로 그냥 읽기만 한다면 하루에 100번, 1,000번을 읽어도 읽지 않는 것과 다를 바가 없다. 무릇 독서하는 도중에 의미를 모르는 글자를 만나면 그때마다 널리 고찰하고 세밀하게 연구하여 그 근본 뿌리를 파헤쳐 글 전체를 이해할 수 있어야 한다. 날마다 이런 식으로 책을 읽는다면 수백 가지의 책을 함께 보는 것과 같다. 이렇게 읽어야 책의 의리를 훤히 꿰뚫어 알 수 있게 되니 이 점을 깊이 명심하라.

둘째, 늘 배고픈 상태를 유지하라. 학자란 궁한 후에야 비로소 저술할 수 있다는 것을 이제야 알겠구나. 매우 총명한 선비가 지극히 곤궁한 지경에 놓여 종일 홀로 지내며 사람이 떠드는 소리라든가 수레가 지나가는 시끄러운 소리가 들리지 않는 고요한 시각에야 경전이나 예에 관한 정밀한 의미를 비로소 연구해낼 수 있지 않겠느냐.

셋째, 언제나 호연지기를 잊지 말라. 무릇 하늘이나 사람에게 부끄러운 짓을 아예 저지르지 않는다면, 자연히 마음이 넓어지고 몸이 안정되어 호연지기浩然之氣가 저절로 우러나올 것이다. 만약 포목 몇 자, 동전 몇 닢 정도의 사소한 것에 잠깐이라도 양심을 져버린 일이 있다면 이것이 기상을 쭈그러들게 하여 정신적으로 위축되니, 너희는 정말로 주의하여라.

넷째, 늘 입을 조심하라. 거듭 당부하는 건, 말을 조심하라는 것이다. 전체적으로 완전해도 구멍 하나만 새면 깨진 항아리와 같듯이, 모든 말을 미덥게 하다가도 한 마디만 거짓말을 하면 도깨비처럼 되는 것이니 정말로 조심하라. 말을 실속 없이 과장되게 하는 사람은 남이 믿어주질 않으며, 더구나 가난하고 천한 사람은 더욱 마땅히 말을 적게 해야 한다.

다섯째, 게으름을 조심하라. 큰 흉년이 들어 굶어 죽는 백성들이 많아 혹 하늘을 원망하는 사람도 있는데 내가 보기에 굶어 죽는 사람은 거의가 게으른 사람들이더구나. 하늘은 게으른 사람을 싫어해서 벌을 내려 죽이려는 것이다.

여섯째, 늘 자신을 돌아보라. 새해를 맞으면서 반드시 그 마음가짐이나 행동거지를 새롭게 생각해보는 것이 중요하다. 새해를 맞을 때마다 꼭 한 해 공부 과정을 계획해본다. 나는 무슨 책을 읽고 어떤 글을 뽑아 적어두어야겠다는 식으로 계획을 세워놓고 실천하곤 했다. 몇 개월이 못 가서 착오가 생겨 계획대로 되지 않을 때도 있었지만, 아무튼 좋은 일을 행하고자 했던 생각이나 발전하고 싶은 마음은 없어지지 않아 많은 도움이 되었다.

그는 이 모든 가르침을 남긴 후, 마지막으로 그가 가장 중요하게 생각한 것을 확인해보기 위해 장남을 불렀다. 놀랍게도 다산은 장남에게 술을 권하고는 장남의 모습을 관찰했다. 그런데 생각과 달리 취하지 않았다. 그는 "네 동생의 주량은 얼마나 되느냐?"라고 물었다. 그런데 그 답이 다산을 화나게 만들었다. 동생의 주량은 형의 두 배가 넘었기 때문이다. 그는 탄식하며 말했다.

어찌 글공부에는 이 아비의 버릇을 이을 줄 모르고 주량만 아비를 훨씬 넘어서는 거냐? 이야말로 좋지 못한 소식이구나. (…) 너처럼 배우지 못하고 식견이 없는 폐족 집안의 사람이 못된 술주정뱅이라는 이름까지 가진다면 앞으로 어떤 등급의 사람이 되겠느냐? 술을 조심하여 절대로 입에 가까이하지 말아라.

이 글을 읽은 대부분의 사람들이 금주라는 메시지를 읽어내지만, 본질은 금주가 아닌 자제력이다. 자제력을 시험할 때 가장 유용하게 사용할 수 있는 게 바로 술이다. 술은 사람의 정신을 망가뜨리기 때문이다. 다산은 "한 사람이 어떤 위치에 오르려면 극도의 자제력이 필요하다"는 사실을 알고 있었고, 술을 통해 자식들을 시험해본 것이었다. 오늘을 절제하지 못하는 사람은 원하는 내일을 맞이할 수 없다.

다산의 자식들은 불안한 시대를 살고 있는 우리의 상황과 꼭 닮았다. 여기서 하나 생각해보자. 우리가 불안한 이유는 뭘까? 너무 자기 안에 갇혀서 살고 있기 때문은 아닐까? 그래서 다산은 자식들이 폐족이 된 후, 자기 안에 갇혀서 살게 될 것을 걱정해, 생각을 바꾸는 4가지 방법과 6가지 생활 수칙을 통해 세상을 제대로 바라볼 수 있는 계기를 마련해준 것이다.

다양한 관념을 가지지 위해서는 일단 사람과 사물에 감정이입하여 본질을 관통하는 게 우선이다. 하지만 그 전에 다산이 제시해준 방법과 수칙을 가슴에 담고 생각의 방향과 깊이를 다르게 만들 수 있다면, 조금 더 질 좋은 관념을 가질 수 있을 것이다.

매일 인문학 공부

03

철학

세상을
바라보는 원칙을
세워라

폭넓은 사색은
다양한 고정관념에서
시작된다

갈피를 잡기 힘들 만큼 혼란스러운 시대다. 많은 학자가 인문학적 관점에서 국가와 경제, 경영, 예술 등 심오한 주제에 대해 이야기한다. 그리고 우리는 마치 해답을 보듯 그들의 글을 읽는다. 여기서 한 가지 의문이 든다. 그런 심오한 주제를 다룬 책을 읽는다고 무엇이 달라질까?

수많은 사람이 지금도 각자의 방식으로 철학과 인문학을 배운다. 직장에 다니면서도 각종 기관과 대학에서 추천하는 서적을 섭렵하고, 초인적인 힘으로 1년에 100여 권을 읽어내기도 한다. 그리고 SNS 프로필에 이런 문장을 적는다.

"인문학이 이끄는 삶을 살자."

"오늘도 철학하자."

그들의 삶을 들여다보고 있노라면 머릿속에 의문만 가득해진다. '저런 문구가 과연 일상에 어떤 영향을 줄 수 있을까?'

하루는 중학생 독서 모임에 참석해서 대화를 나눈 적이 있다. 책상에는 대학생이 읽어도 이해하기 힘든 책들이 가득했기에 순간, '우리나라에 영재가 이렇게 많았나?'라는 생각이 들었다.

더욱 놀라운 것은 이제 중학생인 그들이 최고의 사상가들 이름을 모두 외우고 있다는 사실이었다. 그뿐만 아니라 천재 사상가 존 스튜어트 밀의 독서법에 관해서도 해박했다. 나는 그 모습에 흥미가 생겨 다음과 같은 질문을 던졌다. "플라톤의 『국가』처럼 모두가 행복한 세상을 만들기 위해 우리는 무엇을 해야 할까요?" "토머스 모어의 『유토피아』처럼 노동 시간을 줄이고 개인이 행복을 찾는 시간을 늘리는 건 어떻게 생각하나요?"

아이들은 조금도 망설이지 않고 대답했다. 그들의 부모는 '역시 우리 아이는 천재야'라는 표정으로 아이들을 바라보며 흐뭇하게 웃고 있었다.

하지만 나는 그들이 뛰어난 천재라는 생각이 전혀 들지 않았다. 아이들의 대답은 자신의 생각이 아니라 플라톤의 생각이었고, 토머스 모어의 생각이었다. 아이들은 그저 그들의 주장과 생각을 잘 외우고 있는 기계에 불과했다.

우리는 암기를 잘하는 기계를 보며 놀라지 않는다. 놀랄 만한 일이 아니기 때문이다. 그러나 세상이 정한 정의에서 자신의 의견을 발견해 내놓는 사람에게는 경탄한다. 그게 바로 사람에게 주어진 역할이자 추구해야 할 방향이다.

우리가 고전을 읽는 이유는 대가의 생각을 통해 나의 생각을 발전시키기 위해서지, 그들의 생각을 고스란히 받아들이기 위해서는 아니다.

지금부터 더욱 집중하자. "폭넓은 사색을 하려면 어떻게 해야 하나요?"라는 질문에 "다양한 고정관념을 가지세요"라고 답하면 보통은 "그게 무슨 말이죠? 고정관념은 나쁜 것 아닌가요?"라고 되묻는다. 마음속에 자리한 고정관념은 나쁜 것이라는 인식을 버려야 다음에 나올 나의 말을 이해할 수 있다. 생산적으로 이용하지 못했을 뿐, 세상에 무조건 나쁜 것은 없다. 고정관념 역시 마찬가지다. 우리가 그것을 부정적으로 바라보는 이유는 아주 적은 수의 고정관념을 가지고 있기 때문이다. 폭과 넓이를 측정할 수 없을 정도로 다양한 고정관념은 경험하지 않고도 사람과 세상을 이해할 능력을 준다. 수많은 철학자가 자기가 사는 곳에서 멀리 떠나지 않고도 세계를 무대로 사색의 결과를 펼칠 수 있었던 힘이 여기에 있다.

다양한 고정관념을 장착하는 것은 질 좋은 사색을 위한 첫 단계다. 고정관념이란 내가 알고 싶은 사물이나 사람에 온전히 몰입하는 과정에서 생겨난다. 이때 필요한 게 감정이입이다. 감정이입을 통해서 사물이나 사람에 대한 통찰이 가능해지고, 그들의 눈으로 세상을 바라보는 능력이 생긴다. 물론 감정이입은 한순간에 마법처럼 이루어지지 않는다. 하지만 노력을 통해 누구나 충분히 그 경지에 도달할 수 있다.

사람들은 사색가들이 이룬 업적에만 주목하고, 그 과정에는 관심이 없다. 그저 그 업적만을 보고 천재라고 생각할 뿐, 자신은 사색가가 되기 위한 출발선에 서려고 하지도 않는다. 그때 우리가 기억해야 할 것이 하나 있다.

사색가는 지능이 뛰어난 자가 아니라
목표가 생기면 절대 멈추지 않는 자를 말한다.

고정관념은
사색이라는 엔진에
시동을 거는 장치다

　　18세기 후반, 세계의 수많은 학자가 고대 이집트 로제타석의 상형문자 해독에 도전했다. 당시 내로라하는 학자들이 나라의 지원을 받으며 해독 작업에 열을 올렸다. 사람들은 뛰어난 학자들이 풍족한 지원 속에 연구를 하고 있으니 그들 중에 상형문자를 해독해내는 사람이 반드시 나올 거라고 생각했다. 하지만 예상과는 다르게 수십 년이 지나도록 해독 작업은 성공하지 못했다.

　　1790년, 프랑스 피자크에 장프랑수아 샹폴리옹이라는 아이가 태어났다. 공부를 그다지 좋아하지 않는 평범한 아이 샹폴리옹은 12살 때 우연히 로제타석의 복사본을 보게 되었다. 그는 로제타석에 쓰인 신비한 문자에 매료되었고, 그 문자를 꼭 풀겠다는 결심을 하면서 완전히 다른 삶을 살았다. 일단 고대 언어를 해독하기 위해서는 많은 언어를 구사할 수 있어야 한다고 생각해 라틴어, 아베스타어, 그리스어, 페르시아어, 암하라어, 콥트어, 히브리어, 아랍어, 산스크리트어, 중국어까지 10개 언어를 완벽하게 익혔다. 스무 살부터는 본격적으로 로제타석 문자 해독 작업에 착수했다. 12살의 평범한 아이가 자신이 목표로 삼은 연구를 위해 무려 8년이라는 시간을 투자한 것이다.

샹폴리옹은 1801년 로제타석의 상형문자를 해독하기로 결심하고, 그로부터 13년 뒤인 1824년 해독에 성공했다. 세계적인 학자들이 정부의 지원을 받으면서 30년 동안 해내지 못한 일을 샹폴리옹은 자신의 힘만으로 성공했다.

샹폴리옹이 얼마나 많은 열정을 쏟았는지는 해독이 성공한 직후에 증명되었다. 그는 기쁜 소식을 가장 먼저 형에게 알리기 위해 프랑스 학술원을 찾아갔다. 그리고 형을 만난 순간 "내가 발견했어!"라는 말만 남기고 실신해버렸다.

그는 5일 후에나 의식을 회복했다. 위대한 업적은 혼신의 노력 덕분이기도 하지만, 자신이 연구하는 사물에 대한 깊은 감정이입과 다양한 고정관념에서 얻어낸 결과라고 볼 수 있다. 그는 사색가의 특기인 멈추지 않는 뜨거운 열정을 보여준 셈이다.

비슷한 일화는 많다. 프랑스 문학의 거장 플로베르는 자신의 글쓰기에 대해 이렇게 말했다.

몸이 아파서 하루에 몇백 번이나 심한 고통을 느껴야 했다. 그러나 나는 노동자처럼 괴로운 작업을 계속해 나갔다. 나는 소매를 걷어붙이고, 이마에 땀을 흘리며, 비 오는 날이나 바람 부는 날이나 눈이 내리거나 번개가 치는 와중에도 망치를 내리치는 대장장이처럼 맹렬하게 글을 썼다.

작가라고 하면 한적한 카페에서 커피를 마시며 우아한 모습으로 글을 쓴다고 생각하지만 플로베르는 마치 노동자나 대장장이처럼 자신을 거칠게 몰아붙이며 글을 썼다. 그가 그럴 수 있었던 것은 노동자의 마음과 삶을 꿰뚫고 있었기 때문이다. 더 완벽한 글을 쓰기 위해 자신 안에 숨 쉬고 있는 노동자의 삶이라는 고정관념 하나를 끄집어냈을 뿐이다.

샹폴리옹과 플로베르. 그들의 노력에는 본질적으로 고정관념의 힘이 있다. 만약 그들에게 고정관념이 없었다면 그들은 자신의 일에 시동조차 걸지 못했을 것이다.

고정관념이란 사색이라는 엔진에 시동을 거는 장치다.

이 부분이 매우 중요하다. 여기에서 고정관념을 정확히 이해하지 못하면 왜 다양한 고정관념이 필요한지 영영 알 수 없기 때문이다. 아무리 엔진이 좋아도 시동이 걸리지 않으면 아무것도 할 수가 없다. 그래서 하나의 고정관념만 가지고 산다는 것은 불행한 일이고 자신을 망치는 일이다.

   한 사람에 대한 고정관념을 마음에 담는 것은 그 한 사람의 인생을 모두 담는 일이다. 다양한 인물의 이야기를 통해, 어떻게 하면 자신 안에 더 많은 고정관념을 쌓을 수 있을지 궁리해보자. 그렇게 마음 속에 쌓인 수많은 고정관념은 우리가 살아가는 동안 하게 될 수많은 사색에서 가장 지혜로운 답을 발견하는 데 큰 힘이 되어줄 것이다.

모든 고독을
긍정하고,
끝없이 확대하라

베토벤의 비서이자 전기 작가인 신들러는 베토벤이 가진 고독한 풍모에 대해 꽤 흥미로운 의견을 제시했다.

청력 손실이 베토벤의 창의성에 긍정적인 역할을 했다고도 볼 수 있다. 청력이 상실된 다음에도 베토벤의 작곡 능력은 전혀 손상되지 않았고 심지어는 더 향상된 것처럼 보이기도 했는데, 아마도 창의력에 방해되는 피아노 기교를 배제했기 때문일 것이다. 또한 그의 세상에서 소리가 점차 사라지면서 오직 작곡에만 집중할 수 있었기 때문일 것이다. 소리가 들리지 않는 세상에서 베토벤은 방해하는 외부 환경의 소리 없이, 물질세계의 경직성에 영향받지 않고, 마치 몽상가처럼 자신이 바라는 대로 자유롭게 현실을 재결합해 이전에는 꿈도 꾸지 못했던 형태와 구조를 만드는 새로운 시도를 해볼 수 있었다.

놀랍게도 베토벤의 작곡 능력은 청력을 잃고 더욱 향상되었다. 당신은 이 사실에 대해 어떻게 생각하는가? 신들러는 베토벤이 청력을 잃은 후 작곡 능력이 향상된 이유를 고독의 힘에서 찾았다. 철저한 고독 안에서 세상의 어떤 정보에도 영향을 받지 않았고, 자유롭게 현실을 결합하고 마치 몽상가처럼 그것을 허공에 그리는 놀라운 사색 능력을 세상에 펼쳤다.

몸을 주로 쓰는 무용수들이 고통을 친구로 생각하듯 머리를 쓰는 사색가들에게서 떨어질 수 없는 친구가 바로 고독이다. 독일의 철학자 칸트 역시 사색가가 되기 위해서는 고독을 제대로 활용할 줄 알아야 한다고 했다. 그래서 그는 진지한 생각을 방해하는 가벼운 소설을 아이들이 읽지 못하도록 해야 한다고 주장했다.

과학자 뉴턴은 사람들에게 알려지는 걸 좋아하지 않았다. 그래서 자신의 발명에 이름 넣기를 몇 차례 거절하기도 했다. 그가 명성을 대수롭지 않게 생각한 이유는 단 하나, 사람들의 관심을 얻을수록 고독을 제대로 누릴 수 없기 때문이다. 철학자 비트겐슈타인은 노르웨이에 있는 자신의 오두막에서 한 달에 한 번 혼자서 고독을 즐겼다.

물론 그들처럼 자신을 외딴곳에 고립시키며 고독에 빠질 필요는 없다. 누구나 고독을 즐기는 자신만의 스타일이 있는 법이다. 대중과 함께하면서 고독을 즐길 수도 있고, 매우 협소한 공간에서 아름다운 고독을 느낄 수도 있다. 실제로 슈베르트와 모차르트는 다른 사람들이 산만하다고 느낄 환경에서도 고독에 쉽게 빠졌다. 대중교통을 이용하는 동안 많은 사람 속에서 고독에 깊이 빠지는 사람도 있다.

여기에서 제대로 질문해야 한다. "그들은 어디에서 고독을 즐겼는가?"라는 질문은 알아도 별 소용이 없는 뻔한 답으로 이끌 뿐이다. 우리에게는 이런 질문이 필요하다.

그들은 왜 고독에 자신을 맡겼는가?

중요한 것은 고독을 즐기는 장소가 아니라 그들이 고독에 자신을 맡긴 이유다. 니체는 『차라투스트라는 이렇게 말했다』에서 사색가로서 성장하기 위해서는 고독에 깊숙이 빠져 있어야 한다고 했다.

그대의 과일은 익었으나, 그대는 그대의 과일에 어울릴 만큼 익지 못했구나! 그러므로 그대는 다시 고독 속으로 돌아가야 한다. 앞으로 더 무르익어야 한다.

왜 니체는 고독을 강조하며 그것을 사랑해야 한다고 말했을까? 이유는 간단하다. 불확실한 것을 발견하고, 그것에 가능성을 부여하며 끝없이 확대하기 위해서다.

1차원, 2차원 세계는 우리에게 매우 익숙하다. 특별한 지능이나 노력 없이 눈에 보이는 대로 해내면 된다. 실제로 아이들이 블록을 가지고 복잡해 보이는 온갖 형태를 만들 수 있는 이유도 2차원으로 자세하게 그려진 설명서가 있기 때문이다. 힘들지만 시간을 투자하면 결국 해낼 수 있다.

하지만 3차원부터는 이야기가 약간 달라진다. 냉장고를 예로 들어보자. 음식이 더 들어갈 수 없을 정도로 냉장고가 꽉 찬 상태인데도 눈짐작으로 빈 공간을 만들고 새 음식을 집어넣는 사람들이 있다. 상황을 조금 살펴보는 것으로 자신에게 유리하게 끌고 가는 이런 사람들은 '구상력'이 뛰어나다. 그들은 자기 앞에 놓인 상황을 보는 동시에 풀어야 할 문제까지 파악해서 상황과 문제를 가장 적절하게 연결한다. 그것은 결국 3차원의 세계를 이해하고 활용하는 힘으로 이어진다.

4차원은 우리의 세상에서 누구나 볼 수 있는 형태가 아니다. 4차원 이상의 공간은 우리가 평면 위에 그릴 수 없고 단지 머릿속으로 상상만 할 수 있을 뿐이다. 여기에서 필요한 것이 바로 사색이다. 사색을 제대로 이해하기 위해서는 우리에게 주어진 감각을 다시 정립해야 한다. 이를테면 감각을 크게 미각, 후각, 시각, 청각 등으로 나누는 것은 사색하는 자에게 통하지 않는다. 그들에게는 미각과 시각 사이에도 수많은 감각이 존재하며 이를 통해 눈에 보이지 않는 세계를 감지한다.

고독한 자만이
영감을
발견할 수 있다

다이어트를 한다는 목적으로 주말이면 자전거를 타고 상상도 못할 거리를 달리는 사람들이 있다. 여럿이서 혹은 혼자서 달리는 그들이 도착해서 하는 일은 무언가를 먹는 것이다. 얼추 계산해서 자전거를 10시간 타도 소화할 수 없는 양의 음식을 먹고 다시 달린다. 그리고 집에 돌아와 SNS에 음식 먹는 사진을 올리고 하루를 마친다.

나는 그들이 살을 빼지 못하는 이유를 말하려고 이 글을 쓰는 게 아니다. 그들에게 다이어트는 하나의 구실일 뿐이다. 그저, 적막한 공간에서 아무것도 하지 않고 하루를 버티기 힘들 정도로 두렵고 외로웠을 뿐이다.

혼자 남겨진다는 것은 이처럼 우리를 힘들게 한다. 과연 우리는 어떤 방법으로 고독을 즐길 수 있을까?

타인의 시선에서 벗어나 자신이 진정 원하는 걸음을 걷는 것이 고독을 즐기는 사람에게 필요한 첫 번째 마음가짐이다. 고독을 즐기는데 타인의 도움은 필요 없다. 자기 자신만으로 충분하다. 이 사실은 매우 중요하다. 자신에 대한 믿음이 고독을 시작하는 사람이 가질 수 있는 힘과 무기이기 때문이다. 누군가와 함께하는 지루한 일상에서 벗어나 커피의 향기를 즐기듯, 고독 속으로 빠져들어 보자. 쇼펜하우어는 이렇게 말했다.

혼자일 때 비로소 있는 그대로의 자신을 느낄 수 있다. 초라한 자는 자신의 초라함을, 위대한 정신은 자신의 위대함을 온전히 느낀다.

고독한 시간을 즐기며 강력한 내공을 가진 자신을 발견할 수도, 민망할 정도로 빈약한 자신을 발견할 수도 있다. 그건 해봐야 안다. 물론 전자의 자신을 발견하는 게 가장 좋은 일이겠지만, 당신이 후자일지라도 자신을 똑바로 바라볼 수 있어야 한다. 아니 오히려 후자이기 때문에 더욱 자신을 제대로 바라봐야 한다. 어떤 이들은 이렇게 반문하기도 한다. "전 거의 매일 고독한 감정을 느끼는데 왜 제 자신을 발견하지 못하는 걸까요? 너무 고독해서일까요?"

혼자 있다고 모두 고독을 의미하는 것은 아니다. 고독과 외로움을 정확하게 구분해야 한다. 고독과 외로움은 전혀 다른 감정이다. 하버드대학교의 교수를 역임한 신학자 파울 틸리히는 이렇게 말했다.

외로움이란 혼자 있는 고통을 표현하는 말이고 고독이란 혼자 있는 즐거움을 표현하는 말이다.

하지만 우리는 대개 외로움과 고독을 구분하지 못하고 혼용한다. 고독은 내가 부르는 것이고, 외로움은 끌려가는 것이다. 굉장히 힘든 일을 겪고 홀로 남았을 때, 당신은 '외로움'이라는 단어를 쓰는가? 아니면 '고독'이라는 단어를 쓰는가? 대부분 '나 정말 외롭다'라고 말한다.

이처럼 외로움이란 나를 찾아오는 감정이고, 고독이란 내가 무엇인가를 얻기 위해 스스로 불러내는 감정이다. 그래서 우리는 외로움보다는 고독한 상태를 통해 제대로 자신을 바라볼 수 있게 되고, 진정한 사색가의 기틀을 갖출 수 있게 된다. 괴테 역시 동의하며 이런 말을 남겼다.

영감은 오직 고독 속에서만 얻을 수 있다.

나뭇잎 하나가
흔들릴 때
세계를 느끼라

나는 하나의 나뭇잎이 흔들릴 때 글을 썼다.

우리나라의 지성 이어령 박사와 기나긴 대화를 나누고 밖으로 나오기 전, 그가 내게 진지한 표정으로 들려준 말이다.

이어령 박사는 암 판정을 받은 이후 더욱 치열하게 글을 쓰며 살고 있다. 병원이 아닌 책상과 자연을 오가며 사색하고 쓰는 삶을 보내기로 결정한 것이다. 나는 그와 수차례 대담을 나누며 그의 말을 글로 옮겨 적으려고 시도했다. 그러나 그 일은 매우 까다로웠고, 또 쉽지 않았다. 말과 글은 서로 너무나 달라 말을 글로 옮기면 전혀 다른 것이 되어버렸다. 근본적으로 그것은 편집이기 때문이다. 그는 내게 이런 조언을 했다.

내가 전한 말 중에 핵심이 되는 표현을 잘 발견해서 그것을 마치 살아 있는 것처럼 생생하게 글로 살려내는 게 중요하다.

맞다. 그의 조언처럼 우리는 말할 때는 생생하게 살아 있던 언어의 심장이 글로 쓰이면 싸늘히 식어버리는 경우를 자주 목격한다. 나는 그와 수많은 시간을 함께 나누며 세상이 전하는 온갖 종류의 말을 글로 가장 완벽하게 표현하는 방법을 배웠다.

내용이 형식을 규정하게 하라.
형식이 내용을 규정한다면 그렇게 탄생한 글로 누군가에게 감동이나 영감을 주기는 힘들다. 마치 틀에서 찍어낸 대량생산 제품에 불과하기 때문이다. 반대로 강력한 내용이 형식을 규정할 수 있어야 비로소 독창적이며 생산적인 글이라고 말할 수 있다. 영감이 넘쳐 스스로 결과가 될 수밖에 없는 글을 창조해야 한다.

인식 수준을 높여야 자연이 보인다.
자연이 주는 영감과 지혜를 글 쓰는 사람의 인식 수준에 맞춰서는 안 된다. 우리가 늘 자연과 세상으로부터 비슷한 것만 발견하며 느끼는 이유는 우리의 인식 수준 자체가 쉽게 달라지지 않기 때문이다. 스스로의 인식 수준을 높이면 자연은 다른 것을 보여준다. 문제는 다른 곳에 가서 다른 것을 보는 것이 아니다. 어제와 다른 내가 되어 바라봐야 한다. 인식 수준이 떨어지지 않고 그대로 있을 수 있게, 나를 높여야 더 멀리 깊게 볼 수 있다.

자연과 세상이 전하는 말을 글로 제대로 표현하지 못하고 언어의 심장을 멈추게 하는 이유는, 저절로 글이 될 정도로 영감이 넘쳐 흐르지 않기 때문이다. 또 하나는 자연과 세상이 전해주는 것을 그대로 받아 적을 정도의 인식 수준에 도달하지 못했기 때문이다.

조금 더 좋은 글을 쓰며 살고 싶다면, 세상과 자연이 주는 것을 더 많이 받으며 살고 싶다면 이어령 박사의 말을 기억하면 된다. "나는 하나의 나뭇잎이 흔들릴 때 글을 썼다."

흔들린다는 것은 생생하게 살아 있다는 증거다.
지금 이 순간에도 곁에서 살아 숨 쉬는 것을 보라.
글을 쓰는 것은 사물과 생명을 포근히 안아주는 일이다.
그러므로 어떤 곳에서 어떤 인생을 살고 있다고 해도,
흔들리며 아파하는 것을 발견할 안목이 있다면
그 사람의 인생은 결코 슬프지 않다.
혼자가 아니니까.

불안이라는
무기를
활용하라

"왜 이렇게 불안하지?"

새로운 일을 시작할 때, 누가 봐도 무모하다고 생각하는 도전을 할 때, 불안이라는 감정은 어김없이 찾아와 우리를 치열하게 괴롭힌다. 불안은 나쁜 감정일까? 나는 자신의 수준을 끊임없이 개선하려는 자에게 불안한 마음은 친구와도 같은 존재라고 생각한다. 오히려 일상에서 전혀 불안을 느끼지 않는다면 현실에 안주하며 사는 사람일 가능성이 높다.

불안은 무언가를 창조하려는 시선에서 태어난다. 그렇게 태어난 불안은 지금 여기에 존재하는 우리의 정신을 미래의 어느 순간으로 이동시켜 현실과 미래를 동시에 생각하게 만든다. 아직 일어나지 않은 일을 대비하게 만들고, 아직 발견하지 못한 가치를 찾아내게 돕는다.

창조적인 일상을 살고 싶다면 이 문장을 제대로 알아야 한다.

나는 창조를 위해 불안을 즐긴다.

나는 매번 강연장에 서기 전, 새로운 책의 집필을 시작할 때 '내가 과연 이번에도 잘 해낼 수 있을까?'라는 불안한 마음을 꺼낸다. 그리고 강연을 성공적으로 마친 이후의 시간으로 날아가, 내가 원하는 결과를 만날 수 있도록 나를 불안하게 만드는 요소를 하나하나 수정하고 보완한다.

글쓰기도 마찬가지다. 완성한 책이 독자의 선택을 받지 못할 경우를 상상하며 스스로 두려운 마음을 부른다. 그런 다음 내가 할 수 있는 최선의 상황을 상상하며 그렇게 될 수 있도록 노력한다. 그 과정은 언제나 나를 아프게 하지만, 그 고통이 아무리 극렬해도 실패해서 겪는 고통보다는 달콤하다.

그러므로 지금 당신이 어떤 일을 시작해도 제대로 되지 않는 것 같다면 불안한 마음을 초대하라. 불안은 우리 자신을 멋지게 키우는 내면의 무기다. 지금 불안하지 않다면 아무것도 시작하지 않은 사람일 가능성이 높다.

무대 위에서 엄청난 카리스마를 보여주는 발레리나 강수진도 모든 무대가 자신을 떨리게 만든다고 고백했다. 이어령 박사도 모든 강연에서 '혹시 관객과 소통하지 못하면 어쩌지?'라는 불안한 마음을 갖는다고 말했다. 어떤 두려움도 없이 모든 일을 완벽하게 처리할 것 같은 사람도 그 안을 들여다보면 깊은 두려움이 그를 지배하고 있다는 사실을 알게 된다.

모든 영역에서 끝없이 성장하며 사는 사람에게 불안은 무엇보다 귀한 내면의 무기다. 불안한 마음에 지지 않고 그것의 주인으로 산다면 당신은 평생 성장하는 현역으로 활동할 수 있다.

불안한 마음을 힘껏 즐기라.
그것이 당신을 키우는 최고의 힘이다.

힘든 날을 이겨내는
마음 자세는
무엇이 다를까?

"나만 그렇게 생각하나요?" "왜 내 마음만 이렇게 아픈가요?" 다들 저마다 자기 삶을 두려워하고 고민한다. 그러다 시간이 지나면 누군가를 막연하게 미워하고 싶고, 괜히 지나가는 사람을 붙잡고 비난하고 싶은 욕망이 걷잡을 수 없이 우리의 마음을 유혹한다. 그걸 이겨내야 비로소 우리는 자기 삶의 중심을 잡을 철학을 세울 수 있다.

의식적으로 "내가 이러면 안 되지", "사랑하는 마음으로 바라보고 살아야지"라며 자신을 위로하지만 먹히지 않는 날도 있다. 그럴 때면 이런 고민이 생긴다. '왜 나만 이렇게 사는 게 힘들지? 정말 내가 이상한 걸까?'

하루는 평소 알고 지내는, 많은 사람이 존경하는 정신적 지도자를 만났다. 그는 내게 그날 있었던 기분 나쁜 상황에 대해 비관적인 시선으로 불평을 늘어놓고는 이런 말로 대화를 마무리했다. "자네에게 힘든 마음을 털어내니 내 마음이 편해졌네."

누구든 마찬가지다. 이제 더는 버틸 수 없다고 생각하는 순간이 찾아온다. 매일 그럴 수도, 특정 기간을 주기로 찾아올 수도 있다. 중요한 건 강도와 빈도가 아니라 그에 반응하는 우리의 자세다.

아픈 마음을 숨기지 말고 생생하게 표현하자. 나쁜 마음으로 다른 사람과 상황을 비난하는 행동은 물론 권장할 만큼 좋은 일은 아니다. 하지만 그래서 버틸 수 있다면 모든 고통과 고민을 내뱉어야 한다.

앞서 말한 정신적 지도자가 그랬던 것처럼, 누구에게나 일상을 망치는 나쁜 감정이 찾아오는 순간이 있다. 찾아가 비난하고 싶고, 끝없이 욕하고 싶고, 눈물을 흘리며 투정 부리고 싶다. 그렇다면 마음껏 세상에 외치자. 나쁜 감정을 모두 버린 사람만이 다시 돌아와 예전처럼 웃으며 살 수 있다. 당신이 어디에서 어떤 감정으로 힘든 시간을 보내든 너무 자책하지 않아도 괜찮다. 안심해도 된다. 당신만 그런 게 아니다.

모두 괜찮다.
정말, 다 괜찮다.

시선의 수준이
곧
내면의 수준이다

사람마다 각자의 의식 수준이 있다. 점수로 나타내면 0에서 1000점까지 나뉘는데, 평균은 200점이다. 500점 이상이면 세계 인구의 0.4퍼센트 안에 들어가며 '사랑'이라는 단어를 이해하는 사람으로 볼 수 있다. 우리가 익히 아는 공자, 소크라테스, 괴테 그리고 영적 지도자들의 의식 수준은 700점에서 1000점 사이다.

그래서 나는 가능하면 책을 추천하지 않는다. 사람은 저마다 의식 수준에 맞는 책만 읽을 수 있다. 다시 말하면, 사람은 자기 의식 수준에 맞는 책만 '견딜 수 있다'. 견디지 못하고 책을 덮거나 그 자리를 피하는 이유는 의식 수준이 다르기 때문이다. 세상에 좋은 책은 없다. 그 사람에게 꼭 맞는 책이 있을 뿐이다. 그렇게 우리는 그 사람이 스스로 선택해서 읽는 책을 보면 그 사람의 의식 수준을 짐작할 수 있다. 따라서 책을 한 권 추천하는 것은 매우 까다로운 일이며, 상대를 온전히 이해하고 의식 수준을 파악할 능력이 있는 최고의 지성만이 할 수 있는 어려운 지적 행위다.

나는 가끔 내 책을 오랫동안 읽고 사랑한 사람이 그 사람의 의식 수준보다 낮은 책을 골라 열심히 읽는 모습을 볼 때면, 그가 아닌 나 자신에게 아쉬움을 느끼게 된다. 내 글이 그의 의식에 별 영향을 주지 못했다는 방증이기 때문이다.

인간이란 자신이 할 수 있다고 생각하는 것만 인정하고 칭찬하는 법이다. 이를테면 어떤 사람들은 이류 정도의 것으로 생계를 꾸리고 있으니 자신보다 월등한 일류의 것을 보면 농간을 부려 실제로 비난할 만한 것을 찾아내고 그것을 철저하게 비난해서 혹독하게 깎아내린다. 그렇게 해야만 자기들이 칭찬하는 그리고 생계로 삼은 이류의 것이 훌륭하게 보일 수 있기 때문이다.

괴테의 말이다. 실제로 이런 상황이 일상에서 매우 빈번하게 일어난다. 우리가 모르는 사이에도 이런 식으로 세상은 움직이며 타락하고 있다. 이런 상황에서 벗어날 매우 간단하지만 분명한 답이 괴테의 첫 문장에 있다. 그의 말을 질문 형식으로 바꿔보자. 무엇이든 문제에 대한 답을 구하고 싶다면 글의 중심을 찾아 그것을 질문 형식으로 바꿔보라. 질문에 대한 답이 바로 가장 좋은 방법을 알려준다.

인간이란 자신이 할 수 있다고 생각하는 것만 인정하고 칭찬하는 법이다.
➡ 왜 인간은 자신이 할 수 있는 것만 칭찬하는가?
➡ 모르는 것은 칭찬조차 할 수 없기 때문이다.

매우 슬프지만 분명한 현실이다. 우리는 아는 것만 제대로 칭찬할 수 있다. 자, 그럼 그 사람의 수준을 보려면 어떻게 해야 할까? 간단하다. 그가 무엇을 칭찬하는지 그 대상을 보면 금방 알 수 있다.

그가 칭찬하는 대상의 수준이,
바로 그 사람의 현재 수준이다.

― 사색 독서 ―

『군주론』

니콜로 마키아벨리

　간디는 세상에 있는 일곱 가지 죄로 노력 없는 부, 양심 없는 쾌락, 인격 없는 지식, 도덕성 없는 상업, 인성 없는 과학, 희생 없는 기도, 원칙 없는 정치를 꼽았다.
　이것이 우리가 지켜야 할 도덕이자 모두가 함께 이루어 나가야 할 정의지만, 세상은 언제나 반대로 흘러가 일곱 가지 죄를 저지른 자가 오히려 승승장구하며 살아간다. 이유는 간단하다. 본질을 추구하며 사는 일은 어렵고 시간이 오래 걸리지만, 본질을 추구하는 것처럼 흉내 내며 사는 일은 쉽고 시간이 거의 들지 않기 때문이다. 우리에게는 이런 현상을 바라보는 두 가지 시선이 필요하다.

- 결국 본질을 추구하는 자가 오래 멋지게 성장한다.
- 본질을 추구하지 않고 흉내만 내는 사람을 구분할 안목을 가져야 한다.

사람과 사람이 접촉하는 빈도가 매우 낮아지고, 만날 수 있는 희망이 점점 줄어들 때 우리는 방황하게 되며 초조해진다. 그러다 보면 매우 안타깝게도 본질을 추구하는 것처럼 흉내만 내며 남의 돈과 시간을 강탈하려는 사람들의 먹이가 될 확률이 높다. 힘든 삶에 마음이 조급해져 당장의 이익에 급급하기 때문이다.

그래서 앞으로는 세상을 살아가는 자신만의 원칙이 반드시 필요하다. 그 원칙이 우리에게 속지 않고 살아갈 힘을 주며, 사람과 사람 사이에서 본질을 추구하는 진짜 대가를 구분할 안목도 선물해줄 것이다.

1469년, 피렌체에서 태어난 마키아벨리는 일곱 살 때부터 라틴어를 공부하기 시작해서 열두 살 무렵에는 라틴어를 자유롭게 구사하는 등 평범한 사람이 도달하기 힘든 경지의 능력을 보여줬다. 하지만 그가 위대한 이유는 따로 있다. 서른 살도 되지 않은 나이에 최연소로 피렌체 제2장관직에 임명된 것이다. 서른 살도 되지 않았고, 게다가 행정 경험이 전무했던 그에게 고위직이 주어진 이유는 그가 세상을 쥐락펴락하는 탁월한 능력을 증명했기 때문이다. 『군주론』은 그런 그의 모든 비결이 담긴 책이다.

당신이 직장 생활을 해본 경험이 있다면 그 능력이 왜 중요한지 뼈저리게 느꼈거나, 지금 절실하게 느끼고 있을 것이다. 어떤 회사든 입사할 때는 대부분 비슷한 스펙을 갖고 있지만, 시간이 지나면서 자신이 가진 실력 이상을 보여주며 임원으로 승승장구하는 사람이 있다. 반면, 가진 실력조차도 제대로 발휘하지 못해 만년 부장으로 직장 생활을 마감하는 사람도 있다. 만약 당신이 후자이거나 전자의 삶을 살고 싶은 욕구가 간절하다면, 마키아벨리의 경쟁력이 가슴으로 느껴질 때까지 이 책을 읽고 또 읽어야 한다.

음악이 주는 감동은
그 연주가 비로소 끝났을 때,
책 한 권이 주는 감동도
마지막 책장을 넘기고 덮었을 때,
비로소 파도처럼 가슴에 밀려온다.
한 사람이 주는 감동도 마찬가지로
그가 살아서 말하고 행동하는 것으로는
쉽게 짐작하며 진실한 마음을 느낄 수 없다.
사라지고 나서야 우리는 마음을 볼 수 있다.
탄생은 우리에게 사랑을 주고
창조할 힘을 가득 안겨준다.
그리고 죽음은 모든 것을 바꿔놓는다.
그게 바로 사라지지 않는 고전을 읽어야 하는 이유다.

내 마음을 알아야 타인의 마음을 움직일 수 있다

"만나서 이야기 나누시죠?"

비즈니스를 시작할 때면 반드시 나오는 관문 중 하나다. 만나서 무언가 새롭거나 창의적인 결과가 나오면 참 좋겠지만, 결국 친목 다지기나 얼굴 확인(?) 정도로 그치는 경우가 많아서 만족스러운 적이 별로 없었다. 음성으로 전해지는 목소리와 언어 구사력, 메일에서 느껴지는 문장력과 표현의 진실성, 그것만으로도 충분히 상대를 확인하고 믿을 수 있으니 굳이 만나 시간을 허비할 이유가 없기 때문이다. 심지어 나는 담당자와 한 번도 만나지 않은 상태에서 출판 계약을 카카오톡으로 진행한 적도 있다.

살기 위해 필요한 것들이 점점 많아지고 가치는 점점 줄어들고 있다. 이제 스펙은 그리 중요하지 않다. 스펙의 총량은 당신이 세상을 두려워하는 정도에 비례한다. 내면의 힘이 강하며 그것에 대한 숭고한 믿음을 가진 사람은 굳이 스펙을 쌓을 필요가 없다. 스펙은 우리를 경쟁하게 하며 더욱 나약한 존재로 만들 뿐이다.

이제는 주변을 돌아보며 도움을 주거나 배려하는 사람을 더욱 만나기 힘들다. 나 하나 살기도 힘들기 때문이다. 각자 자신을 믿어야 한다. 그런 사람만이 서로를 강하게 비방하고 무릎을 꿇게 해야 살아남는 이 시대를 아름답게 바꿀 수 있다. 그래서 더욱 이 책이 필요하다.

『군주론』은 출간 당시 온 유럽을 충격에 빠뜨렸다. 그가 절대 권력을 얻기 위한 무자비한 책략을 옹호하면서 전통적인 도덕을 무시하는 태도를 보였기 때문이다. 그럼에도 국민들의 원성을 듣지 않을 수 있었던 이유는 적어도 그가 국민의 위에 서지는 않았기 때문이다. 그에게는 모든 정치적인 일을 결정할 때, 반드시 지키는 최소한의 원칙이 있었다.

정치 싸움을 하더라도 반드시 나라의 발전을 위해서 해야 한다. 어떤 희생을 하더라도 절대 국민을 적으로 돌려서는 안 된다.

그는 어떤 문제가 생기든 국민의 피해는 반드시 최소한으로 해야 한다고 강조한다.『군주론』에서 가장 먼저 나오는 문장을 읽어보면 국민에 대한 그의 마음을 느낄 수 있다.

군주에게 가장 튼튼한 요새는 국민들의 지지와 사랑이다.

마키아벨리의 마음을 정말 제대로 알고 싶다면 이 문장이 가슴으로 느껴질 때까지 몇 시간이고 사색을 해야 한다. 이 문장을 제대로 느껴야 비로소 그를 향한 마음의 문이 열리기 때문이다. 하지만 많은 독서가가 쉽게 이 부분을 지나쳐 버리고, 책을 덮는다. 강조하지만 단순히 글자만 읽는다면 아무런 도움이 되지 않는다.

문장에 대한 사색이 끝났으면, 이제 우리나라의 현실을 생각하며 마키아벨리의 가슴에 접선해보자. 군주는 지금으로 치면 대통령이다. 당연히 굉장히 중요한 자리다.

대통령 선거철이 돌아오면 "이번에는 정말 잘 선택해야 한다!"라고 여기저기서 얼굴에 핏대를 세우며 말한다. 하지만 어떤 후보가 대통령으로 당선되었든 임기가 끝날 때가 되면 안 좋은 평가를 받는다. 물론 뽑히자마자 최악의 평가를 받는 대통령도 많다. 왜 우리는 그런 악순환을 반복하는 걸까?

마키아벨리가 강조했듯이, 가장 튼튼한 요새인 국민들의 지지를 얻는 데 실패했기 때문이다. 직장에서도 마찬가지다. 상사는 부하 직원의 마음을 알아야 한다. 더 나아가 그들의 마음을 움직일 줄 알게 되면 일일이 시키지 않아도 스스로 일을 찾아서 해내는 기적적인 모습을 보게 될 것이다.

정치에서든 직장에서든, 중요한 건 원칙이다. 제대로 된 원칙이 없는 사색은 주변의 변화에 흔들리게 된다. 마키아벨리가 어떤 정치적인 발언을 하든 시기를 가리지 않고 국민들의 가슴에 닿을 수 있었던 이유는, 그에게 국민을 위한다는 분명한 원칙이 있었기 때문이다. 어떤 사악한 정치 전략을 세우더라도 그에게는 그 전략을 맑게 여과해주는 원칙이 있었다.

마키아벨리는 세상을 움직이고 싶다면, 가장 높은 곳이 아니라 낮은 곳에 있는 사람의 마음을 알고 움직일 줄 알아야 한다는 사실을 알고 있었고, 그걸 모든 정치적인 결정의 원칙으로 삼았다.

운명의 반은 내가 결정한다

물론 많은 사람이 자신만의 원칙을 가지고 있다. 우리가 비난하는 정치인들 역시 처음에는 그들만의 원칙이 있었다. 하지만 결국 그들은 원칙을 끝까지 고수하지 못했고, 국민들의 지탄을 받게 되었다. 자신의 원칙에 대한 믿음이 부족했기 때문이다. 믿음이 부족해 원칙을 잃은 사람들은 공통적으로 "내 뜻을 세상에 펼치지 못한 건, 결국 하늘이 정한 운명이었다"라고 변명한다. 마키아벨리는 『군주론』을 통해 이렇게 말한다.

운명이 인간의 행동 중 반을 관장한다는 것이 진실이기도 하지만 자유의지가 영원히 사라지지 않도록 하기 위해서라도, 적어도 나머지 반만큼은 우리 인간에게 맡겨져 있다고 생각한다.

'운명의 반은 인간이 좌우한다'라는 말을 입버릇처럼 달고 살아도, 현실에서 달라지는 건 아무것도 없다. 중요한 것은 운명의 반을 스스로 제어할 수 있는 방법을 찾는 것이다. 『군주론』을 통해 마키아벨리가 자신의 운명의 반을 어떻게 통제하는지 근본적인 방법을 알 수 있다.

운명은 맞서 견뎌내기 위한 준비가 되어 있지 않은 곳에서 그 위력을 드러내며, 운명을 막기 위한 제방이나 둑이 만들어져 있지 않은 곳으로 힘을 집중시킨다.
운명을 손아귀에 넣고 싶다면 때려눕혀 거칠게 다뤄야 한다. 그리고 운명은 냉철한 태도로 접근하는 사람보다 과감한 사람에게 더욱 많이 이끌린다.

운명은 언제나 젊은이들과 더 친밀한데, 젊은이들은 그다지 신중하지도 않고 매우 공격적이며 보다 대담하게 운명을 다루기 때문이다.

결국 극복할 용기를 갖는 것이 가장 중요하다. 다음으로는 힘을 키우는 것이다. 하지만 우리는 기다리는 데 익숙하지 않다. 힘을 키우려면 일정 시간이 필요한데, 세상의 많은 사람은 그 기간을 참지 못하고 자신의 힘이 아닌 다른 사람의 힘을 빌려서라도 빨리 앞서 나가려고 한다.

세상에 필요 이상으로 선한 영향력을 주고 싶어하는 사람이 많은 것도 그 때문이다. 그들은 아이러니하게도 영향력, 즉 힘이 거의 없다는 공통점을 갖고 있다. 개인적으로도 세상에 선한 영향력을 미치고 싶다는 사람을 굉장히 많이 만나봤지만, 그들은 대부분 대화의 마지막에 비굴한 표정으로 이런 부탁을 했다. "저도 좀 유명하게 만들어주세요."

결국 그들이 선한 영향력을 앞세우며 세상에 나온 이유는 선하다는 이미지를 통해 힘을 키우고 싶었기 때문이다. 힘을 키운 뒤에 세상에 나와 선한 영향력을 줘야 하는데, 힘을 키우고 싶다는 열망 때문에 앞뒤가 바뀐 것이다. 하지만 시간을 들이지 않고 편법을 쓰려는 이들은 무엇을 하든 제대로 할 수가 없다. 『군주론』

에서는 그런 이들에게 충고를 한다. 그 충고에 내 의견을 섞어 표현하면 이렇다.

> 타인의 힘은 타인의 것이다.
> 자신의 힘과 재능으로 얻은 것만을
> '나의 것'이라고 부를 수 있다.
> 누군가 일으켜 주기를 기대하면서 넘어져도
> 당신을 일으켜 세워줄 사람은 없다.
> 스스로의 힘으로 일어서지 못한다면
> 그걸 과연 '나의 인생이다'라고 말할 수 있을까?

우리가 태어난 이유는 세상과 타인의 시선에 갇혀 어두운 인생을 보내기 위해서가 아니다. 자신의 재능을 이용해서 무언가를 시작하라. 그 시작에 운명을 결정할 모든 기적이 담겨 있다.

세상이라는 바람에 흔들리지 않고 나를 만드는 6가지 방법 ____

자신의 힘이 아닌 타인의 힘이 조금이라도 섞여 있다면, 그 성취는 오래갈 수 없다. 사람이 타인을 위해 순수한 마음으로 자신의 힘을 나누는 건 거의 불가능에 가깝다. 그렇다면 당신은 타인을 이용하기 위해 그를 조금이라도 미혹했을 가능성이 높다. 그런 관계는 아무리 일이 잘 풀려도 오래갈 수 없다. 단 한 번이라도 타인의 힘을 빌려 쉽게 뜻을 이루고 싶다고 생각해본 적이 있는가? 만약 있다면 지금이라도 당장 그 마음을 버려야 한다.

현명한 군주라면 언제나 이런 형태의 군대(용병)들을 피하고 자신의 군대에 의존한다. 현명한 군주는 외국의 군대를 이용해 정복하기보다 차라리 자신의 군대로 패하는 것을 선택한다. 현명한 군주라면 외국 군대를 이용해 얻은 승리는 진정한 승리가 아니라고 평가한다.

『군주론』만큼 현명하게 사색하는 법을 배울 수 있는 현실적인 작품은 없다. 이 책은 아주 잠깐 이기는 방법이 아니라 생각을 통해 오래 멋지게 이길 수 있는 방법을 알려준다.

사실 '어떻게 생각해야 하는가?'에 대해 스티브 잡스, 간디, 소크라테스 등 많은 사람이 답을 해왔다. 하지만 사람들이 그들의 이야기를 들으며 부족함을 느꼈다. 도덕적이면서도 이상적인 그들의 조언이 과연 현실에서도 실현 가능할까?

군주는, 나라를 지키는 일에 곧이곧대로 미덕을 지키기가 얼마나 어려운지 명심해야 한다. 나라를 지키려면 때로는 배신도 해야 하고, 때로는 잔인해져야 한다. 인간성을 포기해야 할 때도, 신앙심조차 잠시 잊어버려야 할 때도 있다. 그러므로 군주에게는 운명과 상황이 달라지면 그에 맞게 적절히 달라지는 임기응

변이 필요하다. 할 수 있다면 착해지라. 하지만 필요할 때는 주저 없이 사악해지라.

또한, 마키아벨리는 『군주론』에서 세상이라는 바람에 흔들리지 않는 원칙을 세우는 데 필요한 아주 실용적인 조언도 해준다.

중립은 보기에만 좋지 생산적이지 않다. 중립을 취하면 승자에게는 적이 될 뿐이고, 패자에게는 도와주지 않았다는 원망을 받는 게 고작이다.

이기기 위해 자신의 힘만 강하게 하는 것만이 능사는 아니다. 자신이 강해지며 동시에 상대도 강하게 만드는 것은 아닌지 생각해봐야 한다. 상대를 강하게 할 원인을 만드는 사람은 자멸한다.

현실주의가 잘못된 결과로 이어지는 가장 큰 이유는 '상대도 나와 같은 생각이겠지? 설마 멍청한 선택을 하진 않을 거야'라고 짐작하며 더 깊게 생각하지 않기 때문이다.

다음의 두 가지는 절대로 경시해서는 안 된다. 인내와 관용으로도 인간의 적의는 풀리지 않는다는 것과, 보상과 원조로도 적대 관계를 호전시킬 수 없다는 것이다.

균형을 잡아야 쓰러지지 않는다. 중간 정도의 승리에 만족하는 사람은 늘 승리자가 될 수 있다. 반대로 압승하는 것만 생각하는 사람은 가끔 함정에 빠질 수가 있다. 자신이 얼마만큼 감당할 수 있는지 정확히 파악하라.

믿을 수 있는 사람과 아닌 사람을 제대로 구분하라. 인간이란 은혜를 모르고 변덕스러우며 위선적인 데다 기만에 능하며 이익에 눈이 어둡다. 믿음이란 매우 소중한 가치이기 때문에 누구나 가질 수 있는 것이 아니다.

그가 남긴 조언들을 하나로 정리하면 "편법이나 잔기술로 돈을 벌기로 결심한 사람들은 각 분야의 대가나 성공한 사람을 찾아가지 않는다"라고 말할 수 있다.

물론 그 사람들이 대가를 찾아가면 쉽고 빠르게 돈을 벌 수 있다는 사실을 모르는 것은 아니다. 그러나 그들은 언제나 자기보다 가난하고 실패를 거듭하며 희망을 잃어버린 사람만 찾는다. 각 분야의 대가와 성공을 거듭하는 사람은 유혹하기 힘들고, 실패를 거듭해서 삶이 힘든 사람은 상대적으로 유혹하기 쉽기 때문이다. 세상과 사람을 보는 안목이 전자에게는 있고, 안타깝게도 후자에게는 없다. 참 슬픈 현실이지만 그래서 사는 게 힘든 사람들이 멘토를 잘못 만나서 가진 것을 모두 잃고 바닥을 치는 경우가 많다. 못된 사람들이 그들의 남은 희망까지 모두 가져가 자신의 돈과 권력으로 만들어버리기 때문이다.

함부로 멘토를 만들지 말라. 쉽게 누군가를 멘토로 섬기지도 말라. 당신의 가장 진실한 멘토는 당신이 어제 보낸 시간이다.

어제의 경험이 오늘도 살아갈 당신의 귀한 멘토다.

살아남기보다 위대해지겠다는 목표를 세우라

세상은 사람들을 미혹해 이용하려는 사람들로 가득하다. 대중을 움직이는 방법을 아는 사람이 대중을 미혹해 원하는 쪽으로 이끄는 일은 쉽다. 대중이 이리저리 흔들리는 이유는 지능이 떨어지기 때문이 아니라, 이성이 아닌 감성에 지배당하기 때문이다. 사람들은 하루에 수백 명이 사고로 죽는다는 사실보다 억울하거나 구구절절한 사연을 안고 죽은 한 사람의 소식을 접할 때 쉽게 감정이 폭발해 흔들린다.

이런 대중의 심리를 가장 적절하게 이용하는 게 바로 정치인들이다. 그들은 숫자보다는 이야기를 만들어내고 이성이 아닌 감성에 호소한다. 그게 훨씬 쉽고 강력하게 군중을 선동하는 재료가 되기 때문이다. 그들은 어떤 사건이 일어났을 때 상황을 재빨리 자신에게 유리한 쪽으로 해석하고, 대중을 자신의 편으로 만든다.

이런 거짓과 미혹이 난무하는 사회에서 살고 있기 때문에 우리는 스스로 생각하고 판단하는 힘을 길러야 한다. 하지만 많은 사람이 엉뚱한 방향으로 흘러가는 나라를 먼저 바꿔야 한다고 생각한다. 그런데 생각해보라. 나라를 바꾸는 게 쉬운가, 나를 바꾸는 게 쉬운가?

마키아벨리는 일단 쉬운 것부터 바꾸고, 내가 성장해서 나라를 바꾸는 게 현명하다고 말한다. 그게 바로 진정한 사색가의 자세이기도 하다.

『군주론』은 500년이나 지난 고전이다. 그럼에도 지금까지 읽힐 수 있었던 이유는 여전히 사는 게 힘들기 때문이며, 그 힘든 시대를 뚫고 지나갈 수 있는 힘이 담겨 있기 때문이다. 당신이 지금 이 글을 읽는 이유도 마찬가지 아닌가. 우리는 살아남아야 한다. 하지만 마키아벨리는 우리에게 이렇게 말한다.

이왕이면 살아남는 데에서 그치는 게 아니라, 자신에게 주어진 시간을 잘 활용해서 운명을 바꾸고, 세상의 규칙을 바꾸는 사람이 되는 게 어떨까?

그리고 지금 당장 변화할 것을 주문한다.

의사들이 소모성 질환에 대해 말하기를, 초기에 치료하기는 쉬우나 진단하기는 어렵다고 한다. 초기에 진단해서 치료하지 않으면, 일정한 시간이 지난 후에는 진단하기는 쉬우나 치료하기는 어렵다.

그는 한때 승승장구했지만, 실세가 바뀌면서 하루아침에 죄인이 되는 신세를 경험했다. 하지만 그는 그런 시간을 보내며, 강자의 힘에 휘둘리는 약자들에게 도움이 될 수 있는 조언을 생각해냈다. 옳든 그르든 온몸으로 삶을 살아낸 그의 삶에서 수많은 조언이 나왔기 때문에 의미가 있다고 생각한다. 그는 높은 자리가 삶을 보전해주는 게 아니라, 깊은 사색이 삶을 지켜준다는 사실을 자신의 삶으로 느꼈다. 그 중심에는 흔들리지 않는 사색을 할 수 있게 그를 도운 원칙이 있었다. 중요한 건, 바로 그 마음이다. 마음을 잡아라.

매일 인문학 공부

04

몰입

> 끝없이 탐색하고
> 흡수하는 영혼으로
> 진화하라

과거로부터
가장 값진 것을
배우는 시선

"넌 다 좋은데, 이게 문제야."

다양한 방식으로 변주해서 상대의 내면을 망치는 용도로 활용하는 표현이다. 그러나 더 큰 문제는 이 말을 하는 사람은 매우 정중하고 나쁜 감정을 다듬고 정리한 표현이라고 생각하는 것이다.

생각해보라. 부모가 아이에게, 상사가 직원에게, 연장자가 젊은 이에게 "넌 다 좋은데, 이게 문제야"라고 말하며 단점을 지적하는 것을 자주 봤지만 정작 장점에 대해 이야기하는 것은 본 적이 별로 없다. 본인은 긍정적인 느낌을 주기 위해 '다 좋지만'이라는 표현을 앞에 배치했지만 좋은 부분에 대한 언급을 들어본 적이 없는 상대는 결국 "또 단점 지적하려고 그러는구나"라는 생각만 하게 된다.

우리는 스스로 잘 알고 있으면서도 이렇게 자꾸만 어리석은 선택을 반복하며 서로 나쁜 것만 주고받는다. 이를테면 부모가 삶을 마감하며 당신에게 "내 금고에 돈 10억이 있고, 은행에 부채 1억이 있다. 네가 가져가고 싶은 것을 가져가라"고 유언을 남긴다면 어떻게 할 것인가?

당연히 10억의 돈을 금고에서 찾고 은행에 빚진 1억을 갚는 것이 가장 도덕적이며 생산적인 선택이다. 그런데 우리는 자꾸만 은행에 빚진 1억만 언급하며 금고에 있는 10억이라는 희망을 바라보려 하지 않는다. 왜 굳이 희망을 접고 불행만 자꾸 펼쳐서 바라보는가?

베스트셀러에 오른 수많은 책이 모두 작가의 머리와 손에서 나온 건 아니다. 편집자가 대신 써주는 책도, 대필 작가가 쓴 책도, 회의를 통해 좋은 말만 골라 쓴 책도 있다. 문제는 그렇게 나온 책 중 베스트셀러가 꽤 많다는 사실이다. 하지만 나는 그런 책을 지목해서 비난하거나 그들에게 안 좋은 마음을 가진 적이 없다. 이유는 간단하다. 바이마르공국에서 극장을 운영하기도 했던 괴테는 이런 말을 남겼다.

나는 연극이 아무리 지루해도 중간에 밖으로 나가지 않는다. 끝까지 남아 온몸으로 분노를 찾는 방법을 배울 수 있으니까.

우리가 어디에서 무엇을 하든 중간에 때려치우거나 돌아서거나 누군가를 비난하고 헐뜯는 이유는 다른 방식을 찾지 못했기 때문이다. 비난에는 방식이 없지만 배움에는 언제나 나름의 방식이 있다. 그것은 사람마다 달라서 같은 상황이라도 그들이 얻는 것은 제각각일 수 있다. 그래서 배움은 다르게 바라보는 방법을 찾으려는 의지에서 시작한다. 나는 앞서 언급한 책을 읽을 때 이런 질문을 통해 그 안에서 배울 점을 찾는다.

"직접 쓰지 않았지만 직접 쓴 것처럼 읽히게 하는 비결이 뭘까?"
"한 권의 책을 베스트셀러로 만들기 위해 어떤 방식을 적용한 걸까?"
"대필 작가와의 협업을 원활하게 이어갈 수 있었던 힘은 어디에 있을까?"

나열하면 끝도 없이 많다. "책을 읽으며 이런 것에 대한 답을 얻을 수 있겠냐?"라고 반문할 수도 있지만, 그건 해본 적이 없어서 하는 말이다. 책은 기적의 보물 상자다. 우리가 질문하면 그에 맞는 답을 언제나 자기 안에 숨겨 놓고 있다. 중요한 것은 다르게 바라보고 다르게 질문할 수 있는 자신을 만드는 일이다.

우리는 서툰 선택으로 자신과 주변에 나쁜 영향을 줬던 과거에서 배워야 한다. 불행을 딛고 일어서 행복을 잡아야지, 행복을 덮고 불행을 잡는 것은 자신을 망치는 선택이다. 인간은 결코 저절로 성장하지 않는다. 온갖 예술과 문화, 과학도 마찬가지다. 과거가 준 지금까지의 성과와 지성의 높이가 현재 우리의 성장을 돕고 있기 때문이다. "다 좋은데 이게 문제야"가 아닌, "문제도 있지만, 이렇게 좋은 게 많다"라는 표현으로 진화해야 과거의 결함을 확대해서 후세에 전하는 어리석은 선택을 하지 않을 수 있다.

과거의 진정한 가치를 발견하려면
나쁜 것을 딛고 올라가 좋은 것을 보라.

비논리적 발상으로
가능성을
부여하라

　우리가 일상에서 만나는 수많은 문제를 해결하지 못하고 지나치는 결정적인 이유는, 거의 모든 문제가 비논리적이기 때문이다. 누가 보더라도 "이게 맞다"라고 말할 수 있는 것들은 대부분 논리적이다.

　음식으로 예를 들자면 방금 만들거나 주문해서 나온 김밥은 누가 봐도 "이건 방금, 게다가 신선한 재료로 만들었으니 분명히 먹을 만한 가치가 있다"라는 논리를 펼 수 있다. 하지만 오래된 김밥은 다르다. "언제 만들었지?" "과연 신선할까?" 먹을 수 없는 수많은 비논리적 요소가 가득하기 때문에 '식사'라는 하나의 점에 도달하기 쉽지 않다.

김밥에 대해 조금 더 깊이 살펴보자. 김밥은 상온에서 5시간 이상 보관하면 상할 위험이 높기 때문에, 1시간 안에 먹을 양만 사거나 5시간 안에 다 먹을 수 있는 양만 만드는 게 좋다. 다 먹지 못하면 냉장고에 넣어야 하는데 밥의 특성상 일단 냉장고에 들어가면 바로 굳어서 맛이 없어진다.

이때 굳은 김밥을 더 맛있게 즐기는 사람도 있다. 달걀물을 입혀서 전처럼 즐기거나, 피자 치즈를 위에 올려서 고소하게 먹을 수도 있다. 김밥 안에 든 내용물이 비빔밥 재료와 비슷하면 고추장을 넣어 비빔밥으로 즐길 수도 있고, 그렇지 않으면 굴소스와 케첩을 약간 넣고 볶음밥으로 먹을 수도 있다.

같은 상황에서 동일한 재료로 많은 것을 창조할 수 있는 이유는 버리는 것 없이 모두 각자 최선의 모습으로 활용해서다. 그 힘이 어디에서 나오는 걸까? 간단하다. 상황을 바라보는 시선을 가능성을 부여하는 방식으로 바꾸면 된다. 내가 '비논리적 발상'이라고 부르는 이것은, 당신의 생각하는 시스템 자체를 매우 쉽게 높은 수준으로 완전히 바꿀 수 있으니, 꼭 기억하고 일상에서 지금 당장 실천하길 바란다.

상태를 가능과 불가능으로 나누지 말라.

언제나 그렇다. 세상에는 불가능한 것과 가능한 것이 있는데, 그걸 나누는 건 결국 그걸 바라보는 사람의 시선이다. 식사를 하기도 전에 "이 김밥은 맛있을 수가 없다"라고 단정하면, 그 사람에게는 어떤 가능성과 희망도 생길 수가 없다. 결국 그는 투정을 부리며 아까운 시간만 보내거나, 무엇도 먹지 못해서 굶주리게 되거나, 맛없는 김밥을 우걱우걱 먹게 될 것이다. 그에게 좋은 장면은 하나도 없다. 논리적 발상은 언제나 우리를 눈에 보이는 대로, 학교에서 혹은 교과서에서 배운 대로 생각하게 만든다. 비논리적 발상을 시작하기 위해서는 반드시 기억해야 한다. 상황을 가능과 불가능의 시선으로 바라보면, 스스로 할 수 있는 것을 찾을 수가 없다.

성질이나 형태의 변화에 주목하라.

유럽에 있는 미식가들이 찾는 최고의 식당 중 한 곳은 놀랍게도 일 년에 절반인 6개월은 영업을 하지 않는다. 하지만 더 놀라운 사실은 쉬는 동안에도 직원들 월급을 일정하게 준다는 것이다. 대체 왜 영업을 하지 않고 쉬는 걸까?

답은 놀랍도록 의외다. "새로운 메뉴를 개발하기 위해서." 그들은 6개월 동안 개발한 메뉴를 나머지 6개월 동안 세상에 선보이는 형태로 식당을 운영한다. 그들은 상황을 가능과 불가능이 아닌, 성질과 형태의 변화에 주목하며 바라본다. 그들처럼 김밥을 '맛이 없어졌다'라는 시선이 아닌 '김밥의 상태가 변했다'라는 시선으로 바라보면 '상태에 맞는 요리법'을 찾으면 된다는 가능성을 만날 수 있다. 성질이나 형태의 변화를 보라. 그것이 바로 우리에게 무한한 가능성을 허락한다.

형식과 내용을 구분하고 연관성을 찾아라.

　살아서 스스로의 의지로 날개를 펼쳐 날아가는 존재든, 바짝 말라서 바스락거리며 바람에 의지해서 날아가는 낙엽이든, 눈에 보이는 모든 사물에는 나름의 형식과 내용이 있다. 김밥으로 간단하게 설명하면 김밥의 형식은 적당히 익힌 것들의 결합으로 구성되어 있고, 내용은 단무지, 오이 등 절임류와 시금치 등의 각종 채소와 불고기와 참치 등 개인적 취향에 맞는 식재료로 이루어져 있다. 그래서 우리는 형식을 연구하며 사물의 구조를 발견할 수 있고, 구조 안에 녹아 있는 내용 안에서 질문과 답을 반복하며 내가 원하는 곳에 적절히 연결할 연관성을 발견할 수 있다. 앞서 언급한 볶음밥과 비빔밥, 김밥전은 그냥 나온 것이 아니라 이렇게 누군가 머릿속에서 형식과 내용을 구분한 후 다른 것들과의 연관성을 찾아냈기에 새로운 레시피로 탄생한 것이다.

　가능성은 누가 주는 게 아니라, 우리가 스스로 대상에 부여하는 것이다. 논리의 눈으로만 세상을 바라보면 우리는 비논리적으로 움직이는 세상의 90퍼센트를 잃게 된다. 이것이 중요한 이유는, 당신의 글쓰기와 말하기 혹은 독서에도 영향을 미치기 때문이다. 논리에 맞지 않는 것은 언어로 표현할 수 없다.
　그러나 앞서 말했듯 세상은 비논리로 가득하며, 가능성을 찾으려면 비논리적 사고로 접근해야 한다. 당신이 글을 제대로 쓰지 못하고 언어를 활용하는 데 애를 먹는 이유도 당신의 생각이 논리적 사고에서 벗어나지 못하기 때문이다. 존재하지 않는 지점을 지도에 표시할 수는 없다. 논리에 맞지 않는 것을 비논리적 사고로 논리에 맞게 재구성해야 우리는 그것을 언어로 표현할 수 있다.

세상에 존재하는 모든 것을
설명할 수 있는 존재가 되기 위해서는,
세상 어떤 것들로부터 설명될 수 없는 내가 되어야 한다.
모든 가능성을 허락하라.
그것이 모든 불가능을 이해하는 가장 큰 힘이다.

하나를
꾸준히 반복하면
일어나는 기적

"대체 저 높고 위험한 산에 왜 자꾸 도전하는 건가요?"
"이미 사고로 죽은 사람도 있고, 정상에 올라가도 특별한 것도 없는 것 같은데!"

산악인 엄홍길 대장과 대화를 나누는 내내 그에게 묻고 싶은 말이었다. 그러나 차마 묻지는 못하고 다른 이야기만 나누다가 돌아섰다. 주로 그의 일상에 대해서였는데, 매일 팔굽혀펴기와 윗몸일으키기 등 집에서 쉽게 할 수 있는 운동을 목표를 정해두고 그 이상 해내는 것과 오르고 싶은 산을 늘 생각한다는 이야기였다. 그때는 딱히 신경을 쓰지 않고 듣고 넘겼다. 하지만 나는 그가 산에 올라가는 이유를, 몇 년이 지나 그의 입이 아닌 나의 삶에서 깨달왔다.

내게는 지난 10년 넘게 반복하는 행동이 하나 있다. 바로 매일 원고지 50매 분량의 글을 쓰는 것이다. 이것은 내가 죽지 않는 이상, 어떤 일이 생기든 반드시 지키는 루틴과도 같은 것이다. 그런데 최근에 내가 엄홍길 대장에게 가졌던 의문과 유사한 질문을 받았다.

"작가님은 왜 글을 쓰세요?"
"딱히 돈을 많이 버는 일도 아닌데 왜 하세요?"

글쓰기를 매우 좋아하지 않거나 책을 내며 사는 것이 직업이 아닌 사람이라면 충분히 품을 수 있는 의문이었다. '뭐라고 답해야 하나?' 나는 그에게 대답할 이야기를 찾다가 문득, 엄홍길 대장이 위험을 감수하고 산에 오르는 이유를 깨달았다.

매일 무언가를 반복하거나 같은 생각만 하는 사람은 안다. 그것이 거부할 수 없는 자신만의 일이라는 사실을. 그러나 그건 아무리 입으로 설명해도 이해하기 어렵다. 매일 무언가를 반복하거나 끊이지 않고 생각하는 사람만이 서로를 알아볼 수 있기 때문이다.

엄홍길 대장이 매일 일상에서 팔굽혀펴기와 윗몸일으키기를 반복하고, 시간이 날 때마다 자신이 오르고 싶은 산에 대해서 생생하게 떠올리는 것, 그것이 바로 그가 산에 오르는 이유의 전부였다. 그의 일상은 오직 하나, 산을 오른다는 목표에 맞춰져 있었다. 그가 윗몸일으키기 100개를 목표로 잡고 기어이 110개를 하는 이유는 산소가 희박한 고지에서 고통을 지우며 한 걸음 더 내

딛는 연습을 일상에서 하기 위해서였다. 일정이 바쁘거나 몸이 죽을 것처럼 힘들어도 매일 원고지 50매 분량의 글을 쓰고 하루를 마감하는 나의 방식과도 닮아 있었다.

사람들은 좋아하는 일을 찾고 싶다고 한다. 즐기면서 돈도 벌 수 있는 일을 찾아 여기저기를 돌아본다. 그러나 정작 무언가 하나를 잡고 꾸준히 반복하려고 하지는 않는다. 당장은 아무것도 아닌 것처럼 느껴질 수도 있다. 하지만 산책 하나를 하더라도 그것을 오랜 기간 꾸준히 반복하면 그 세월이 그 사람이 갈 길을 보여준다. 애초에 내가 엄홍길 대장에게 가졌던 "위험하지 않나요? 그런데 왜 산에 오르세요?"라는 질문은 매우 어리석은 의문이었다.

누군가에게 "그것을 왜 하느냐?"고 묻지 말라. 다만 그가 매일 반복해서 하는 행동과 생각을 보라. 거기에 그의 경쟁력이 있고, 그가 살아가는 이유가 녹아 있으니까. 당신도 마찬가지다. 좋아하는 일을 찾고 싶다면, 그 일로 돈을 벌어 자유를 얻고 싶다면, 무엇이라도 좋으니 하나를 잡고 꾸준히 반복해보라.

<u>당신이 무언가를 반복하며 보낸 시간이
당신이 살아갈 길을 열어줄 것이다.</u>

보이지 않는 것을
발견하고 온몸으로 흡수하는
사색 독서법

지식을 습득하는 방법에는 두 가지가 있다. 그중 하나는 배우기 위해 길을 걷는 방법이다. 모르는 것이 있으면 길을 걷는 누구라도 잡아서 묻고 머리에 담아야 그 길을 끝까지 걸을 수 있다. 그러나 그것이 지성인으로 살기 위한 최고의 방법은 아니다.

지성인은 배우지 않는다. 그들은 길을 걷는 자가 아니라 새로운 길을 창조하는 자다. 묻고 머리에 담는 대신, 그저 자신의 시선이 머무는 곳에서 깨달을 뿐이다. 그러므로 그들이 깨달은 사실은 오직 그들 자신만의 것이다. 그것이 그들에게 매일 새로운 길을 창조하게 한다.

묻고 머리에 담는 방법도 좋지만 그것은 결국 자신을 경쟁의 굴레에 밀어넣는 결과를 초래한다. 모두에게 공개된 지식을 같은 방법으로 머리에 담으니, 더 많은 시간을 투자해 더 많이 담는 자가 승자가 되기 때문이다. 그들은 삶을 포기하기 전까지 멈추지 않고 반복해서 온갖 지식과 스펙을 무기처럼 쌓아야 한다. 멈추지 못하는 이유는 두렵기 때문이다. 배워서 알게 된 지식은 그를 경쟁하게 하지만, 눈으로 보며 깨달은 지식은 그를 자유롭게 한다.

그래서 자신의 시선이 멈추는 곳에서 스스로 깨달음을 얻는 자는 여유롭다. 아무도 모르는 지식을 매일 쌓고 있기 때문이다. 그렇게 쌓은 지식을 숨겨두지 않는다. 세상에 오직 단 한 사람, 자기 자신만이 그 지식을 사용할 수 있어 누가 훔쳐가도 아무런 상관이 없다. 수학과 과학을 굳이 배우지 않아도 자연을 배경으로 산책하며 바라보는 곳곳에서 스스로 수학과 과학의 원리를 깨닫고, 나중에는 지금까지 수많은 사람이 만든 지식의 경계를 허무는 창의적 발상으로 자신의 이름을 딴 단 하나의 카테고리를 만든다. 그들이 바로 사색가다.

사색가의 가장 큰 특징은 세상이 정해놓은 그대로 세상을 바라보지 않는다는 점이다. 그들은 모든 사물을 자신의 눈으로 바라보고 느낀 후, 자신의 언어로 정의한다. 그들에게 창조는 자신이 발견한 세상을 글이나 그림 혹은 음악의 형태를 빌려 그 틈 속으로 집어넣는 것을 의미한다.

지식을 쌓는 것보다 자신만의 눈으로 세상을 바라볼 줄 아는 능력을 기르는 것이 더 중요하다. 앞으로는 그런 능력을 가진 사람만이 세상에 있는 모든 정보를 제대로 활용할 수 있다. 아무리 좋은 정보도 원칙 없이 쌓기만 하면, 우리는 그걸 쓰레기 산이라고 부른다. 그저 정보를 쌓는 기계의 삶을 살고 싶지 않다면 세상을 보는 데에서 그치지 말고 존재하지 않았던 것을 발견해내는 힘을 길러야 한다.

당신이 기계의 삶을 살고 있는지 인간의 삶을 살고 있는지 파악하고 싶다면, 드라마를 시청하면서 당신의 모습을 관찰해보면 된다. 드라마가 끝난 후 당신은 누가 누구에게 뭐라고 말했고 그때 당신은 어떤 기분이 들었는지 정확하게 기억하고 표현할 수 있는가? 아마 많은 사람이 "그게 어떻게 가능하겠냐?"라고 반문할 것이다. 그러나 방금 본 드라마의 장면과 대사 그리고 당시의 감정을 제대로 기억하지 못한다는 것은, 아무 생각 없이 화면만 보고 있었다는 슬픈 사실을 증명한다. 우리는 왜 드라마를 시청하며 자신의 생각을 자꾸만 잃는 걸까? 드라마 특유의 짧은 호흡 때문이다. 흥미와 재미의 흐름이 끊기면 시청률이 떨어지기 때문에 드라마는 우리에게 생각할 틈을 주지 않고, 그들의 생각대로 우리를 이끌고 나간다. 그래서 텔레비전을 보면서 생각하기란 매우 어렵다.

하지만 방법이 있다. 당신이 보고 있는 대상을 온몸으로 흡수하는 것이다. 예를 들어 자동차에 냉각수와 엔진 오일이 필요한 이유를 알기 위해서는 자동차의 기술적인 지식을 배우는 것보다 스스로 자동차 엔진이 되어 3,000 혹은 5,000 이상의 rpm이 되는 순간을 온몸으로 느껴봐야 한다. 한여름날 엔진이 과열되면 얼마나 뜨거워지는지, 힘들어 차라리 터져버리고 싶은 엔진의 고통을 느껴봐야 한다. 이런 과정을 통해 자동차에 엔진 오일과 냉각수가 왜 필요한지 깨닫게 된다.

기술은 상대의 마음을 이해하는 순간 저절로 알게 되는 부록과 같다. 하지만 많은 사람이 사물에 대한 정확한 이해 없이 기술만 배우려는 욕심을 가지고 있다. 이는 500페이지 책의 전체 내용을 무시한 채, 5페이지 부록만 읽고 책 한 권을 다 읽은 척을 하는 것과 마찬가지다. 상대와 하나가 되려면 먼저 상대에 대한 원칙을 세워야 한다. 원칙을 모르면, 당연히 응용이 불가능하다. 그런데 사람들은 어리석게도 원칙을 모른 채 부록을 펼치며 응용을 시도한다.

지난 20년간 괴테에 대해 연구하면서 나 스스로 괴테가 되었던 것처럼, 우리는 자신이 아니라 자신이 정말 이해하고 싶은 것이 될 때, 가장 완벽하게 그것을 이해할 수 있다. 물론 상대와 완벽하게 하나가 되어 상대의 마음과 감정을 흡수하는 것은 쉬운 일이 아니다. 괴테를 비롯하여 수많은 위대한 사색가들은 상대와 하나가 되어 모든 것을 흡수하는 방법을 알고 있었다. 다음에 제시하는 4가지 시선으로 상대를 바라보면, 어렵지 않게 그 능력을 가지게 될 것이다.

사색가는 정보를 배제하는 사람이다.

사색가의 특기는 버리기다. 정보를 대하는 그들의 관점은 조금

특이한데, 그들은 정보를 쌓는 데 중점을 두지 않고 쌓아 있는 정보 중 불필요한 것들을 골라내는 데 힘을 기울인다. 생각하는 사람이 정보를 무작정 쌓는 사람이라면 사색가는 수많은 정보 중 꼭 필요한 것 하나만 남기고 모두 배제하는 사람이다. 그래서 생각하는 사람이 온갖 문제로 어려움을 겪을 때 사색가는 단 하나만 남긴 정보나 영감으로 바로 문제를 해결한다.

　쌓기만 하는 것은 아직 방향을 잡지 못했다는 증거다. 언제나 버릴 게 무엇인지 찾아내야 한다. 글 쓰는 것 역시 마찬가지다. 작가는 대개 원고량을 늘리기 위해 집필 기간을 길게 잡는 게 아니라, 반복적인 탈고를 통해 원고량을 줄이려고 기간을 늘려 잡는다. 결국 불필요한 것은 골라내고 본질만 남게 하려는 노력이 중요하다. 하지만 사색가들처럼 불필요한 정보를 제대로 골라내기 위해서는 먼저 자신의 부족한 부분이 무엇인지 파악해야 한다. 그래야 채워야 할 정보가 무엇이고, 버려야 할 정보가 무엇인지 제대로 알 수 있다.

　만약 당신이 어려운 책과 수준 높은 정보로 무장했지만, 이상하게 성장이 더디다면 더욱 이 부분을 점검해봐야 한다. 어느 부분이 부족한지 파악하지 않은 채 좋다는 것을 무조건 흡수하는 건 어리석은 행동이다. 아무리 튼튼한 나사여도 크기가 맞지 않는 좁은 구멍에는 넣을 수 없다. 그것을 깨닫지 못한다면 결국 맞지 않는 구멍에 나사를 끼워 맞추기 위해 평생을 허비하게 될 것이다.

구상력이 당신의 미래를 결정한다.

앞서 엔진의 입장이 되어 봐야 냉각수와 엔진 오일이 왜 필요한지 알게 된다고 말했다. 이런 이야기를 하면 많은 사람이 실제로 자동차 앞으로 다가가 보닛을 열고, 엔진을 뚫어져라 바라본다. 하지만 여기서 언급한 것은 그런 직접적인 행동이 아니다. 실제로 보는 것이 아니라, 머릿속에서 당신이 생각하는 것을 구상해야 한다.

일단 허공에 자동차 전체를 그린다. 다음에는 자동차 부품 중 쓸데없는 부분을 떼어낸 후, 엔진이 남으면 머릿속에서 모양을 아주 정밀하게 다시 그려보라. 그리고 엔진을 작동시켜보라. 눈에 보이지 않지만 현실에 존재하는 것을 생생하게 그릴 수 있는 힘이 바로 구상력이다.

이때 모든 것을 상상 속에서 해야 한다. 물론 처음엔 쉽지 않을 것이다. 허공에 대고 자신이 상상한 것을 명확하게 그린다는 건 굉장히 고차원적인 능력이다. 눈에 보이는 실체가 있어야 생각이 가능한 사람이 많다. 어쩌면 그것은 당연하다. 하지만 조금씩이라도 눈을 감고 마음의 눈으로 그림을 그리는 법을 터득해 나가야 한다. 중요한 것은 적는 게 아니라 머리와 가슴에 그리는 일이기 때문이다. 그래도 힘들다면 잠자기 전에 눈을 감고 상상 속에서 동그라미를 그리고, 그것을 조금씩 변형시켜 사각형을 만든 다음 다시 동그라미 그리기를 반복해보라. 초보적인 수준의 구상이지만, 이를 통해 머릿속에 당신의 생각을 그리는 법을 배우게 될 것이다.

마음이 느껴질 때까지 포근하게 안으라.

　마음을 제대로 느끼기 위해서는 마음으로 다가가야 한다. 당신이 구상하는 것을 허공에 완벽하게 그렸다면 그것을 아주 오래도록 바라보며, 마치 부모가 자식을 안아주듯 따뜻하게 안으라. 아무리 위대한 사색가들도 사물을 한 번 구상해보는 것만으로는 사물이 무슨 생각을 하고 어떤 감정을 가지고 있는지 알아내기 힘들다. 최고의 사색가 중 한 명인 괴테도 이탈리아 기행 중에 만난 허름한 열차역의 느낌을 스케치로 남기기 위해 무려 50시간이나 그 자리에서 움직이지 않고 뜨겁게 풍경을 안았다. 사물을 빠르게 이해하려고 서두르지 말자. 마음은 그렇게 쉽게 열리는 것이 아니다. 조금씩 더 깊게 다가가 오랜 시간 지켜봐야 한다. 당신이 엔진에 시동을 걸었다면, 당신의 마음도 엔진처럼 뜨거워질 때까지 말이다. 그게 느껴져야 비로소 냉각수와 엔진 오일의 필요성이 가슴속에서 느껴지게 된다.

문장을 허공에 그리라.

　사람들이 엄청나게 많은 책을 반복해서 읽고도 자신이 읽은 내용을 전혀 기억하지 못하는 이유가 뭘까? 그저 글자를 읽는 데만 집중했기 때문이다. 글자 자체에는 아무런 힘도 없다는 사실을 기억하라. 앞의 세 개의 시선을 효과적으로 실천하기 위해 가장 중요한 건, '문장의 심장'에 접속하는 일이다. 나는 당신이 문장, 그 짧은 한 줄이 주는 깊은 의미를 즐겨보길 바란다.

음악 분야의 전문가들은 음악을 들을 때 보통 사람들처럼 수많은 악기를 한 번에 즐기는 게 아니라, 악기의 소리를 하나하나 따로 떼어내어 즐긴다. 그런 능력을 통해 그들은 소리 하나가 주는 기쁨과 감정을 온전히 흡수한다. 읽는 것 자체는 별로 중요하지 않다. 중요한 것은 무슨 책을 읽든 문장 하나하나를 아주 치열하게 느끼려 노력하면서 읽는 것이다. 문장이 당신에게 무엇을 말하고 있는지 느껴보고, 당신이 느낀 그것을 상상 속에서 그려보라. 그렇게 작품 내면에 귀를 기울일 때, 비로소 우리의 눈과 귀는 종이에 적힌 글자에서 자유로울 수 있다. 그리고 상상 속에서 문장을 그림으로 그릴 수 있게 된다.

4가지 시선을 생활에서 실천하면, 당신은 비로소 독서가 주는 진짜 힘을 느끼게 될 것이다. 당신은 독서를 하며 단지 글자를 읽는 게 아니라, 책에 나오는 인물과 그들이 사는 집 등을 허공에 그릴 수 있는 수준에 도달하는 놀라운 경험을 하게 될 것이다.

책의 마지막 장을 덮은 후, 이전보다 더 완벽하게 책에 담긴 모든 것을 흡수하게 될 당신의 모습을 상상해보라. 가슴이 떨리지 않는가? 하지만 절대 여기에서 멈추지 말고 당신만의 작품을 만들어보라. 우리가 책을 읽는 이유는 작가의 생각을 주입 받기 위함이 아니라 나만의 작품을 만들기 위함이다. 우리는 감상자가 아니라 창조자가 되어야 한다. 자, 이제 창조자가 되겠다는 간절한 마음으로 당신에게 주어진 세상을 바라보자.

자존감을
높이는
방법

유독 외모에 집착해서 여럿이 사진을 찍어도 자신이 가장 아름답게 나올 때까지 찍어야 직성이 풀리는 사람이 있다. 그들은 그렇게 공들여 찍은 사진을 자신의 SNS에 올린 후 "젊어 보인다"는 말에 안도하며 어떤 성취감(?)을 느낀다. 하지만 나이가 들면 피부가 탄력을 잃고 노안으로 고생하며, 젊을 때 누렸던 온갖 외적 매력을 잃는 게 정상이다.

"젊어 보인다." 나는 그것이 찬사가 아닌, 이미 늙었다는 소리로 들린다. 젊은 자에게는 젊다고 말하지 않으니까. 오히려 그들에게는 겉늙어 보인다고 말한다. 늙어 보이지 않으려는 노력도 물론 필요하다. 하지만 세상에 태어나 죽는 날까지의 소중한 시간을 단순히 늙지 않으려는 노력으로만 채운다면, 그건 태어난 보람이나 가치가 없다는 생각이 든다.

자존감이 강한 사람은 "우리는 그저 오늘 최선을 다하려고 태어났다"는 사실을 직감적으로 알고 있다. 그들에게 늙는다는 것은 노화나 질병이 아니다. 그저 비가 내리는 것처럼 곁에서 일어나는 일이다. 우리는 늙지 않으려고 사는 것이 아니라, 오늘을 소중히 내 안에 담기 위해 살아간다. 오늘만이 나의 것이니까. 그러나 자존감이 약한 사람은 그 사실을 받아들이기가 쉽지 않다. 그래서 늘 흔들리기 때문에 무엇 하나에 몰입하거나 치열하게 연구하지 못한다.

자존감은 어디에서 시작되는 걸까? 수많은 사람이 자존감을 높이는 방법을 연구하고 그 결과를 강의와 책 등 다양한 방법으로 발표한다. 그렇게 여기저기에서 자존감을 강조하는 이유는, 그것이 하나의 인격체로 살아가는 인간에게 매우 중요하기 때문이다.

보통은 자존감을 자기 자신에게서 찾아야 하는 것이라고 생각한다. 하지만 그건 자존감의 껍데기만 보고 판단한 생각에 불과하다. 직장에 다닐 때나 팀을 만들어 어떤 일을 할 때, 우리는 주눅이 들어 매사에 자신감이 부족한 사람을 만난다. 그럴 때 그에게 딱 한마디만 전해주면 그 사람은 기적처럼 바뀌게 된다.

"당신이 저에게 많은 도움을 주고 있어요."

사람은 자신이 누군가에게 도움이 되거나 가치 있는 존재로 살고 있다고 느낄 때 비로소 자신의 생각과 선택, 행동에 대한 용기를 가지게 된다. 그러므로 자존감을 조금 길게 풀어 쓰면 '자신에 대한 용기'라고 말할 수 있다. 결국 누군가의 가치와 쓰임새를 만들어줄 수 있다면 우리는 언제든 누군가의 자존감을 높여줄 수 있는 셈이다.

그렇다고 마냥 누군가의 도움을 기다릴 수도 없다. 그래서 내가 늘 강조하는 것이, 무슨 일을 하든지 누군가에게 도움이 되기 위해 한다는 삶의 태도를 가져야 한다는 사실이다. 그런 생각으로 일을 하고 일상을 살면 굳이 타인이 자신의 일을 격려하지 않아도 스스로 자신에게 용기를 줄 수 있다.

방법은 매우 간단하다. 당신이 작가라면 마음 아픈 사람을 위해서 글을 쓰고, 기획자라면 일상에서 불편을 겪는 사람을 위해 상품을 기획하고, 강사나 독서가라면 지적인 허기를 느끼는 사람을 위해 강의하고 책을 읽는다. 그러면 어떤 경우에도 용기를 잃지 않게 되어 자존감을 높일 수 있다. 자신에게 스스로 용기를 주고 자존감을 높일 수 있다면, 그는 어떤 환경에서도 내면이 원하는 것을 추구하며 당당하게 살아갈 수 있을 것이다.

말로는 누구나 쉽게 할 수 있지만 실제로 그런 일상을 반복적으로 추구하는 것이 쉬운 일만은 아니다. 그러니 다음 글을 일상에서 늘 기억하고 살아. 용기를 잃어 내면이 약해질 때마다 힘이 되어줄 것이다.

나에게는 살아가는 분명한 가치가 있다.

그것은 세상에 도움을 주려는 마음에서 나온다.
그래서 나는 어떤 행운이나 기적도 바라지 않는다.
그것은 내가 나를 믿는 힘보다 강하지 않기 때문이다.
세상에서 가장 근사한 행운은 이미 내 안에 있다.

외로움을
극복하는
마음 처방

어떤 사람은 이해할 수 없는 선택으로 엉뚱한 방향을 걷거나 탈선한다. 그들이 하나에 집중하지 못하는 이유가 뭘까? 다양한 이유가 있겠지만, 본질은 매우 간단하다. 너무나 외롭다는 것.

다른 감정은 사람들에게 공개적으로 밝히고 자연스럽게 위로나 조언을 받을 수 있다. 하지만 외로운 감정은 조금 성격이 다르다. 직접적으로 말하기 힘들고, 말하는 것만으로는 치유가 되지 않는다. 오히려 나의 치부를 드러냈다는 생각에 불편하다. "저 사람 좀 이상해, 정신적으로 문제가 있는 것 같아"라는 소문이 나돌까 봐 불안한 것도 사실이다.

나는 대가들의 삶을 분석해서 그들이 자신에게 찾아오는 수많은 불안과 외로움을 이겨낸 마음 처방법을 발견했다. 당신이 일상에서 실천한다면 외로움을 이겨내고, 유일한 자기 삶을 사는 데 도움이 될 것이다.

매일 자신에게 작은 선물을 주자.

우리를 괴롭히는 최악의 외로움은 자신을 믿지 못하는 마음에서 시작한다. 자신을 믿지 못하면 결국 자신의 존재가 불편하게 느껴지며 외로움은 극에 달한다. 자신의 가능성을 믿는다는 의미에서 스스로 매일 작은 선물을 주어라. 다이어트를 하는 중이라면 가볍게 즐길 수 있는 과자나 초콜릿을, 직장인이나 주부인 경우에는 자신에게 짧은 휴식을 선물하라. 작은 선물이 삶의 큰 활력이 될 것이다.

자기만의 장소로 가라.

외로움은 자신을 망치는 감정이 아니다. 이는 매우 중요한 부분이다. 외로움을 그대로 방치하면 엄청난 비용을 치러야 하지만, 긍정적으로 이용하면 오히려 삶에 도움이 된다. 가장 좋은 방법은 자기만의 장소를 만드는 것이다. 공간의 크기와 환경은 그리 중요하지 않다. '외로움을 이기는 장소'라고 이름을 짓고, 자신을 외롭게 하는 감정에 몰입하라. 몰입은 당신이 외로운 이유를 알려줄 것이다. 노트를 하나 만들어서 그 답을 적고, 그 순간의 기분과 앞으로 어떤 생각과 행동으로 외로움을 이겨낼지 방법을 간략하게 적자. 날짜도 함께 적는 게 좋다. 외로움의 방향을 예상할 수 있는 좋은 기록이 될 것이다.

결과를 먼저 생각하지 말자.

무슨 일을 하든 결과만 생각하는 사람이 있다. 그들은 순간적으로 원하는 결과를 얻고 만족을 느낄 테지만, 장기적으로는 외로움을 느끼게 된다. 결과에는 사람이 없기 때문이다. 그러나 과정을 중요하게 생각하는 사람은 외롭지 않다. 서로의 성공을 기원하며 좋은 마음으로 돕는 이웃이 반드시 곁에 있기 때문이다. 그게 바로 대가들이 일의 과정을 중시하는 이유다. 또한 그들은 기쁨과 슬픔을 함께 느끼기 때문에 중간에 지치지도, 외로움에 빠지지도 않는다. 과정을 생각하는 자는 절대 혼자가 아니다.

자주 머무는 공간을 사랑하라.

일을 마치고 집에 돌아와 불을 켜면 순간적으로 외롭다는 느낌이 든다. 그때 차갑게 느껴지는 집 안의 모든 물건에 온기를 불어넣어야 한다. '나는 혼자다'라고 중얼거리지 말고, '나는 여기에서 내가 사랑하는 것들과 함께 살고 있다'라고 생각하자. 당신은 혼자가 아니다. 당신만을 위해 준비된 특별한 재능이 일상에 가득하고, 당신이 머무는 공간 역시 당신을 따뜻하게 안아주고 있다. 가장 끔찍한 빈곤은 가난한 상태가 아니라 혼자라는 느낌에서 시작한다. 언제나 혼자가 아님을 기억하자. 당신은 늘 이 세상과 함께 존재한다.

우리는 결국 혼자 남는다. 함께 일하며 일상을 나누지만, 모든 게 끝난 후에는 매일 혼자인 상태를 견뎌야 한다. 가장 중요한 것은 이 4가지 처방을 일상에서 실천하며 '삶의 목적'을 찾아야 한다는 사실이다. 자신에게 물어보라.
"내겐 목숨을 걸 수 있는 일이 있는가?"
"살아 있는 동안 반드시 해야 할 일이 무엇인가?"
외롭다는 것은 다른 길을 걷는다는 증거고, 다른 길을 걷는다는 것은 삶의 목적이 있다는 증거다. 그러므로 자신에게 찾아오는 외로움을 반기라. 그게 당신을 위한 마지막 처방이다.

자기 몫의 외로움을 사랑할 수 있는 자만이
주어진 삶을 근사하게 만들어 나갈 수 있다.

나만
내 고통을 안고
잠재울 수 있다

"왜 나만 이렇게 고통받으며 살아야 하지?"
"다들 잘사는 것 같은데 내 인생은 언제쯤 풀릴까?"

자신의 미래를 믿지 못하고 현실을 부정하는 이런 질문은 결국 자신을 더욱 힘들게 만들 뿐이다. 고통에서 벗어나기 위해 괜한 웃음을 짓거나 억지로 감사하며, 자신을 구원하려고 애를 쓰게 되기 때문이다. 세상에 애를 써서 나아지는 일은 별로 없다. 한 번 모양이 구겨진 냄비는 여간해서는 원래대로 펼 수 없다. 오히려 모양이 더욱 망가져 아예 못 쓰게 될 가능성이 매우 높다.

어떤 상황을 제대로 파악하려면 먼저 그 안에 존재하는 모든 대상을 정의하고 분석해야 한다. 우리는 스스로 정의한 대상만 이해할 수 있기 때문이다. 그럼 이런 질문이 필요하다.

"삶은 무엇일까?"

삶을 잘게 조각내면 결국 두 단어가 남는다. 고통과 두려움. 우리가 과도하게 웃는 이유는 많이 아프기 때문이며, 더 크게 소리치는 이유는 아무리 웃어도 변하지 않는 현실이 두렵기 때문이다. 물론 "나는 그렇지 않아"라고 말하는 사람도 있을 것이다.

하지만 살아 있는 모든 것은 결국 죽음과 고통에 시달리며 산다는 사실을 기억할 필요가 있다. 인간도, 동물도, 자연도 모두 마찬가지다. 고통과 두려움을 느끼지 못하는 존재는 없다. 그것은 생명이 있는 존재에게 반사 신경처럼 자연스럽게 다가오기 때문이다. 조약돌 하나에도 지난 시간을 견디며 새겨진 수많은 상처가 있다.

결국 산다는 건 그 모든 아픔을 안고 가는 것이다. 그걸 인정해야 우리는 내면에 새겨진 온갖 상처를 바라보며 안아줄 수 있다. "나는 아니야"라고 수천 번을 외쳐도 상처는 지워지지 않는다. 오히려 어두운 공간에서 억울하게 울며 혼자 남겨질 뿐이다. 바다가 거친 파도를 잠재우는 것처럼, 하늘이 성난 구름을 안아주는 것처럼 우리는 자신의 고통을 안고 잠재워야 한다.

나는 믿는다.
이별로 힘든 자는
사랑으로 다시 일어나고,

불신에 아파한 자는
믿음으로 다시 일어나고,
불행으로 고통받는 자는
행복으로 다시 일어날 것이다.
힘든 시간과 인생이지만,
사랑과 믿음 그리고 행복이
나의 삶을 아름답게 만들어줄 것이다.

산만한 생각을
버리는
7가지 산책의 기술

아무리 시간이 나도 우리가 마음 편히 걷기 힘든 이유는, 하루에도 수십 가지 생각이 우리의 일상을 복잡하게 만들기 때문이다.

'이번 주에는 돈 나갈 일이 많네. 어쩌지?'

'중요한 시험이 있는데, 바빠서 공부할 시간이 없네.'

'도대체 내 삶에는 왜 이리 문제가 많은 거야!'

살다 보면 이런저런 문제가 참 많다. 그럴 때마다 우리는 고통에 빠져 생각에 잠긴다. 하지만 과연 그걸 생각이라고 부를 수 있을까? 고민과 생각은 전혀 다르다. 고민은 행동 없이 그 문제에 빠진 상태를, 생각은 문제를 풀기 위한 행동을 동반한 상태를 말한다. 지금 자신에게 질문해보자.

"나는 고민하고 있는가? 아니면 생각하고 있는가?"

산만한 생각은 사실 생각이 아니다. '산만한 고민'이라고 불러야 맞다. 그 상태에서 벗어나기 위해서는 무리에서 나와야 한다. 우리가 생각이 아닌 고민에 자주 빠지는 이유는, 무리에서 자꾸만 타인의 영향을 받기 때문이다. 내가 들려줄 가장 좋은 방법은 산책이다. 아래 글을 찬찬히 읽으며 함께 적은 7가지 산책의 기술을 일상에 적용해보자.

일상의 고독을 짧게 그러나 깊게 자주 즐기라.
고독은 우리를 산만한 상태에서 벗어나게 해줄
가장 좋은 약이다.

매일 30분씩 동네를 산책하자.

이 시간만은 연인과 가족 혹은 어떤 중요한 사람일지라도, 다른 사람은 아예 생각하지 말자. 잠시라도 오직 자신만 생각하며, 하루 30분 정도는 오롯이 자신에게 선물한다는 마음으로 나서자. 그래야 마음의 평안을 얻을 수 있다.

혼자여야 한다.

앞서 말한 것처럼 진실로 자기 자신만 생각하는 시간으로 생각하며 강하게 마음을 다지고 혼자 나서자. 혼자서 걸어야 경로와 목적지를 스스로 결정할 수 있고, 특별한 영감을 발견할 수도 있다. 함께 걷는 것은 엄밀히 말해서 산책이 아니다. 단순히 보조를 맞추며 걷는 기계적인 행위일 뿐이다. '나만 데리고 간다'라는 생각을 하라.

가장 좋아하는 음악과 함께하자.

음악은 그 사람이 머무는 공간을 순식간에 바꾸는 가장 완벽한 마법이다. 궁전, 학교, 직장, 정원 등 당신이 머물고 싶은 공간에 맞는 음악을 함께 챙겨서 나가라. 음악을 통해 다른 시대로 이동할 수도 있고, 그 시대에서 그토록 그리워한 수많은 대가와 사랑하는 사람을 만나 대화를 나눌 수도 있다. 당신은 음악이 선물해주는 공간에서 최고의 지적 희열을 맞이하게 될 것이다.

구름과 바람, 하늘을 느끼며 걷자.

산책은 단지 곁에 아는 사람만 없을 뿐이지, 결코 혼자만의 걷기가 아니다. 다른 사람과 보조를 맞추려는 노력을 하지 않아도 되기 때문에, 주변에 존재하지만 느끼지 못했던 구름과 바람 그리고 하늘을 동시에 느끼며 걷게 된다. 혼자라고 생각하지 말라. 산책은 대자연과 함께 걷는 가장 거룩한 시간이다.

사랑 가득한 마음으로 지나가는 풍경을 감상하자.

사랑이 위대한 이유는 그것을 가진 사람에게 안정을 선물하기 때문이다. 고요한 감정을 느끼고 싶다면 사랑하는 마음으로 주변을 바라보라. 그 시선이 당신의 고민을 모두 사라지게 만들 것이다. 그리고 지나치는 사물에 더욱 몰입할 수 있게 도와줄 것이다.

군중 속에서 자유를 느껴보자.

걷는다는 것은 군중 속으로 들어가는 일이다. 그러나 사람이 없다고 생각하며 혼자를 느끼라. 혼자 있을 때 느끼는 자유를 군중 속에서 느껴보라. 음악과 함께 혼자 걷는 그 길에서 모든 잡념이 사라진 최고의 자유와 고독을 즐겨보자.

익숙한 것이 아닌 새로운 것을 바라보자.

산책을 하며 우리는 늘 같은 곳에서 비슷한 것만 본다고 생각하지만, 그건 엄청난 착각이다. 눈에 보이는 것이 아닌 스스로 '내가 보겠다'라고 생각한 것을 보는 것이 산책이기 때문이다. 알고 있던 것이 아닌 새로운 것을 보겠다는 마음으로 걸으라. 그 마음이 당신에게 새로운 세상을 선물해줄 것이다.

이제 눈을 감고 지금까지의 산책과 앞으로 해나갈 산책은 무엇이 다를지 깊이 생각해보자. 이렇게 시작한 30분 산책은 우리에게 고민이 아닌 생각에 잠길 수 있는 시간을 전해줄 것이다. 그 시간의 힘을 믿기만 하면 모든 산만한 일상이 사라지고, 나를 위한 생산적 생각으로 삶을 가득 채울 수 있다. 그리고 기억하자.

고민은 답에서 멀어지게 하지만
생각은 반드시 하나의 답을 찾는다.
그리고 답을 찾은 삶은 산만할 수가 없다.
고독하라, 모든 삶이 아름다워질 것이다.

--- 사색 독서 ---

『괴테와의 대화』

요한 페터 에커만

한 분야에서 평생 그 일을 반복하면서 얻은 지혜로 남들보다 완벽하게 일을 해내는 사람들을 다루는 〈생활의 달인〉이라는 프로그램이 있다. 이 프로그램을 보면서 늘 하던 일을 지루해하지 않고 끝없이 반복할 수 있는 근본적인 힘은 어디에 있는지 사색해 보았다. 물론 그들의 반복을 매우 비효율적인 것이라고 혹평할 수도 있다. 하지만 나는 다른 것을 느꼈다. 그것은 단순한 반복이 아니었기 때문이다.

같은 동작을 백 번 하는 순간부터 이전에는 느끼지 못했던 감성의 길이 열리고, 감각을 가지게 된다. 남들이 보기에는 매일 같은 일을 반복하는 것 같지만, 그들은 자신의 일을 사랑하고 더 잘하고 싶은 마음에 매일 자신의 일을 탐색하고 순간의 가르침을 영혼에 녹여내는 것이다. 그렇게 매 순간 세상을 탐색하기 때문에 그들은 자연스럽게 위대한 사색가의 삶을 살게 된다. 그들의 삶이 보이지 않는 이유는 세상은 보려고 하는 자에게만 보이기 때문이다. 그들의 삶과 보통 사람의 삶이 얼마나 다른지는 아주 간단한 질문 하나로 알아볼 수 있다.

보통 사람들에게 "지금 하고 있는 일을 언제까지 계속할 예정이냐?"고 물으면, 대부분 당연한 걸 왜 묻느냐는 표정으로 이렇게 답한다.

"평생 먹고 살 돈을 벌면 당장 관두죠!"

"복권만 당첨되면!"

"일을 하지 않아도 살 수 있게 되면, 당연히!"

하지만 생활의 달인에 출연하는 사색가들에게 그 질문을 하면, 그들은 전혀 다른 답을 내놓는다.

"움직일 수 있을 때까지."

"건강이 허락하는 날까지."

충분한 돈이 생기면 당장 일을 그만두겠다는 사람과 죽는 날까지 일을 하겠다는 사람 중에서 누가 사색가가 되고, 자신의 일에서 흔적을 남기게 될지 불을 보듯 뻔하지 않은가.

끝없이 탐색하고 흡수하는 영혼

만약 당신에게 스승으로 삼고 싶은 이가 있다면, 당신은 그를 몇 번 정도 찾아가서 머리를 숙일 수 있겠는가? 머리를 숙이는 짓은 죽어도 할 수 없다는 사람도 있을 것이고, 좋은 스승이라면 몇 번이라도 머리를 숙일 수 있다는 사람도 있을 것이다. 하지만 지금 소개하는 독일의 청년은 상상을 초월하는 횟수를 실천했다. 그는 스승을 맞이하기 위해 무려 천 번이나 머리를 숙였다. 그는 바로 괴테의 문학 조수였던, 요한 페터 에커만이다.

1792년, 독일 루르 강변의 빈젠에서 출생한 에커만은 어린 시절을 혹독한 가난 속에서 보냈다. 무너진 집안을 일으키기 위해 법학을 공부하기 시작했지만, 괴테를 열렬히 존경하던 그는 법학 공부를 그만두고 문학 공부에 매진했다. 그리고 마침내 1823년, 『시학 논고』라는 원고를 괴테에게 보냈다. 그의 가능성을 알아본 괴테가 그를 초청해, 바이마르에 있는 괴테의 집에서 만나게 된다. 그렇게 시작된 인연으로 1823년부터 1832년까지 10여 년 동안 에커만은 대략 1,000번가량 괴테를 만났다. 중요한 것은 괴테를 만날 때마다 그가 아주 꼼꼼하게 서로의 대화를 기록해뒀다는 사실이다. 덕분에 대화 내용을 정리해 괴테 사후인 1836년에 1부와 2부를, 1848년에 3부를 출간하며 『괴테와의 대화』를 완성할 수 있었다. 소설가 김탁환은 괴테와 에커만이 나눴던 천 번의 만남에 대해 이렇게 말했다.

가족도 아니고, 연인도 아닌 관계에서 어떻게 한 인간이 한 인간을 천 번이나 만나는 것이 가능했을까? 삶이 거룩하게 달라지는 방법은 여러 가지가 있다. 『괴테와의 대화』는 이 젊은 문학도의 삶이 거룩하게 달라져가는 과정의 기록이자, 그가 평생토록 괴테 곁을 떠날 수 없었던 이유가 고스란히 담긴 책이다.

그런 간절함과 치열함으로 만든 덕분일까. 독일 최고의 철학자 니체는 『괴테와의 대화』를 빼놓는다면 독일의 산문 문학 가운데 반복해 읽을 만큼 가치 있는 작품은 없다고 잘라 말했다. 그리고 이 세상에 존재하는 최고의 책이라는 찬사를 보냈다. 이 책은 세상을 탐색하고 제대로 흡수하고 싶은 사람이라면 반드시 읽어야 하는 책이다.

내면에 품은 생각의 크기만큼 성취할 수 있다

"내게 맡기면 분명히 잘할 수 있어요."
"내게 좋은 아이디어가 있어요."

주변에서 무언가를 할 수 있다고 강력하게 주장하며 업체나 관계자를 설득하려는 사람을 자주 보게 된다. 성장이라는 의자에 앉기 전에 반드시 거쳐야 하는 과정이다. 아직 무언가를 이루지도 못했고 이룰 가능성이 높지도 않지만, 뭐든 해낼 수 있을 거라고 자신을 믿는다. 그들은 세상이 자신을 믿지 못하며 다른 나라나 다른 시대에 태어났다면 뭐든 이뤘을 거고 말하지만, 그렇지가 않다.

그런 말은 누구나 할 수 있다. 지금 그들에게 필요한 것은 자신의 아이디어를 스스로 구체화해서 하나의 완성품을 창조해내는 모습을 보여주는 것이다. 결과가 위대하거나 화려할 필요는 없다. 그저 말로만 내뱉던 것을 삶에서 실제로 보여주는 과정이 중요하다. 그 단계에 도달하면 비로소 그걸 지켜보며 제 나름의 판단을 내린 세상이 접촉을 시도하고, 함께 무언가를 꿈꾸며 시작하게 된다. 어떤 일이든 무언가를 주장하려면 반드시 근거가 있어야 한다. 말로만 떠드는 사람에게 흥미를 느끼는 사람은 없다. 상대가 자신에게 흥미를 느낄 근거를 제시해야 한다. "제가 이걸 할 수 있어요"라는 말을 하는 대신 "저 사람이라면 이 정도는 충분히 해낼 수 있지"라는 말을 듣는 게 중요하다.

괴테는 평생 단 한 번도 환경을 탓하지 않았다. 그가 도저히 한 사람이 이룬 것이라고 생각할 수 없는 엄청난 성취를 이뤄낸 것 역시 환경을 탓하지 않는 삶의 태도 덕분이었다. 결국 괴테는 그가 품은 생각의 크기만큼 성취한 셈이다. 진정한 사색가가 되고 싶다면, 괴테의 가르침을 가슴으로 읽고 새겨야 한다.

세상은 보려는 자에게만 자신을 허락한다 ____

보통의 사람은 저마다 자신이 보고 싶은 지점에서 상황을 읽기 시작한다. 더 큰 문제는 그들이 스스로 원하는 곳에서 상황 읽기를 마친다는 사실이다. 즉, 많은 사람이 상황을 자신이 보고 싶은 곳에서 시작해서 읽다가 보기 싫은 곳이 나타나면 읽기를 멈추고 외면한다. 그런 시각으로 세상을 보면 죽는 날까지 변화를 체감할 수 없다. 보고 싶은 것만 보며 산다는 것은 죽은 것과 마찬가지다. 이에 괴테는 에커만에게 세상을 완벽하게 탐색하고, 제대로 흡수하기 위한 4가지 방법을 알려줬다.

괴테의 첫 번째 조언 | 욕심을 버리라.

글을 써본 사람이라면 모두 공감하겠지만, 신인 작가들이 잘못 생각하는 것이 바로 대작에 대한 욕심이다. 세상에 강력한 한방을 날리고 자신의 이름을 빠르게 문단 중심에 올리고 싶은 욕심을 가진 신인 작가들이 많다. 에커만 역시 마찬가지였다. 그는 자신의 재능을 믿었고, 괴테를 스승으로 삼아 빠르게 최고의 작가 반열에 오를 수 있을 거라 믿었다. 에커만의 마음을 간파했던 괴테는 그에게 이런 충고를 하며 대작에 대한 욕심을 버리도록 했다.

가능하면 대작을 쓰는 것을 피하게. 아무리 뛰어난 사람이라도 재능과 탁월한 노력을 겸비한 사람이라도 대작 앞에서는 고생하는 법이기 때문이네. 나도 고통을 겪었기 때문에 그것이 얼마나 해를 끼치는지 알고 있네. 그로 인해 얼마나 많은 것들이 수포로 돌아가 버렸는지!

그의 조언은 거짓이 아니었다. 대작『파우스트』를 집필하는 데 60년이라는 시간을 투자하지 않았더라면 수십 권의 소설과 시집을 낼 수 있을 거라고 후회하기도 했다. 그는 "내가 잘해낼 수 있는 것만 착실히 했더라면 백 권의 책이라도 썼을 텐데 말이야"라며 욕심에 눈이 멀어 현재를 아깝게 허비하는 이 시대의 모든 창조자들에게 이런 조언을 남겼다.

현재는 언제나 현재로서의 자신의 권리를 주장한다. 작가의 마음속에 날마다 솟아오르는 사상이나 느낌은 그 모두가 표현되기를 원하고 또 표현되어야만 한다. 그러나 보다 큰 작품을 염두에 두고 있다면 그것만으로도 머리가 가득 차서 아무 생각도 떠오르지 않고, 모든 사상을 등지고 생활 자체의 안락함까지 잃어버리게 되니 주의해야 한다.

창조하려는 것이 거대하고 웅장할수록 전체를 정리하고 완성하는 데 필요한 긴장과 정신력이 기하급수적으로 늘어난다. 게다가 그것을 막힘없이 흐르는 시냇물처럼 적절하게 표현하려면 방해받지 않는 조용한 생활환경과 정열이 필요하다.

사실 대작에 대한 욕심은 글을 쓰는 작가에게만 생기는 감정은 아니다. 보통 직장인들도 처음 회사에 입사할 때, 아무도 하지 못한 일을 해내서 반드시 회사에서 인정받고 잘나가는 직원이 되겠다고 다짐한다. 하지만 괴테는 서툰 자신감이 오히려 자신을 망친다는 사실을 알고 있었다. 이미 회사에는 10년 전 혹은 20년 전, 당신과 같은 생각으로 입사한 선배들이 가득하다는 것을 기억해야 한다. 그들이 지금 위치에 오를 수 있었던 것은 한 번의 성과가 아닌, 오랜 세월 동안 자신의 역량에 맞는 목표를 세우고 이루기 위해 노력한 덕분이라는 사실을 알아야 한다.

사색가가 되는 과정 역시 마찬가지다. 아무리 사물과의 소통 능력이 뛰어난 사색가라 할지라도 한 번에 모든 것을 이룰 수는 없다. 그 과정을 경시하고 약간의 재능으로 쉽게 사색가가 될 수는 없다. 모든 위대한 결과에는 수많은 과정을 통해 단련된 근육의 힘이 필요하다. 너무 큰 목표를 정해서 삶을 낭비하지 말고, 일단 할 수 있는 수준에서 가능한 목표를 세우고 해내가는 과정을 통해 차근차근 사색에 필요한 근육을 만들어가자.

괴테의 두 번째 조언 | 겸손한 마음으로 배움의 방향을 정하라.

괴테는 에커만과 천 번을 만나며 말이 아닌 가슴으로 소통했다. 결국 배움이란 한 사람이 또 다른 한 사람을 뜨겁게 만나는 과정이다. 세상에는 수많은 멘토와 멘티가 있다. 하지만 모든 멘토와 멘티의 만남이 뜨거워지지 않는 이유는 그들이 가슴으로 소통하지 못했기 때문이다. 괴테와 에커만은 서로에게 겸손한 태도를 유지한 덕분에 말이 아닌 가슴을 통해 모든 것을 전수하고 받아들일 수 있었다.

에커만은 스승에 비해 자신의 문학적인 소양이 너무나 떨어진다는 사실을 알고 있었고, 괴테는 가르치는 게 아니라 함께 배운다는 마음으로 그에게 진심 어린 조언을 건넸다. 에커만이 괴테를 천 번이나 만나는 과정에서 수많은 가르침을 얻고, 그것을 정확하고 예리하게 기록해서 책으로 낼 수 있었던 것은 그의 재능이 아니라, 겸손한 마음 덕분이다. 그는 항상 이런 마음으로 괴테를 만나 대화를 나눴다.

그분이 하시는 말씀의 풍성함에 견주어볼 때, 내가 그중에서 글로 옮겨 적은 것은 실로 미미하지 않을 수 없다. 나는 마치 두 손을 활짝 펴고 신선한 봄비를 잡아보려고 애쓰지만 빗물의 대부분을 손가락 사이로 흘려보내고 마는 소년과도 같다는 생각이 든다.

에커만은 지적인 수준에서 전혀 상대가 되지 않는 괴테의 존재와 도저히 스승을 따라갈 수 없는 자신의 낮은 수준을 제대로 알고 있었다. 그리고 그 사실을 가슴 깊이 인정했다. 이건 굉장히 중요한 문제다. 자기 자신을 잘 알아야 무엇을 배워야 하고 무슨 질문을 해야 하는지 알 수 있다. 아는 척, 해본 척을 하는 사람에게 배움의 기회는 주어지지 않는다. 공부해야 할 소중한 시간을 척하는 데 모두 소비해버리기 때문이다.

겸손이란 자신의 수준을 제대로 아는 것부터 시작된다. 그래서 괴테는 어느 시대든 사람들은 자기 자신을 알기 위해서 노력해야만 한다고 말했다. 하지만 '이것은 지금까지 그 누구도 만족시킬 수 없었고, 원래 그 누구도 만족시킬 수 없는 기묘한 요구'라고 말하며, 자신을 아는 것에 대한 어려움을 피력하기도 했다.

괴테는 평생을 그 어려움과 싸우며 자신의 수준을 제대로 파악하는 데 많은 시간을 할애했다. 자신의 수준을 아는 것이 배움의 방향을 정하는 데 큰 영향을 미치기 때문이다. 괴테는 배움의 방향에 대해 이렇게 말했다.

나는 말일세. 내 분야가 아닌 것에 너무 많은 시간을 쏟았어. 내 자신의 분야에만 힘을 쏟아야 했던 거야. 내가 암석을 수집하느라고 그렇게 많은 시간을 낭비하지 않고 더 나은 일에 시간을 썼더라면, 다이아몬드와 같은 아름다운 작품을 만들었을 테지.

괴테는 그가 가진 엄청난 사색가적인 능력을 통해 더 많은 것을 세상에 남길 수 있었다. 하지만 젊은 시절에 열정만으로 덤빈 수많은 사소한 일 때문에 많은 시간을 낭비해야만 했다. 그래서 그는 에커만에게 자신을 제대로 아는 게 우선이라고 말하며, 배움의 방향을 제대로 잡아주려는 노력을 한 것이다.

괴테의 세 번째 조언 | 초심을 잃지 말라.

배움의 방향을 정하고, 시간이 흘러 어느 정도 명성을 얻고, 일가를 이루고 나면 주의해야 할 게 하나 있다. 바로 명성이 주는 달콤함에 빠지지 않는 것이다. 세상에는 초심을 잃고, 자신이 쌓아놓은 모든 것을 잃어버리는 사람이 많다. 초심은 처음에만 중요한 게 아니라 마지막까지도 중요하다. 괴테 역시 그걸 알고 있었다. 그래서 그는 에커만에게도 명성과 지위에 너무 목매지 말라고 당부하며 이렇게 말했다.

> 자자한 명성, 높은 지위란 인생에 있어서 좋은 일이야. 하지만 나의 모든 명성과 지위로 할 수 있었던 일은 기껏해야 다른 사람의 마음에 상처를 주지 않기 위해 그들의 견해에 침묵하는 것뿐이었네.

사실 지적 수준이 비슷한 사람들의 대화조차 아주 사소한 오해 때문에 걷잡을 수 없이 틀어지기도 한다. 그런데 생각해보라. 한 사람은 독일을 대표하는 대문호이고, 또 한 사람은 고등 교육도 받지 못한 열정만 가득한 청년이다. 그런 그들이 어떻게 천 번이나 만날 수 있었을까?

그들이 천 번을 만날 수 있었던 힘 중 하나는 괴테의 초심에 있었다. 괴테가 에커만을 배려하며 대화를 지속할 수 있었던 이유는 괴테 스스로 자신의 삶을 돌아보며 '나도 이 청년 정도의 나이였을 때, 나를 성장시켜줄 누군가를 만나고 싶다는 열망이 있었지' 하고 과거를 떠올렸기 때문이다. 사람은 초심을 잃는 순간 모든 것을 잃게 된다. 만약 괴테가 초심을 잃은 사람이었다면 그는 절대 에커만을 만나주지도 않았을 것이고, 대문호가 될 수도 없었을 것이다.

사람들은 자신이 보고 싶은 것만 본다. 더 무서운 것은 보고 싶을 때, 보고 싶은 지점까지만 본다는 사실이다. 아주 사소하게 보이는 모든 것도 그 안에는 1에서 1,000까지의 과정이 있으며 천 개의 과정을 모두 마음으로 읽지 않으면 하나도 제대로 파악할 수 없다. 그러나 어떤 사람은 10에서 20까지, 어떤 사람은 930에서 945까지 보고 싶은 지점만 본다. 그렇게 서로 다른 곳을 바라보며 자신만이 정답이라고 생각하는 사람들이 아주 사소한 문제 하나에도 수천 명씩 나온다.

내가 가진 힘만 나의 힘이라는 사실은 누구나 안다. 내가 아는 사람이 아닌, 나를 아는 사람이 나의 인맥이라는 사실도 안다. 그럼 그가 가진 생각은 그의 것이고, 나의 생각만 나의 것이라는 사실도 인지해야 한다. 왜 굳이 바뀌지도 않을 남의 생각을 바꾸려고 노력하는가? 그건 그저 그 사람의 것이다. 타인의 소유인 것이다. 1에서 30을 보며 그게 사실이라고 생각한 사람이 870에서 900까지를 보며 살아온 사람의 생각을 바꿀 수 없고, 굳이 그럴 필요도 없다. 왜 당신만이 정답이라고 생각하는가?

괴테의 네 번째 조언 | 환경을 탓하지 말라.

『괴테와의 대화』 말미에는 괴테가 말년에 건강 문제로 많은 고통을 받았던 이야기가 나온다. 당시 그는 금방이라도 죽을 사람처럼 자주 피를 토했고, 안색도 좋지 않았다. 그러다 결국 쓰러진 적이 있었는데, 모두가 가망이 없다고 할 정도로 심각한 상황이었다. 지인들은 죽음을 준비해야 한다고 말했지만 60년 동안이나 집필하고 있는 『파우스트』를 탈고하기 전에는 죽을 수 없다고 생각한 괴테는 굵고 강력한 목소리로 이렇게 외쳤다.

이 지상에 너만이 할 수 있는 일이 남아 있다면, 죽음에 외쳐라. '당장 물러나라!'라고.

그의 강력한 목소리가 하늘로 울려 퍼졌고, 그는 기적처럼 다시 일어나 『파우스트』를 탈고했다. 그의 엄청난 생각의 힘이 죽음까지도 물러나도록 만든 것이다.

생각할 수 있다면, 인간은 무엇이든 할 수 있다.

물론 많은 사람이 이의를 제기한다. "괴테가 살았던 시대는 살기 좋은 시절이었잖아요?"

괴테가 살았던 18세기 중반에서 19세기 초는 현재 우리나라의 상황과 비슷했다. 산업혁명과 프랑스혁명, 나폴레옹의 대두 같은 세계사의 굵직한 사건이 연이어 일어났고, 지금 우리나라의 청춘들이 힘들게 살고 있듯이 당시 독일의 청춘들도 격동을 겪으며 고통에 빠져 방황했다. 취업이 쉽지 않았고, 미래가 불안했다.

모두가 현실을 부정하고 환경을 탓하며 살았지만, 괴테는 격동기 속에서 여느 작가와는 다른 깊이의 작품을 탄생시켰다. 그리고 다른 유럽 문학보다 낙후되었다고 평가되던 독일 문학을 높은 수준으로 끌어올렸다. 더구나 그는 귀족 신분도 아니었다. 당시 평민이 귀족이 되기란 정말 어려운 일이었다. 하지만 그는 자신의 힘으로 33세에 귀족의 지위에 올랐고, 귀족의 존경을 받는 대문호로 성장했다. 『괴테와의 대화』에서, 우리가 얻을 수 있는 최고의 가르침은 이 한마디로 정리된다.

내 생각에는 강력한 힘이 있다. 별이 하늘에서 떨어진 이유에 대해 한마디로 말하면 내가 원해서다.

수많은 의미를 발견할 수 있을 것이다. 마찬가지로, 이 책을 읽고 오로지 괴테의 위대함만 느낀다면 그건 이 책이 가진 가치의 50퍼센트만 얻는 것이다. 괴테와 무려 천 번의 대화를 하며 그가 입을 열 때마다 종이를 꺼내 기록하고, 더 깊은 지식을 발견하고자 노력했던 에커만의 마음을 느껴야 한다. 그리고 반드시 최고의 사색가가 되겠다는 지적인 도전을 멈추지 않아야 한다. 마음이 흔들릴 때마다, 스승 괴테를 향한 에커만의 그 마음을 기억하라. 만약 괴테가 조금 더 오래 살았더라면 에커만은 괴테를 천 번이 아니라 수천 번이라도 더 만나 가르침을 받았을 것이다. 당신도 그 마음을 가지라.

매일 인문학 공부

05

지성

> 단잠을 자기 위해서
> 가장 중요한 건
> 오래도록 깨어 있는 것

문해력 천재들이
대상을 분류하고
분석하는 법

고대 그리스 철학자 피타고라스는 침묵의 가치를 매우 중요하게 생각하며 제자들에게 이런 말을 남겼다.

그대 침묵하라. 아니면 침묵보다 가치 있는 말을 하라. 쓸데없는 말을 하며 시간을 보내는 것보다 차라리 진주를 위험한 곳에 던지는 게 낫다.

그가 남긴 말의 의미는 어렵지 않게 다가오지만, 유독 마지막 문장은 이해하기가 쉽지 않다. 대학 교수나 20년 경력의 작가, 각종 분야의 대가 등 우리가 흔히 말하는 지성인들에게도 마찬가지로 "이게 대체 무슨 말이냐?"라는 질문을 많이 받았다. 실제로 "쓸데없는 말을 하는 것보다 진주를 위험한 곳에 던지는 게 낫다"는 말을 빠르게 이해하지 못하는 사람이 대다수였고, 그들은 내가 차분하게 설명을 한 뒤에야 고개를 끄덕이며 납득했다.

먼저 그들이 이 문장을 쉽게 이해하지 못한 이유는 문장에 녹아 있는 의미와 함축된 표현을 짐작하지 못했기 때문이다. "차라리 진주를 위험한 곳에 던지는 게 낫다"라는 말을 이렇게 친절하게(?) 풀어서 썼다면 누구나 쉽고 빠르게 이해했을 것이다.

쓸데없는 말은 듣는 사람보다 말하는 사람에게 가장 큰 손해다. 그래서 그런 말을 하기보다는 침묵하며, 차라리 비싼 보석이 가득한 상자를 사람들이 많이 다니는 곳에 아무렇게나 놓아 두는 것이 당신에게 이득이다. 쓸데없는 말을 하면 당신은 보석보다 많은 것을 잃기 때문이다.

이렇게 풀어서 표현하면 바로 눈에 들어와서 마음에 담기도 쉽다. 그러나 우리가 흔히 고전이라고 부르는 책들은 친절하지 않다. 지혜의 보고라고 하지만 아무리 읽어도 삶에 변화가 없는 이유는, 그저 눈으로만 읽을 뿐 안에 숨어 있는 의미는 발견하지 못했기 때문이다. 눈으로 보자마자 알아차리지 못하면 대가들이 남긴 말을 그저 스쳐 지나갈 수밖에 없다.

세상에는 귀하고 멋진 것이 많다. 그러나 당신 눈에 그것들이

―― 단잠을 자기 위해서 가장 중요한 건 오래도록 깨어 있는 것

보이지 않는 이유는, 그것이 존재하지 않아서가 아니라 해석할 능력이 없기 때문이다. 내가 10년이 넘는 기간 동안 괴테가 쓴 책만 골라 1년에 1권을 읽는 이유도 같은 맥락에서 설명할 수 있다. 그 책에 적혀 있는 한 줄 한 줄이 내게는 마치 한 권의 책처럼 깊고 넓은 지혜를 담고 있다고 느껴지기 때문이다. 느리게 읽는 것이 아니라, 하루에 한 줄만 읽어도 충분할 정도로 많은 의미를 발견하기 때문이다.

내가 이 장에서 문해력을 가장 먼저 언급하는 이유는, 문해력이 높은 사람들은 자극적인 표현이나 단어를 사용하지 않고도 자신의 생각을 완벽하게 상대에게 전달할 수 있기 때문이다. 생각해보라. 자신이 보고 듣고 느낀 것을 그 자리에 있는 모두가 쉽게 이해할 수 있게 표현하는 사람의 모습이 어떨지를. 나는 그것이 우리가 추구해야 할 지성인의 모습이라고 생각한다. 그리고 그런 삶에 가까이 다가가게 만들 문해력은 대상을 분류하고 분석하는 힘에서 나온다.

문해력을 키우고 싶다면 먼저 온갖 유행어, 신조어와 결별하기를 권한다. 그것들은 우리를 굳이 생각할 필요가 없는 사람으로 만들어, 생각하며 사는 사람들의 노예로 살게 만들 뿐이다. 앞으로의 세상에서 자기 자리를 확보하기 위해서는 높은 문해력을 기반으로 한 완벽한 표현력이 필요하다. 그 완벽한 예시가 여기에 있다.

『사색이 자본이다』라는 책을 내고 하루는 출간 기념 강연회를 열었다. 그런데 강연을 마치고 질문을 받는 시간에, 이 책에 많은 정성을 쏟았다는 사실을 알고 있는 한 독자가 내게 "이 책을 대체 얼마나 열심히 쓰신 건가요?"라는 질문을 던졌다. 갑자기 새치가 늘었다는 사실에 착안한 나는 바로 이렇게 답했다.

"원고지에 있던 하얀 여백은 저에게로 와서 흰머리가 되었고, 제 검은 머리카락은 원고지로 가서 검은 글자가 되었습니다."

어떤가? 어떤 과장이나 자극적인 표현을 전혀 사용하지 않아도 이렇게 고생하며 쓴 시간을 정확하게 표현할 수 있다. 아마 예능 방송에서 이런 질문이 오갔다면, "와! 너무너무너무, 대박 힘들었습니다"라는 식의 답변이 돌아왔을 것이다. 글과 말에 자극적인 표현이 들어가는 이유는 글과 말의 주인이 자신의 감정과 생각을 정확하게 표현하지 못하기 때문이다.

정확한 표현은 자극적인 언어의 침입을 허락하지 않는다.

비대면으로 모든 것이 이루어지는 세상이 되었다. 이는 곧 정교한 언어를 사용하는 사람이 조금 더 경쟁 우위에 서게 된다는 뜻이다. 자신의 생각과 느낌을 직접적인 표정이나 각종 퍼포먼스로 전달할 수 없게 되었기 때문이다. 이제는 주로 문자와 메일 혹은 각종 문서 등으로 자신의 생각을 전해야 한다. 상대의 글을 제대로 이해하지 못하는 사람과 자신의 생각을 글로 제대로 표현하지 못하는 사람은 사는 게 지옥처럼 느껴질 것이다. 잘못된 표현으로 오해를 받고, 상대의 글에서 마음을 읽지 못해 진심을 전하는 데 자주 실패하기 때문이다.

문해력이 곧 생존이다.

어떤 비극적인 세상에서도 우리를 살게 할 문해력을 얻는 길은 물론 멀고 험하다. 하지만 내가 강연회에서 질문을 받고 답하기 위해 '원고지'와 '머리카락'이라는 대상을 어떻게 분류하고 분석했는지 살펴보면 길이 보인다. 피타고라스가 남긴 말에서 '보석'과 '침묵'이라는 단어를 분류하고 분석한 것도 마찬가지다.

그것을 해내기 위해서는 세상에서 일어나는 모든 일을 내 편과 네 편으로 나누지 않고 공평하게 바라볼 수 있는 '시선의 평등'이 필요하다. 평등한 시선에서 바라보지 못하는 사람은 지식과 정보 역시 내 편에 유리한 것과 상대 편에 유리한 것으로 '구분'하게 된다. 물론 그렇게 사는 게 나쁜 것은 아니다. 그러나 그런 삶의 결정적인 문제는 상황과 정보의 '구분'은 가능하지만 '분류'는 하지 못한다는 사실이다. 분류하지 못하면 필연적으로 분석도 불가능하다. 분류는 일정한 기준에 따라서 나누는 과정인데, 기준이 편향적인 사람은 얽혀 있거나 복잡한 것을 풀어서 개별적인 요소나 성질로 나누는 분류라는 과정에 도달할 수가 없다.

시선의 평등이란 세상에 존재하는 모든 만물에 각자의 가능성을 허락하는 일이다. 그런 시선으로 바라봐야 나의 치열한 집필 기간을 '원고지'와 '머리카락'으로 분류할 수 있고, 원고지에는 검은 글자가 새겨지고, 머리카락은 치열하게 보낸 시간 끝에 하얗게 변한다는 분석이 가능해진다. 그러면 앞서 말한 "원고지에 있던 하얀 여백은 저에게로 와서 흰머리가 되었고, 제 검은 머리카락은 원고지로 가서 검은 글자가 되었습니다"라는 말을 거의 바로 할 수 있게 된다.

일상에서 마주치는 모든 상황에서 대상을 분류하고 분석하는 연습을 해보라. 처음에는 어색하지만 시간이 지나면서 문해력을 키우기 위해 더 많은 것을 배울 필요가 없다는 사실을 깨달을 것이다. 우리는 이미 충분히 많은 것을 가지고 있다. 문제를 풀지 못하는 이유는 정보와 지식이 없어서가 아니라 '시선의 평등'을 이루지 못했기 때문이고, 이미 알고 있는 것들을 제대로 분류하고 분석하지 못했기 때문이다. 편을 나누지 않고 공평한 시선으로 세상을 바라보기 시작하면 길이 보인다.

사물의 핵심으로 파고드는 '전체의 지성'을 얻는 법

모든 일에 대해 능숙하게 말할 수 있는 사람은 많다. 하지만 대다수는 사물의 핵심으로 파고들지는 못하고 주변만 어슬렁거릴 뿐이다. 늘 새로운 것을 찾아다니기 때문에 모두 이것도 조금, 저것도 조금 아는 선에서 끝난다. 무엇이 문제일까? 그들의 일상에 하나 없는 게 있다. 바로 지루한 반복이다. 그들은 하나를 지겹도록 반복하지 않아서 하나의 핵심을 파고들지 못한다.

핵심에 도달하는 경험을 자주 반복하고 싶다면, 일상에서의 지적 여행을 즐겨야 한다. 단순하게 기분 전환을 위해 떠나는 대신 눈과 귀를 넓게 열고 자기 자신의 일과 문제에 도입할 것은 없는지 혹은 돕고 싶은 사람들의 삶에 유용한 것이 있는지 살펴보라.

나는 그것을 '순수한 이기주의'라고 부른다. 일상에서 혼자 떠나는 여행에서 자신과 타인을 위한 영감과 아이디어를 발견하려는 마음은 가장 생산적인 삶으로 연결되기 때문이다. 그렇게 우리는 자신을 뛰어넘어 더 큰 존재로 성장하게 된다.

여기에서 꼭 기억해야 할 중요한 것은 모든 것을 스스로, 그리고 자신에게서 구해야 한다는 사실이다. 괴테도 이 사실에 동의하며 이렇게 말했다.

나무가 타는 것은 그 안에 탈 수 있는 성분이 들어 있기 때문이며, 어떤 사람이 이름을 얻는 것은 그 사람 안에 이미 그럴 만한 요소가 들어 있기 때문이다.

매우 중요한 말이다. 세상에 억지로 이루어지는 것은 없다. 비에 젖은 나무는 쉽게 타지 않는다. 물기가 모두 말라서 불에 탈 수 있는 조건을 갖춰야 한다.

그러나 우리는 때때로 아직 젖어 있는 나무를 태우려고 한다. 이를테면 이제 일을 처음 시작했으면서 대가의 기술을 흉내 내려 하고, 마이크를 잡자마자 대중을 만족시키는 강연을 하고 싶어한다. 그 안에 아무것도 담지 못한 상태에서 말이다. 준비된 상태가 아니라면 우리는 때를 기다릴 줄 알아야 한다. 명성과 실력, 지성과 태도는 구한다고 구해지는 것이 아니며, 일부러 구하는 것도 헛된 일이다. 온갖 처세술과 교묘한 방법으로 잠시 가질 수는 있다. 하지만 내면의 보석이 들어 있지 않다면 그 명성과 지성은 헛될 뿐이며, 다음 날이면 모든 것이 사라질 것이다.

우리는 스스로 순간적인 충동과 욕구에서 벗어나, '전체의 지성'이 되어야 한다. 전체의 지성이 되지 못하면 자꾸만 사소한 것들에 대한 개별적인 지식을 쌓는 것에 매달리게 된다. 생각을 전환해야 한다. 전체의 지성을 장악하면 개별적인 것들은 부록처럼 자연스럽게 얻어진다.

그래서 전체의 지성을 가진 사람은 자리가 주는 빛과 그림자에서 자유롭다. 높은 자리가 그를 더 빛나게 해주지 않으며, 반대로 낮은 자리가 그를 어둡게 하지 못한다. 가장 높은 자리에서 내려와도 그는 여전히 높으며, 모든 지위를 빼앗겨도 그는 여전히 그 지위를 갖고 있다.

괴테도 초보 작가 시절에는 자신의 첫 희곡 「괴츠」를 책으로 내줄 출판사를 찾지 못해 마음 고생을 해야만 했다. 누구에게나 그런 시절이 있다. 핵심은 그 시기를 어떤 자세로 통과해서 생산적인 결과를 내느냐이다. 누구나 그 시절을 겪지만, 모두 같은 결과를 내는 것은 아니다. 누군가는 시작과 별로 다르지 않은 결과를 내고, 누군가는 완전히 다른 사람이 되어서 스스로 자기 수준을 몇 단계나 끌어올린다.

하나의 고전에서
천 개의 생각을
발견하라

 전체의 지성을 얻기 위해 우리에게 필요한 건 그림 그리는 기술이나 일하는 데 도움이 되는 방법 같은 게 아니다. 레오나르도처럼 자신 안에 있는 모든 감각을 깨우고, 집중해서 모두 쏟아낼 수 있는 능력이 필요하다.

 책을 읽을 때도 마찬가지다. 각각의 고전을 읽는 방법은 정해져 있지 않다. 누구든 자신의 모든 감각을 동원해 독해해야 한다. 하지만 많은 사람이 누군가 정해준 대로만 책을 읽는다. 그런 독서는 시간 낭비일 뿐이다. 100명이 책을 읽었으면, 100명이 제각각 다른 것을 발견하고 그걸 삶에 적용해야 한다. 물론 많은 책을 읽으면 좋겠지만, 그렇다고 세상의 모든 책을 읽을 수는 없는 노릇이다. 그래서 필요한 게 바로 책을 읽는 사람 안에 있는 수많은 감각이다.

하나의 고전을 읽고, 거기에서 천 권의 지혜를 발견할 수 있어야 한다. 감각이 하나라면 하나를, 100개라면 100개를 발견할 수 있다. 하나를 알려주면 열을 아는 사람이 바로 후자다. 타고난 머리가 아니라 후천적인 능력으로 성장한 사람들의 공통점은 바로 하나를 알려주면 열을 안다는 것이다.

우리가 우리 안에 있는 모든 감각을 끌어내야 하는 이유는 어떤 일도 한 가지 감각만으로는 해결하기 쉽지 않기 때문이다. 물론 수많은 감각이 한순간에 모두 필요한 건 아니다. 하지만 어떤 상황에 놓였을 때 상황에 적합한 감각을 동원할 줄 아는 능력은 필요하다. 감정이입, 유추, 다리 놓기, 변형, 결합 등의 감각을 꺼낼 수 있는 방법을 익혀야 한다. 그래야 한 분야에서 배운 것을 다양한 분야에 응용할 수 있게 된다. 더 이상 하나를 배워 한 곳에만 쓰는 걸로는 살아남기 힘든 세상이다.

레오나르도, 괴테와 같은 사색의 대가들이 자신 안에 있는 모든 감각을 깨운 비결은 무엇일까?

우리는 글을 쓰지 않고는 살 수 없다.

학교에서든 직장에서든 방식은 다르지만 세상은 끊임없이 우리가 쓴 글을 원한다. 사색의 대가들이라고 역시 처음부터 명문名文을 쉽게 쓸 수 있었던 것은 아니었다. 그들은 글을 쓰기 위해 글을 먼저 생각하지 않았다. 우리는 우리가 경험한 상황을 글로 표현하기 전에, 그 상황을 강렬한 이미지로 만들어놔야 한다. 이건 정말 중요한 부분이다. 우리가 겪은 상황을 말과 글로 제대로 표현하지 못하는 이유가 바로 여기에 있다. 사색가들은 어떤 상황에서 어떤 경험을 하든지 메모를 했다. 만약 메모로 충분하지 않다고 판단되면, 스케치를 그려 자신의 느낌을 이미지로 남기려고 노력했다.

여기서 많은 사람이 착각하는 게 하나 있는데 남을 너무 의식한다는 것이다. 어떤 상황에 처하든 그 상황을 누군가에게 설명하려고 하지 말라. 어떤 상황이든 가장 중요한 건 모든 상황을 남이 아니라 자신에게 충분히 설명하고 이해시키는 일이다.

우리는 모두 자신의 삶에서, 자신의 일에서 작가가 되어야한다.

물론 내 말은 글을 쓰라는 게 아니라, 작가의 눈과 심장으로 세상을 바라봐야 한다는 말이다. 일단 당신이 바라보고 있는 것과 하나가 되라. 무언가에 대해 제대로 파악하고 싶다면, 나라는 존재를 잊고 완벽하게 그것이 되어야 한다. 배우들 역시 마찬가지다. 그들은 배역을 맡으면 가장 먼저 배역의 성격과 삶의 태도 등을 공부하며 최대한 그들과 같은 생각, 같은 행동을 하려고 노력한다. 하지만 그것만으로는 부족하다. 닮으려는 노력이 아니라 그들 자체가 되어야 한다. 그래야만 세상을 감동시킬 수 있는 깊은 연기가 가능해진다.

책을 읽을 때도 마찬가지다. 우리는 작가가 묘사하고 있는 인물이 사는 곳으로 뛰어들어야 한다. 그 세상으로 가서 당신이 알고 싶은 그 사람의 몸속으로 들어가라. 그리고 그의 눈으로 세상을 보고 그의 감각으로 세상을 느껴야 한다. 작가는 글을 쓰며 자신의 생각을 반영하려고 애를 쓴다. 중요한 것은 그들처럼 당신도 당신의 생각을 당신의 삶과 일에 반영해야 한다. 자신의 삶을 쓰는 자신만을 위한 작가가 되라.

우리는 세상이 정한 한 가지 방법에서 벗어나야 한다.

우리는 주어진 일을 해결할 때 가장 간단하거나 연구 끝에 발견한 한 가지 방법만으로 문제에 접근한다. 당연히 수많은 사람이 일을 해결하지만, 모두가 같은 결과를 낼 수밖에 없게 된다. 하지만 사색가들은 다르다. 그들은 세상에 존재하는 어떤 방법이든 자신의 문제를 해결하는 수많은 방법 중에 하나일 뿐이라고 생각한다. 그들의 삶은 우리에게 이렇게 충고한다.

어떤 것을 들을 때 듣지만 말고
무언가를 보려고 노력하고,
어떤 것을 볼 때 보지만 말고
무언가를 들으려 노력하라.

세상이 정한 방법으로 살아서는 안 된다. 그들처럼 되고 싶다면 단지 상대에게 이기기 위한 마음을 버리고, 무언가를 발견하고 즐기려는 마음을 가져보라. 게임의 규칙을 세상이 정해준 대로 하지 않고 스스로 정해보는 것도 좋다. 골프를 칠 때도 클럽 한 개만으로 라운딩을 끝내고, 배구공으로 농구를 즐겨보는 등 세상의 규칙과는 전혀 다른 방식으로 살아보라. 이는 이기려는 마음을 갖고 있다면 쉽게 할 수 없는 행동이다. 어떻게든 결과만 얻으면 된다는 마음가짐을 버리고, 그보다 세상을 발견하는 일이 더 중요하다는 사실을 명심해야 한다.

사색가 안에 잠재된 수많은 감각은 눈앞에 보이고 들리는 것 이상을 보고 느낀다. 그들의 머릿속에서는 모든 감각들이 서로 뒤섞인다. 그리고 그들만의 융합 작용을 통해, 세상에 존재하지 않았던 것을 만들어낸다. 그들은 음악을 들으며 글을 느끼고, 글을 쓰며 음악을 느낀다. 음식을 즐기며 건축을 느끼고, 건축을 감상하며 음식을 느낀다. 이를 통해 음식에서도 어떤 각도가 있다는 사실을 알게 된다. 건축에도 사람을 끄는 음악적 요소가 있다는 걸 느끼게 된다. 우리도 그들처럼 어떤 상황에서든 가지고 있는 모든 감각을 동원해서 사고해야 한다. 이를 통해 전체의 지성을 겸비한 사색가적인 면모를 갖추게 될 것이다.

인간의 기품은
어디에서
오는가?

 지성인으로 성장하려면 기품은 기본적으로 갖춰야 할 덕목 중 하나다. 많은 돈과 높은 지위를 얻는 일에는 운의 도움이 필요하지만, 기품에는 조금의 행운도 존재할 수 없기 때문이다.
 모든 인간은 인생의 전반기 동안 자신의 후반기에 입고 살아갈 옷을 하나 만드는데, 바로 그 사람의 기품을 보여주는 옷이다. 세상에는 분명 좋은 천을 사용하지는 않았지만 스스로 빛을 내며 그 옷을 입은 사람의 주변까지 밝히는 옷이 있다. 얼룩과 찢어진 곳까지도 근사한 디자인으로 보이는, 눈을 감아도 보이고 코를 막아도 향기가 느껴지는 옷이 있다. 그게 바로 숨길 수 없는 지성인의 기품이다.

기품을 갖추려면 먼저 "인간의 기품은 어디에서 오는가?"라는 질문에 답할 수 있어야 한다. 좁고, 외롭고, 쓸쓸한 삶의 구석에서도 나는 시선 하나로 자신의 기품을 선명하게 보여주는 사람을 본다. 고생 하나 없이 살아온 사람도 좋지만, 한순간도 편안하게 살지 못했던 사람이 그 좁은 인생의 길을 오늘도 걷는 모습을 보며, 나는 다시 한 인간의 근사한 기품을 본다. 이들의 공통점 중 하나는 스스로 자신의 가치를 무엇인지 가장 잘 알고 있다는 사실이다.

기품을 갖추고 싶다면 자신의 가치를 먼저 발견해야 한다. 자신의 가치를 잘 아는 사람은 올바른 길에서 벗어나지 않고, 무슨 일이든 기대 이상으로 해내기 때문이다. 그들에게는 다음 세 가지 원칙이 있다.

- 고마운 사람에게 인사한다.
- 미안한 사람에게 고개 숙인다.
- 소중한 사람의 말을 경청한다.

반대로 기품이 없는 사람에게서는 이런 이유를 발견할 수 있다.

- 그들이 인사하지 않는 이유는 상대가 부끄럽기 때문이 아니라, 적절한 예절을 배우지 못했기 때문이다.
- 그들이 실수를 인정하지 못하는 이유는 잘못을 인정하지 못

하기 때문이 아니라, 고개 숙이는 방법을 배우지 못했기 때문이다.
- 그들이 대화만 시작하면 다투는 이유는 말하는 방법을 모르기 때문이 아니라, 듣는 방법을 배우지 못했기 때문이다. 이 모든 것을 배웠지만 여전히 인사하지 않고 동시에 자신의 실수를 인정하지 않고 대화에 미숙한 사람은 방법을 모르기 때문이 아니라 그 귀한 가치를 제대로 실감한 적이 없기 때문이다.

언제나 모든 귀한 가치는 사소한 것에서 시작해 깊어지고 거대해진다. 고마운 사람에게 인사하고, 자신의 실수에 고개 숙이고, 상대의 말을 마음을 다해 듣는 사람은 인간으로서의 품위와 가치를 가진 사람이다. 운을 억지로 만들어낼 수는 없다. 하지만 품위를 지키며 스스로의 가치를 높인 자에게는 세상의 모든 운이 웃으며 달려간다. 기품은 그 사람만 아는 내면의 언어다. 세상 누구도 내면과의 대화에서 거짓을 말하진 않는다. 그래서 한 사람의 기품은 그 사람을 그대로 보여준다. 기쁘게 인사하고, 먼저 고개 숙이고, 자주 듣자. 이 세 가지 원칙이 당신을 기품의 세계로 안내할 것이다.

지성을
갖추게 만드는
8가지 말의 원칙

인생을 살며 깨닫는 하나의 진실은 여기에서 싸우는 사람은 저기에서도 싸우고, 여기에서 배우는 사람은 저기에서도 배운다는 사실이다. 어디를 가도 우리의 말과 행동은 쉽게 변하지 않는다. 그래서 말의 원칙이 중요하다.

사는 내내 수많은 지성을 만나 지혜롭게 대화를 나누며 자신의 의식 수준을 향상시킨 괴테에게는 반드시 지키는 말의 원칙이 있었다. 다음 8가지 원칙을 지키며 그는 과학, 예술, 철학, 정치, 문학, 건축 등 삶을 이루는 거의 모든 부분의 지혜를 모을 수 있었다.

의견의 일치를 따지지 말고 방향을 보라.

우리가 자주 하는 착각 중 하나가 대화를 통해 의견을 하나로 모아야 한다는 것이다. 대화의 목적은 의견 일치가 아니다. 또한 세상에 나와 정확하게 의견이 일치하는 사람이란 존재하지 않는다. 완벽한 일치를 바라는 마음은 오히려 억지를 부리는 것과 같다. 지혜로운 사람은 말이 향하는 방향을 본다. 하나로 모으려고 하면 싸우게 될 것이고, 상대의 말이 흐르는 방향을 보려고 하면 또 하나의 지성을 깨닫게 될 것이다.

사랑이 없는 사람만이 타인의 결점을 찾아낸다.

대화가 힘들게 느껴지는 이유는 대화만 시작하면 자꾸 상처를 주는 사람 때문이다. 그러나 이 사실을 알게 되면 더는 말이 두렵지 않아질 것이다. 자꾸만 타인의 결점만 찾아내 상처를 주는 사람은 스스로에 대한 사랑이 부족한 사람이다. 그들을 미워하지 말고 안아주라. 필요한 것을 주면 그들도 당신 품에 안길 것이다. 때로는 아무 말도 하지 않는 것이 최고의 대화일 수도 있다. 침묵으로 일관하는 것도 좋으니 억지로 그들을 자극하거나 이끌려고 하지 말자.

이해하는 것만 듣지 말고 이해해야 할 것을 들으라.

인간은 필연적으로 자신이 이해하는 것만 보고 듣는다. 의식 수준이 다른 것을 이해할 수 있게 허락하지 않기 때문이다. 그래서 예술 작품도, 음식도 호불호가 갈린다. 그러나 대화는 조금 달라야 한다. 무언가 필요해서 대화를 나눈다면 자신의 이해는 내려두고, 지금 이해해야 할 것에 집중하며 상대의 말을 '이해할 수 있을 때까지' 집중해서 듣는 게 좋다. 그 모든 행동을 통해 이해할 수 없는 세상 하나를 얻는 기쁨을 알게 될 것이다.

오해가 없기를 바라지 말자.

세기의 지성이 말을 시작하더라도 청중이 100명이라면 그중 80명은 오해를 하며 돌아설 것이다. 그건 그들의 잘못이 아니다. 우리가 기억해야 할 것은 오직 하나, 비난 여론에 상처받을 필요가 없다는 사실이다. 오해가 생긴다는 것은 당신의 이야기가 살아있다는 증거다. 죽은 생명에 관심을 주는 사람은 없다. 오해하며 돌아선 80명은 내가 어찌할 수 없는 사람이다. 언제나 당신 곁에 있는 20명을 바라보라. 그렇게 멈추지 말고 자신 있게 말이 열어주는 길을 가라.

행복을 주는 말은 첫 키스와 같다.

말과 글은 세상에 행복을 전하기 위해 태어난 수단이다. 그 소중한 언어를 못된 일과 나쁜 일에 사용하지 말자. 자신이 쓴 글을 읽고 행복하게 웃는 사람의 모습을 상상해보라. 그건 첫 키스의 기쁨처럼 당신을 행복하게 만들 것이다. 입을 열어 무언가를 말할 때, 언제나 상대에게 당신이 품은 가장 값진 것을 정성껏 포장해서 준다고 생각하라. 그리고 기억하자, 한 사람의 주변은 그가 내뱉은 말의 수준이 결정한다는 사실을 말이다.

대화는 지식을 전달하고, 경청은 교양을 보여준다.

글을 쓰고 말을 하는 이유는 자신이 배운 지식과 경험한 것을 타인과 주변에 전하기 위함이다. 알기 때문에 말하는 것이다. 그러나 아무리 많은 것을 알고 있어도, 말하기만 하고 듣지 않는 사람은 스스로 자신의 교양이 수준 이하라는 것을 증명할 뿐이다. 모든 것에는 적절한 때가 있다. 말해야 할 때 말하고, 들어야 할 때 적절하게 듣는 사람의 모습이 바로 우리가 추구해야 할 지성인의 모습이다.

자신이 말을 잘한다고 생각하지 말자.

세상에는 말을 잘하고 싶다고 생각하는 사람이 참 많지만, 그건 매우 위험한 생각일 수도 있다. 말을 잘한다는 것은 덜 행동하고 있다는 증거일 수 있기 때문이다. 지금 당장은 아닐지라도 행동으로 경험한 것을 말로 부풀려 표현하는 기술이 늘수록, 점점 행동하지 않고 말로 대신하려는 생각이 들어 지성인의 삶에서 멀어질 수도 있다. 말은 잘하려고 필요한 것이 아니라 자신이 한 것을 그대로 설명하기 위해 필요한 수단이다. 기술은 아무것도 아니다. 삶이 선명하면 말도 힘을 얻는다.

오류는 인간의 것이고 진리는 시간의 것이다.

분쟁이 발생한 세상 곳곳을 살펴보면 자신의 말이 옳다고 생각하는 사람으로 가득하다. 그러나 모든 인간은 언제나 오류에 빠질 가능성이 있다는 사실을 기억하자. 인간은 자신이 진리를 알고 있다고 생각하며 그것을 추구하는 자신을 자랑스럽게 생각한다. 그러나 시간은 언제나 가짜 진리의 오류를 정확하게 밝혀낸다. 그래서 우리는 고전을 읽는다. 그것은 시간이라는 까다로운 터널을 통과한 것이므로 더 기다리고, 더 연구하고, 더 관찰하자. 분명한 것을 발견할 때까지.

말을 하지 않고 살 수는 없다. 배움을 추구하기 위해서, 진심을 전하기 위해서, 오해를 풀기 위해서 우리는 누군가와 말을 하며 살아야 한다. 말을 통해 지성인의 삶을 갖추고 싶다면 이것 하나만 기억하자.

좋은 말이 좋은 인생을 부른다.
내일의 희망은 오늘 부르는 자의 것이다.

------ 사색 독서 ------

『차라투스트라는 이렇게 말했다』

프리드리히 니체

1889년 1월 3일. 심각한 표정을 한 남자가 문 밖으로 나가, 이탈리아 토리노의 카를로 알베르토 광장을 향해 걸어갔다. 그렇게 한참을 걷던 남자는 길에서 한 마부가 말 때문에 애를 먹고 있는 장면을 목격하고 한참 동안 상황을 지켜봤다. 마부는 악마처럼 인상을 쓰며 자신의 말에 채찍을 날렸다.

"저러다 죽는 게 아닐까?"

말은 수많은 사람이 걱정할 정도로 지독하게 맞았지만, 아무런 반항도 하지 않았다. 더는 지켜보기만 할 수 없었던 남자는 마부의 잔혹한 행동을 막기 위해 재빠르게 마차로 뛰어들었다. 광장에 모인 사람들은 그가 잔혹하게 채찍을 휘두르는 마부를 제압할 것이라 생각했다. 그런데 놀랍게도 그는 방향을 바꿔 마부가 아닌 말의 목에 팔을 두르더니 흐느끼기 시작했다. 그는 대체 왜 말의 목을 잡고 우는 걸까? 광장에 모인 사람들은 그의 행동을 이해할 수 없었다. 마침 우연히 광장 주변을 지나가다 그를 발견한 남자의 이웃이 거의 실신할 지경이었던 그를 부축해 집으로 데려갔고, 그는 침대에서 이틀을 꼬박 조용히 누워 있다가 갑자기 깨어나 이렇게 중얼거렸다.

"어머니, 저는 바보였어요."

마치 영화처럼 한마디를 남긴 그는 그 후 10년간 식물인간에 가까운 삶을 살다가 세상을 떠났다. 그가 바로 『차라투스트라는 이렇게 말했다』의 작가인 독일의 대표적인 철학자 니체다.

'나의 것'이 언제나 '가장 창조적인 것'이다

그의 이해할 수 없는 행동을 이해하기 위해서는 먼저, 그의 작품과 생각을 이해해야 한다. 세계의 인구를 반으로 나누면 니체를 이해하는 사람과 이해하지 못하는 사람으로 나뉜다는 우스갯소리가 있다. 그만큼 니체가 인류의 삶에 절대적인 영향을 끼친 철학자라고 보면 된다. 그런 그가 가장 강조한 덕목이 바로 '나답게 살기'였다. 그는 현실에는 고통이 있고 삶에는 아무런 본질적인 의미가 없으며, 자기 스스로 삶의 의미를 창조해내는 인간이 되어야 한다고 주장했다.

하지만 니체가 오랜 시간 자신답게 사는 게 최고의 삶이라는 사실을 알리고자 쓴 책은 대중이 읽기에는 내용이 어려워서 철저히 외면받았다. 낙담한 니체는 고민에 빠졌다. "이유가 뭘까? 그렇다고 나의 뜻을 대중에게 전하지 않을 수는 없지. 대중에게 읽힐 방법을 찾자."

그 치열한 고민 끝에 나온 작품이 바로, 『차라투스트라는 이렇게 말했다』이다. 이 작품은 산에서 10년간 고독한 명상 생활을 한 차라투스트라가 세상으로 내려와 인간에게 그들의 존재 의미를 터득시키고자 한다는 내용으로, 이전보다 쉽게 읽혀 대중의 폭발적인 호응을 받았다. 그가 이 책을 통해 독자에게 전하려는 내용은 크게 세 가지로 간단하게 정리할 수 있다.

- 자신의 내면으로 들어가라.
- 기존의 가치에 저항하고 새로운 자신의 가치를 찾으라.
- 용기와 의지로 새로운 삶의 가능성을 개척하라.

언뜻 굉장히 어려워 보이지만, 위 세 가지 메시지를 하나로 통합하면 결국 '너 자신의 인생을 살라'이다. 니체가 『차라투스트라는 이렇게 말했다』를 통해서 외치는 단 하나의 메시지는 스스로 자신의 삶을 선택해서, 오직 자신만이 줄 수 있는 절대적인 자유를 누리면서 살라는 것이다. 그는 사람을 구속하는 모든 억압으로부터 벗어날 때, 비로소 진정한 인간으로 거듭난다고 주장했다.

인간의 정신은 세 번 변화한다. 먼저 낙타로 변하고, 그다음은 사자, 마지막에는 어린아이로 변한다.

낙타는 주인이 등에 짐을 지우면 아무런 비판과 저항 없이 실어 나르는 수동적인 삶의 태도를 말한다. 앞서 카를로 알베르토 광장에서 수없이 채찍을 맞으면서도 아무런 저항도 하지 못하는 말과 같은 상황이라고 보면 된다. 낙타의 정신 상태로 사는 이들은 자신의 생각 자체가 존재하지 않는다.

사자는 이보다 조금 진화한 상태인데, 그렇다고 자신의 생각을 주장하는 사람은 아니다. 그들은 억압을 부정하는 정신을 가지고 있을 뿐, 자신의 생각을 말하거나 실천하지는 못한다.

마지막으로 어린아이는 단순함과 솔직함 그리고 당당함을 지닌 상태를 의미한다. 아이는 걷기 위해 수천 번 넘어지는 위험을 감수한다. 자신이 목표로 삼은 것을 이루기 위해 자신이 가진 모든 힘을 다해 전진하는 게 바로 어린아이의 정신이다. 당신의 정신은 낙타인가, 혹은 사자인가? 아니면 어린아이인가?

주변을 돌아보라. 사람들은 돈만 주면 자발적으로 와서 일한다. 누군가 폭력을 행사하는 것도 아닌데 사람들은 정해진 시간에 와서 정해진 일을 하고 간다. 하지만 그들에게는 자유가 없다. 돈을 주는 사람의 명령만을 따르며 살아야 하기 때문이다. 물론 사회생활에는 어느 정도 자신의 욕구를 억누르면서 살아야 한다는 전제가 깔려 있음을 우리는 너무도 잘 안다. 하지만 중요한 것은 자신이 하고 싶은 일에 대한 욕망을 억누르며 사는 게 당연한 거라고 생각하면 안 된다는 것이다. 낙타의 삶에서 벗어나, 자신의 어제와 오늘의 삶에 저항해야 한다. 니체는 인간의 정신이 세 번 변화한다는 말을 하면서, 저항할 줄 아는 정신이야말로 무엇보다 아름답다는 이야기를 하고 싶었던 것이다.

이어령 박사는 색다른 관점으로 니체를 바라봤다.

니체는 '신은 죽었다'라는 독일어 단 세 마디(Gott is tot)로 세상을 바꿔놨다. 하지만 독일어로 니체의 말을 보면 과거형을 의미하는 '신은 죽었다'가 아니라 '신이 죽고 있다, 신이 죽는다'를 의미하는 현재형임을 알 수 있는데, 왜 이렇게 번역해서 골치 아프게 만들었는지 모르겠다. (…) 한국에서 '신이 죽었다'고 했을 때, '이제 어떻게 살아가지?'라는 반응과 '이제 자유다. 뭘 해도 좋겠다'라는 반응 두 가지가 나올 수 있다. 하지만 나는 니체 전공자도 아니고 철학을 전공하지도 않았지만 '신은 죽었다'던 니체의 말에 거꾸로 희망을 품었고, 일제강점기와 해방 직후, 6·25 전쟁 등 가장 암담했던 시절에 니체를 숭배하며 살아갈 수 있었다.

캄캄한 밤에 망망대해를 무사히 건너가기 위해 필요한 건, 누군가의 도움이 아니라 죽을 것 같은 외로움을 견디며 홀로 항해하는 노력이다. 니체는 또 이렇게 말했다.

이 상황에서 '신이 죽었다'고 했을 때 '막막하고 캄캄하다'는 사람도 있지만, '비록 해는 아직 뜨지 않았지만 곧 해는 뜰 것이고 이제 어디로든 갈 수 있다'는 사람도 있을 수 있다. 책임은 인간, 자신이 지는 것이다. 겁 많고 소심하고 용기 없는 사람들은 광활한 사막에 데려다 놓으면 '아이고 죽었다'고 하겠지만, 꿈과 비전이 있는 사람은 낙타처럼 무거운 짐을 진 채 사막을 횡단한다.

그의 관점에서 보면, 니체는 지금 '신이 죽고 있다'라고 말하며 무거운 짐을 지지 않으려 하는 사람들에게 꿈과 희망을 가지라고 말하고 싶었던 것이다. 우리는 자신이 앞으로 10년 뒤에 무엇을 할지 알 수 없다. 중요한 것은 지금 무엇인가를 실행하는 순간 우리의 10년 후가 바뀐다는 사실이다. 그러니 온갖 억압과 굴레를 극복하면서 현재의 삶을 살아내야만 한다. 작은 선택의 연속으로 만들어지는 게 바로 인생이다. 지금 노예의 삶을 감내한다면 우리는 영원히 노예로 살기로 선택한 셈이고, 지금 주인의 자유를 쟁취한다면 영원히 주인으로 살기로 선택한 셈이다. 후자의 삶을 살고 싶다면 니체의 분신인 차라투스트라의 말에 귀를 기울여야 한다. 차라투스트라는 이렇게 말했다.

지금 이 인생을 다시 한 번 완전히 똑같이 살아도 좋다는 마음으로 살라. 그대들이 추구하는 바를 언제든 행하라. 하지만 그보다 먼저 추구할 수 있는 자가 되라.

그대로 살아, 당신을 남기라. 그것이 니체가 전해주는 단 하나의 메시지다.

자기 인생의 주도권은 스스로 잡으라

언젠가부터 우리는 너무 나약해져 버렸다. 나약함의 모든 이유는 주도권을 잃어버린 데 있다. 성공한 예술가와 기업인 혹은 작가를 수없이 만나면서 내가 그들에게서 느낀 공통점은 단 하나다. 그들이 자신의 삶에서 주도권을 쥐고 살아간다는 점이다. 대충 살펴보면 그들과 우리의 삶은 별다를 게 없다. 하지만 우리는 주도권을 가지고 살지 않기 때문에 그들보다 많은 시간 일해도 그들처럼 생각하지 못하고, 원하는 것을 이루지 못한다.

안타깝게도 우리나라의 거의 모든 사람이 여기에 속한다. 교육부나 학원 등 다양한 곳에서 자기 주도 학습을 강조하고 있지만, 정작 학교에서도 가정에서도 주입식 교육을 하는 게 현실이다. 그렇게 자란 아이들은 자신이 주도권을 잡고 살지 않았으므로 실패할 때마다 이런 핑계를 댄다. "이건 내가 선택한 삶이 아니었잖아. 모든 게 부모님과 학교 잘못이야."

하지만 자신이 주도권을 갖고 일을 하는 사람은 자신의 실패에 전적으로 책임을 진다. 비록 실패로 고통은 받겠지만, 그들은 삶의 주도권을 잡고 있기 때문에 실패를 통해 조금씩 성장하게 된다. 우리는 거기에서 희망을 발견할 수 있다. 주도권을 잡고 사는 자는 언제나 모든 최악의 환경에서도 문제에 매몰되지 않고 해답에 집중해 최선의 답을 찾아낸다.

또한 주도권을 가지고 사는 자는 남과 같은 생각을 용납하지 못한다. 생각이 다르니 자연스럽게 남과 다른 삶을 살게 되고, 유일한 자신으로 사는 게 가능해지면서 세상으로부터 자신의 모든 것을 지킬 힘을 가지게 된다. 좋아 보이는 것만 좇아다니거나 별생각 없이 남들을 따라 하는 사람의 삶은 아무리 열심히 살아도 성장할 수 없다. 하지만 어디에서 당신이 주도권을 꽉 쥐고 있다면 무슨 일을 하든 당신에게 도움이 된다. 물론 주도권을 쥐고 사는 것은 모든 위험과 고통을 받아들여야 함을 의미한다. 이에 차라투스트라는 다양한 표현으로 충고한다.

우리는 이미 배를 불태워버리고 말았다. 용감해지는 수밖에 없다.

인간이란 실로 더러운 강물일 뿐이다. 인간이 스스로를 더럽히지 않고 이 강물을 삼켜버리려면 모름지기 바다가 되지 않으면 안 된다.

단번에 나는 것을 배우지는 못하는 법이다. 나는 줄사다리로 여러 창문을 기어오르는 것을 배웠으며, 민첩한 다리로 높은 돛대에 기어오르기도 했다.

차라투스트라는 인간이란 어떤 불행한 상황에서도 주도권만 가지고 행동한다면 무엇이든 얻을 수 있는 존재라고 생각했다. 그는 한밤중에 산등성이를 넘으면서도 스스로에게 이렇게 말했다.

많은 것을 보려면 자기 자신을 놓아버릴 줄 알아야 한다. 산을 오르는 모든 사람들에게는 이러한 혹독함이 필요하다. 인식하는 자로서 눈에 보이는 것에 지나치게 집착한다면, 어떻게 만사에 있어서 겉으로 드러난 근거 이상의 것을 볼 수 있을 것인가? 그러나, 아 차라투스트라여. 그대는 모든 사물의 바닥과 그 배경을 보려고 했다. 위로, 더 위로, 그대의 별들이 그대의 발아래 놓일 때까지! 그렇다! 나 자신과 나의 별들마저도 저 아래로 내려다보는 것. 나는 그것을 나의 정상이라 부른다. 그것은 나의 마지막 정상으로 내게 남겨진 것이다!

차라투스트라의 말처럼 우리는 주도권을 찾아야 한다. 용기를 갖고, 새로운 세상에 다가가려는 노력을 멈추지 말아야 한다. 우리는 걸어간 만큼 얻어낼 수 있다. 더는 사다리가 없다고 한탄하지 말라. 타고 오를 사다리가 없다면, 당신의 생각을 타고 올라가면 된다.

『차라투스트라는 이렇게 말했다』의 첫 페이지에는 이런 글이 적혀 있다.

모든 이를 위한 그러나 그 누구의 것도 아닌 책!

우리는 이 책을 읽으며 성장의 계기를 마련할 수 있다. 그런 의미에서 분명 이 책은 모든 이를 위해 쓰였다. 하지만 그 누구의 책도 아니다. 책을 받아들일 것인지 아닌지는 본인의 선택이기 때문이다.

서두에서 언급했지만, 니체는 말을 끌어안고 미쳐버렸다. 이를 보며 많은 사람이 니체의 죽음은 인간이 의지만으로 자신의 죽음의 모습을 선택할 수 없음을 극명하게 보여준다고 생각하는데, 내 생각은 조금 다르다. 그저 보이는 부분만 보지 말고, 그가 말을 끌어안고 오열한 이유가 무엇인지 깊이 사색해 봐야 한다. 그가 자신을 바보라고 말하며, 말의 목을 껴안고 서럽게 울었던 이유는 단지 말이 가여웠기 때문만은 아니다. 그는 자신이 평생을 강조한 '인간은 자신의 삶을 개척하고 깨어 있어야 한다!'는 주장이 얼마나 실현되기 어려운 문제인지, 매를 맞고도 가만히 있는 말에게서 그와 닮은 인간의 모습을 보고 슬퍼한 것이다. 그런 니체를 온 마음으로 기억하고, 그가 남긴 말을 깊이 사색해보라.

위대한 사랑은 용서와 연민조차도 극복한다. 연민의 정 하나도 뛰어넘지 못하면서 사랑이라는 것을 하는 자, 그들 모두에게 화禍 있으라.

정신의 행복이란 자신이 겪는 고통을 통해 자신의 앎을 증대시키면서 스스로 생명 속으로 파고드는 것이다.

그대들에게 초인을 가르치려 하노라. 인간은 극복되어야 할 그 무엇이다. 그대들은 자신을 극복하기 위해 무엇을 했는가.

그의 위대한 정신이 조금은 느껴지는가? 니체는 무엇보다 소중한 자기 자신을 파괴했다. 그는 자신을 파괴함으로써, 현실에 안주하려는 마음으로 가득한 삶을 사는 인간을 흔들어 깨웠다. 사색이란 결국 상처를 허락하는 일이다. 또 니체는 인간에게 수많은 상처를 입었지만, 사색의 깊이를 잃지 않았다. 그는 그가 내뱉은 이 문장을 증명하는 삶을 살았다.

그렇다. 우리는 먼저 스스로 바다가 되어야 한다. 더러워지지 않으면서 더러운 강물을 받아들이는 바다.

니체는 수많은 인간을 비판하며 굉장히 극단적인 주장을 했던 사람이다. 하지만 우리는 그가 인간을 비판한 이유가, 그만큼 인간을 사랑했기 때문이라는 사실을 알고 있다. 그래서 우리는 『차라투스트라는 이렇게 말했다』를 통해 많은 것을 얻을 수 있다. 사람은 사랑하는 사람에게서만 배울 수 있기 때문이다. 자, 이제 차라투스트라의 마지막 물음에 당신이 답할 차례다.

인간은 극복되어야 할 그 무엇이다. 그대들은 자신을 극복하기 위해 무엇을 했는가?

지금 당신은 끌려가는 삶을 살고 있는가? 아니면 극복하는 삶을 살고 있는가?

어제보다 중요한 건 오늘이고, 내일보다 중요한 것도 오늘이다. 지나간 어제보다, 아직 오지 않은 내일보다 중요한 것은 지금 이 순간에 집중하는 것이다. 결국 우리를 도울 수 있는 것은 우리 자신뿐이다. 결코 세상에 복종하는 노예로 살지 말라. 노예는 아무리 성공해도, 성공한 노예 그 이상이 될 수 없다. 그 지루한 삶의 틀 안에서 빠져나오라. 삶에 적당히 타협하며 순응하며 사는 사람은 결코 사색가가 될 수 없다. 당신이 아직 살아 있다는 사실을 증명하라. 그리고 기억하라.

단잠을 자기 위해서 가장 중요한 건,
오래도록 깨어 있는 것이다.

매일 인문학 공부

06

성장

지식의 깊이보다
중요한
생각의 깊이

,,

부와 관계,
성장과 지혜를 끌어들여
나의 것으로 만드는 사색

"3달만 쓰고 돌려줄게."

그는 내 앞에서 무려 5명에게 같은 말로 돈을 빌렸다. 마치 돈을 빌리기 위해서 태어난 사람처럼 전화만 걸면 돈을 빌려 달라는 요청을 했다. 이 모든 것은 가볍게 술을 마시는 자리에서 일어난 일이다. 그의 삶을 지켜보니 지난 달에 빌린 돈을 이번 달에 또 빌려서 갚았고, 그게 힘들어지면 한 달만 더 기다려 달라는 말로 돈을 갚지 않았다. 그가 "3달만 돈을 빌려 달라"는 전화를 하는 동안에도 빌린 돈을 갚으라는 전화가 끊이지 않고 왔다. 안타까운 현실이다. 세상에 돈을 빌리는 일이 쉽게 느껴지는 사람은 없으니까.

돈을 빌려 달라는 말에 사람 마음이 흔들리는 이유는 상대가 붙이는 '3달만'이라는 단서 때문이다. 그 표현에는 "너는 나를 위해 3달도 기다리지 못하니?", "우리 사이의 믿음이 겨우 이 정도니?"라는 의미가 녹아 있다. 그래서 마음이 내키지 않아도 버린다고 생각하며 돈을 빌려주게 된다. 그러나 그 표현을 반대로 생각하면 답은 명확해진다. 겨우 3달 사는 것도 빡빡하다면, 과연 그 사람이 돈을 제대로 갚을 수 있을까?

자세히 들여다보면 3달은 안정이 아니라 오히려 위험의 신호인 것이다. 방법은 둘 중 하나다. 그를 온전히 믿고 아예 돈을 주거나 빌려주지 않는 것이다. 냉정하거나 따뜻하거나 둘 중 하나다. 돈 문제에서 중간은 없으며, 어설픈 선택은 후회만 남길 가능성이 높다.

부와 관계 그리고 성장과 지혜의 근본적인 힘을 모두 모으고 싶다면 이 사실 하나를 기억하는 게 좋다.

젊을 때는 실수하며 시간을 낭비해도 자산으로 쌓이니 괜찮지만, 늙어서도 같은 실수를 반복하면 작게는 돈을, 크게는 아까운 시간을 잃기에 실수를 저지르지 않는 게 좋다.

사람들의 언어는 그의 삶이 힘들수록 유혹적이며 모호하게 변한다. 그래서 항상 사색하며 조심하지 않으면 별 인연도 없고, 자신을 일회성으로 이용하려는 사람들에게 정신을 빼앗겨 돈과 시간을 소모해버릴 수 있다. 또 기억해야 할 중요한 사실은 그런 실수를 자꾸 반복하는 이유 중 하나가 싫은 소리를 해서 괜한 욕을 먹는 것을 두려워하기 때문이라는 것이다.

　실수를 막는 방법이 있다. 나를 일회성으로 만나서 이득만 보려는 사람과 오랫동안 함께 아름다운 것을 만들어내려는 사람을 정확하게 구분하면 된다. 방법은 간단하다. 같은 방식으로 제안을 거절하는 것이다. 만약 당신이 "너무 바빠서 도움을 주기 힘들 것 같다"라고 말하면, 당신을 일회성으로 생각한 사람은 "네가 뭐라고, 감히 내 제안을 거절하다니!"라는 태도로 온갖 비난을 하며 돌아설 것이다. 하지만 반대로 당신을 오랫동안 볼 생각을 하는 사람이라면 "바쁘다니 다행이야. 좋은 소식이네"라며 거절당한 것은 생각도 하지 않고 오히려 당신이 바쁠 정도로 성장한 사실을 축복할 것이다.

　누구를 만나면 행운과 행복이 가득한 인생을 살 수 있을까? 당신이 무엇을 하든 비난하려고 작정한 사람들을 멀리하고, 당신의 작은 성장에 크게 기뻐하고 작은 아픔에 크게 슬퍼하는 사람을 곁에 두라. 그리고 당신도 그들에게 그런 존재가 되라. 사람들과의 관계는 복잡하게 생각하면 꼬이고 단순하게 생각하면 풀린다. 그래서 답은 언제나 간단하다.

　인간답게 살라.
　그럼 인간 대접을 받게 된다.

모든 성장은
사색의 힘으로부터
시작된다

"독일 민족의 자의식은 바이마르에서 태어났다."

20세기 최고의 사학자 자크 바전은 이렇게 말하며 괴테를 치켜세웠다. 그의 말에 이의를 다는 사람은 없다. 셰익스피어가 영국 문화와 영어에 막대한 영향을 끼친 것처럼, 괴테는 독일 문화와 독일어에 막대한 영향을 끼쳤다. 어떻게 한 개인이 자신이 사는 나라의 문화와 언어에까지 영향을 미칠 수 있을까? 그런 초인적인 능력을 발휘한 괴테의 경쟁력은 과연 무엇일까?

바로 '질서'와 '조화'에 있다. 괴테는 언제나 질서와 조화의 눈으로 사물을 바라보고, 세상을 하나하나 알아나갔다. 누구나 어릴 적 자동차나 로봇 모형을 조립해본 경험이 있을 것이다. 괴테도 그랬다. 그는 마치 모형을 조립하듯 매일 새롭게 세상을 조립해나갔다. 그래서 지금이나 그때나 세상은 언제나 같았지만, 그가 바라보는 세상은 언제나 새롭고 특별했다. 물론 많은 사람이 괴테처럼 세상을 새롭게 바라볼 능력을 원할 것이다. 하지만 그건 쉽게 얻을 수 있는 능력이 아니다. 환경 탓일까? 아니다. 환경의 격차가 아니라 사색의 격차 때문이다.

한 기업에서 강연을 마친 후, 아르바이트를 하던 한 대학생에게서 이런 질문을 받은 적이 있다.

"작가님, 이번에 알바를 해서 제가 200만 원 정도를 벌었어요. 그런데 고민이에요."

"뭐가 고민인가요?"

"제 친구들이 유럽 여행을 가는데, 저도 이번에 아르바이트를 하며 번 돈으로 함께 가야 할지 고민이라서요. 부모님을 생각하면 학비에 보태고도 싶은데, 견문을 넓히려면 유럽에 가는 게 좋을 것 같고…."

나는 그 고민을 한마디로 완벽하게 정리해줬다.

"유럽에 가고 싶은 게 단지 견문을 넓히기 위해서라면 가지 마세요. 아무리 여행을 많이 다녀도 당신의 견문은 절대 넓어지지 않을 테니까요."

많은 사람이 더 넓은 세상을 보고 견문을 넓히기 위해 여행을 떠난다. 하지만 여행은 이미 견문이 넓은 사람이 더 많은 것을 얻기 위해 가는 것이다.

영국의 철학자 버트런드 러셀은 이렇게 말했다.

훌륭한 책들도 모두 지루한 부분이 있고, 위대한 삶에도 재미없는 시기가 있다. 첫 페이지부터 마지막 페이지까지 시종일관 재치가 넘치는 소설은 **훌륭한 소설이라고 할 수 없다.** 위인들의 생애 역시 몇몇 위대한 시기를 빼놓고는 그다지 흥미롭지 않다.

소크라테스는 생애의 대부분을 크산티페와 함께 조용히 지내면서 오후에는 건강을 위해 산책을 하고, 산책길에서 친구들을 만나면서 지냈다. 철학자 칸트는 평생 동안 자신이 사는 동네에서 10마일(16킬로미터) 밖으로 나가본 적이 없다. 많은 사람의 예상과는 다르게 다윈은 세계 일주를 한 뒤 남은 생애를 자신의 집에서 보냈다. 마찬가지로 마르크스는 몇 차례의 혁명을 이끈 뒤 여생을 대영박물관에서 보냈다.

위대한 인물 중 다수가 자신이 사는 동네를 거의 벗어나지 않았고, 거의 변화가 없는 생활을 반복했다. 물론 그들이 위대한 업적을 이루기 위해 매일 반복한 게 하나 있다. 바로 사색이다. 그들은 반드시 적의 고지를 탈환하겠다며 달려가는 용맹한 병사처럼 치열하게 사색하며 자신의 견문을 넓히고 위대한 업적을 이뤘다. 그들에게 환경은 전혀 중요하지 않았다. 그런데 많은 사람이 이렇게 불평한다.

"내 삶과 환경은 언제나 같아. 정말 이렇게 지루한 삶이 또 어디에 있을까?"

　사실 괴테도 마찬가지다. 다양한 분야에서 혁신적인 성과를 거뒀지만, 매일 그에게 흥미로운 일이 일어난 것은 아니었다. 다만 그가 보통 사람과 다른 점은 매일 다른 안경을 쓰고 세상을 바라봤다는 사실이다. 괴테의 삶은 우리에게 이렇게 말한다.

　너의 머리가 아닌, 너의 눈과 귀 그리고 가슴으로 생각하라.

　세상의 규칙을 바꾼 위대한 인물의 공통점은 멀리에서 답을 찾은 게 아니라 자신이 사는 곳에서 찾았다는 데 있다. 멀리 떠나면 뭔가 새로운 게 있을 것 같지만 그런 일은 잘 일어나지 않는다.
　많은 사람이 아무리 긴 시간 여행을 떠나도, 늘 돌아오면 뭔가 허전한 마음을 느낀다. 그래서 그걸 견디지 못해서 또 떠날 궁리를 한다. 이유는 간단하다. 그들이 떠난 대부분의 여행이 그저 몸만 잠시 이동한 것이기 때문이다. 몸은 생각할 능력이 없다. 결국 여행을 떠나기 전과 후에 아무런 변화가 없으니 늘 떠날 궁리만 하는 것이다. 하지만 눈과 귀 그리고 가슴으로 생각하는 사람은 다르다. 보통 사람보다 영감을 수십 배로 받으니 짧은 여행을 다녀와도 가슴이 벅찰 정도의 감동과 변화를 겪게 된다.
　만나는 사람이 늘 같다고, 보는 환경이 늘 같다고, 그렇게 어제와 같은 오늘을 늘 반복한다고 불평하기보다는 매일 새로운 안경을 쓰고 바라보는 것이 중요하다. 어제의 안경은 버리고 새로운 안경을 쓰고 다르게 보는 자세가 필요하다. 매일 새로운 안경을 쓰고 세상을 바라보면, 같은 장소에서 가만히 앉아 있어도 세상을 안을 수 있게 된다. 자꾸 떠나려고만 하는 것은 옳지 않다. 중요한 건 여기 이 자리에 머무는 거다. 답은 언제나 지금 당신이 사는 이곳에 있다.

안타깝지만, 모든 위대한 것과 총명한 것은 소수에게만 존재한다. 이성이 대중화된다는 것은 바랄 수도 없는 일이다. 열정이라든지 감정은 대중의 것이 될 수 있다. 하지만 이성은 언제나 소수의 뛰어난 자들의 것일 뿐이다.

괴테는 사색의 힘에 대해 이렇게 말했다. 열정이나 감정은 누구나 가질 수 있는 대중의 것이나, 이성은 소수만이 가질 수 있는 희귀한 능력이다. 그는 그만의 뛰어난 사색법을 통해 질서와 조화가 잡힌 시선으로 세상을 바라보았고, 천재적인 이성을 가질 수 있게 되었다. 그래서 괴테는 사색하는 법을 모르는 사람을 두고 이렇게 비유하기도 했다.

셰익스피어는 은 쟁반에 황금 사고들을 담아서 우리들에게 준다. 우리도 그의 작품들을 연구함으로써 은 쟁반을 얻게 된다. 하지만 우리는 거기에다가 감자를 담으니, 이것이야말로 고약한 점이라 하겠다.

우리가 시대를 뒤흔든 수많은 고전을 아무리 많이 읽어도 원하는 만큼 성장하지 못하는 이유는 오직 하나다. 제대로 사색하지 못하기 때문이다. 인생은 자신을 사색하려는 자를 성장하게 하고, 자신을 피하려는 자의 영혼을 멈추게 한다. 인생의 모든 순간, 피하지 말고 마주쳐 사색하라. 당신의 삶을 창조로 이끄는 사색은 그렇게 일상에서 모은 작은 힘에서 시작한다.

세상을 바라보는
괴테의
8가지 사색법

나는 지난 20년 이상 괴테의 삶을 보며 그가 어떻게 일부만이 얻는 사색가의 능력을 갖게 되었는지 연구했고, 그의 인생 전체에 녹아 있는 8가지 사색법의 근원을 발견할 수 있었다. 누구나 괴테처럼 살 수는 없지만, 괴테처럼 생각하고 행동할 수는 있다. 그것이 바로 우리에게 주어진 희망이다. 괴테의 8가지 사색법을 당신이 매일 조금씩이라도 실천한다면 엄청난 변화를 체험할 수 있을 거라고 확신한다. 물론 하루아침에 그처럼 생각하고 행동할 수는 없지만, 일단 하나씩 시작해보자. 위대한 변화는 언제나 그렇듯 작은 것에서 시작되는 거니까.

괴테의 사색법 1 | 좋은 그림을 자주 감상하라.

    괴테는 습관처럼 좋은 그림을 감상하며, 그림에 담긴 위대한 창조성과 감성을 그대로 받아들였다. 좋은 그림이 있다는 소식을 들으면 어떻게라도 수소문해서 반드시 자신의 눈으로 감상할 정도로 그림에 대한 열정이 있었다. 그에게 그림 감상은 식사보다 소중했다. 그림 감상을 통해 예술가들의 순수한 정신적 의도를 그대로 받아들이고, 예술가가 창조의 순간 품고 있던 감정 속으로 빨려 들어갈 수 있기 때문이다. 내가 알고 있는 한 대기업의 임원도 이런 습관을 가지고 있다. 그는 새로운 기획을 구상할 때나 문제가 생겼을 때 버릇처럼 미술관에 가서 문제가 풀릴 때까지 그림을 감상한다. 놀라운 것은 대개 2~3시간 정도가 지나면 그가 고민했던 문제들이 풀린다는 사실이다. 정기적으로 좋은 그림을 자주 감상하라. 그것은 좋은 기운과 영감을 내 안에 저축하는 일과 같으니까.

괴테의 사색법 2 | 생각을 기록하라.

    보통 우리는 초등학교 때 강압적으로 일기를 쓰다가 중학교에 올라가며 일기 쓰기를 그만둔다. 일기란 사실을 기록하는 것이기 때문에, 자신의 생각이 거의 100퍼센트 반영되는 것이라 볼 수 있다. 그래서 나이를 먹을수록 더욱더 일기를 써야 하는데 우리는 정반대로 살고 있는 셈이다. 괴테는 자신의 생각을 적는 습관을 죽는 날까지 멈추지 않았다. 이탈리아로 여행을 떠났을 때도,

그는 먹을거리는 제쳐두고라도 메모할 수 있는 종이와 펜은 반드시 챙겼다. 생명을 유지하는 것보다 사색의 질을 유지하는 게 더욱 중요하다고 생각했기 때문이다. 그런 그의 투철한 기록 정신은 화산 앞에서 뜨거운 온기와 열을 마주해도, 생명을 걸고 조금 더 가까이 다가가 기어이 관찰하고 그 느낌을 쓰도록 만들었다. 그는 목숨을 걸고 자신의 생각을 글로 썼다. 그리고 꼭 쓴 날짜를 기록해두었다.

날짜를 기록하지 않으면 단순한 메모에 불과하지만, 날짜를 적는 순간 일기가 된다. 그는 메모를 하는 동시에 평생 일기를 쓴 셈이다. 일기를 쓰면 좋은 점이 굉장히 많지만 우리가 얻을 수 있는 가장 소중한 것은 자신이 언제 무슨 생각을 했는지 언제나 생생하게 확인할 수 있다는 점이다. 또한 시간의 흐름에 따라 변하는 생각의 흐름을 확인할 수 있어, 자연스럽게 삶을 바라보는 안목이 깊어지게 된다. 나이가 서른이 넘었다고 일기 쓰기를 포기한다는 것은 나이가 서른이 넘었으니 이제 생각하는 걸 그만두겠다는 말과 같다. 지금부터라도 일기 쓰기를 다시 시작해보자. 일기는 나의 발전 과정을 한눈에 볼 수 있는 소중한 기록이다.

괴테의 사색법 3 | 세상의 모든 것을 차분히 관찰하라.

영화관이나 공연장에서 지루한 작품을 만났을 때, 간혹 우리는 견디지 못하고 중간에 밖으로 나오기도 한다. 나의 소중한 시간이 지루한 작품을 보느라 사라지는 것을 용납할 수 없기 때문이다. 하지만 괴테는 조금 다른 생각을 가지고 있었다. 그는 지루한 작품을 만났더라도 끝까지 참고 감상할 필요가 있다며 이렇게 말했다.

우리는 지루한 작품을 감상하며 작품의 잘못된 점에 대해 온몸 가득 증오심을 가지게 되고, 그럼으로써 좋은 작품을 단번에 알아보는 눈을 가질 수 있다.

최고의 작품을 자주 보는 것도 중요하지만, 최고의 작품을 알아보려면 일단 최악의 작품을 가려내는 눈이 필요하다. 괴테는 그러한 눈을 기르기 위해 나쁜 작품을 만났을 때도 자리를 비우지 않고 끝까지 감상했다. 괴테처럼 모든 것을 차분하게 관찰하는 습관을 가져야 한다. 그가 만약 성급한 사람이었다면 지루한 작품을 견디지 못하고 바로 빠져나왔을 것이고, 그랬다면 나쁜 것을 골라낼 수 있는 눈을 가지지 못했을 것이다. 물론 대문호가 될 수도 없었을 것이다.

사색에서 중요한 것은 기다림이다. 보통 우리는 뛰어난 사람들은 무슨 일을 하든 굉장히 빠르게 결정하고 일을 완벽하게 처리할 거라고 생각한다. 하지만 괴테는 "뛰어난 사람들은 즉석에서 무엇을 해내거나 금방 일을 처리하지 않는다"라고 말했다. 그들은 어떤 문제에 맞닥뜨렸을 때 오히려 평소보다 여유를 가지고 그 문제를 깊게 통찰하는 시간을 갖는다. 이런 이유로 뛰어난 사람들은 상대방을 초조하게 만들기도 한다. 그러나 보통 수준의 사색에 머물러 있는 사람들은 상대의 기대하는 눈빛에 흔들려 빠르게 결과를 내놓으려고 하다가 설익은 결과만 보여준다. 이것은 결국 자신을 망치는 일이다. 다른 사람을 의식하지 말고, 자신의 때를 기다려야 한다. 최상의 결과를 만들어내고 싶다면 괴테처럼 침착하게 상황을 분석하고 충분히 관찰하는 시간을 가진 후에 움직이는 게 현명하다.

괴테의 사색법 4 | 나이가 나를 떠나게 하라.

어린아이는 꽃에 달라붙어 있는 딱정벌레를 우연히 발견하게 되면, 모든 감각을 동원하여 그 단 하나의 단순한 대상에 집중한다. 그래서 같은 시간에 구름의 형성에 뭔가 기이한 현상이 일어난다 하더라도 조금도 알아차리지 못하며, 시선을 그쪽으로 돌릴 생각조차 하지 않는다.

괴테의 말처럼 아이들은 하나의 일을 시작하면 오직 그것에만 온 정신을 집중한다. 수만 번 넘어진 후에 비로소 걷는 방법을 터득하듯이 한번 시작한 일은 성공할 때까지 포기하지 않는다. 하지만 그 강력한 성장의 힘을 어른이 되면 바로 잃는다. 그래서 괴테는 "최고의 능력을 갖고 싶다면 나이가 나를 떠나게 하라!"고 말하며 아이의 마음을 유지하는 것의 중요성을 강조했다. 세월이 흘러 주름이 생겨도, 언제나 어린아이의 가슴으로 살아야 한다. 어린아이의 가슴으로 살기 위해 가장 중요한 것은 일단 나이를 잊는 것이다. 쉽게 말해 매너리즘에 빠지지 않아야 한다. 사람은 매너리즘에 빠지는 순간부터 성장을 멈추고 불평만 늘어놓게 된다.

괴테는 "매너리즘이란 완성만을 염두에 두는 태도, 즉 창작의 기쁨을 누리지 못하는 태도에서 나온다"고 말했다. 그의 말처럼 진정성이 담긴 순수하고 위대한 재능은 창작 과정에서 가장 커다란 행복을 누린다. 그러나 별다른 재능이 없는 사람들은 예술 그 자체에 만족하지 않는다. 그들은 창작하는 동안에 완성된 작품이 가져다줄 이득만을 생각하기 때문이다. 이러한 속물적인 목표로는 위대한 작품을 탄생시킬 수 없다.

"월급 때문에 일하는 거지."

"이까짓 일, 복권 당첨만 되면 당장 관두고 싶어."

이런 말을 입에 달고 사는 사람들은 매너리즘에 빠질 가능성이 굉장히 높다. 매너리즘에 빠지지 않고 젊은 생각을 가지고 살고 싶다면, 목표 달성을 위해서만이 아니라 매 순간의 과정에서 기쁨을 느끼는 자신이 되어야 한다. 월급의 액수가 아니라 일을 하면서 느낄 수 있는 행복과 성취감에 중점을 둬야 한다.

괴테 사색법 5 | 무엇이든 긍정하라.

감정은 지나치면 좋지 않지만, 단 하나 예외인 감정이 있다. 긍정의 눈으로 세상을 바라보는 것은 아무리 지나쳐도 나쁘지 않다.

괴테는 모든 것에 반대하는 행위는 결국 자기 자신에게 부정적인 결과를 가져온다고 말했다. 세상을 부정적인 시선으로 해결할 수 있는 일은 아무것도 없다. 세상은 부정하는 사람이 만들어나가는 게 아니라, 부정적인 상황에서도 긍정하고 희망을 품는 사람이 만들어나간다. 그러므로 불합리한 일에 대해서도 부정적인 생각보다는 선한 마음을 가지고 "내가 개선하겠다"라는 눈으로 바라봐야 한다. 부정적인 생각에 빠지면 세상 돌아가는 흐름이 제대로 보이지 않기 때문이다.

또한 부정과 미움이 가득한 사람은 제대로 된 사색을 할 수 없다. 세계 각국의 정치인들이 국민들에게 미움을 사는 결정적인 이유는 올바른 생각으로 세상을 지키기보다는 자신들의 이익을 위해 상대방을 비방하고 끌어내리려고 하는 부정적인 마음이 강하기 때문이다. 200년 전 독일도 마찬가지였다. 당시 괴테는 독일의 정치인들에게 "문제는 파괴하는 것이 아니라, 인류가 순수한 기쁨을 누릴 수 있는 그 무언가를 건설하는 것"이라고 말하며, 아름다운 세상을 만들고 싶다면 서로를 비방하기보다는 언제나 긍정적인 생각을 하라고 충고했다.

무조건 된다고 생각하고 세상을 바라보라. 안 된다는 생각을 할 바에는 차라리 생각 자체를 하지 않는 것이 좋다. 세상을 망치는 부정적인 생각으로 이어질 뿐이기 때문이다. 세상을 아름답게 만들고 싶다면 긍정적인 시각을 통해 사색에 필요한 근육을 발달시키자.

괴테 사색법 6 | 모든 일에 호기심을 가지라.

"너는 통찰력이 대단해!"라는 말을 들으면 기분이 어떨까? 그 어떤 찬사보다 사람을 기분 좋게 만드는 단어가 바로 '통찰력'이다. 통찰력이 있는 사람은 깊은 사색을 통해 상황을 면밀히 분석하고, 그 결과를 토대로 해야 할 일과 하지 말아야 할 일에 대해 정확한 판단을 내릴 수 있다. 이를 통해 실패 가능성을 낮추는 것이다.

괴테는 통찰력을 키우고 싶다면 "언제나 주변에서 일어나는 일에 호기심을 가져야 한다"고 말했다. 그 이유는 간단하다. 호기심은 언제까지나 호기심 수준에 머물러 있지 않기 때문이다. 호기심은 그 사람의 정신을 자극하여 더욱 상세한 연구와 시험을 하도록 하고, 이것이 완전한 방식으로 이루어지면 우리는 어떤 확신을 가지게 되고, 그렇게 우리는 그토록 바라던 통찰력을 얻게 된다. 우리가 호기심으로 끌어낼 수 있는 최고의 수확이 바로 통찰력이다.

안타깝지만 재능이 부족한 사람은 아무리 애를 써도 자기 분야의 대가가 되기 힘들다. 하지만 괴테는 "우리는 무언가를 깨닫기 위해 노력하는 과정에서 거장이 이룩한 것을 깨닫고, 영혼의 온도를 느끼고, 통찰력의 힌트를 얻을 수 있다"라고 말하며, 후천적인 노력으로 충분히 재능을 따라잡을 수 있다고 했다. 천부적인 재능이 없는 사람에게 최고의 무기는 통찰력이다. 만약 지금 당신이 하고 있는 일에 재능이 부족하다고 느낀다면, 주변을 호기심이 가득한 눈으로 바라보며 통찰력을 당신의 것으로 만들라. 자신이 일하는 분야에서 최고의 통찰력을 가지게 된다면 더욱 완벽한 사색의 경지에 오를 수 있다.

괴테 사색법 7 | 몸이 아니라 생각의 다리를 움직이라.

산책을 할 때, 그저 다리를 움직여 걷는 것이 아니라 생각을 걷게 하는 것이 중요하다는 사실을 기억해야 한다. 괴테의 서재에는 수많은 책이 있었지만, 그는 진짜 책은 집 안의 서재가 아니라 밖에 있다고 생각했다. 집 안 서재에 있는 책은 누군가의 생각과 정보를 모아놓은 것이고, 진짜 책은 자신의 눈으로 볼 바깥세상이라고 생각한 것이다. 평생 자신의 생각을 걷게 하며 세상을 관찰하고 사색했기 때문에 그는 같은 곳을 산책하더라도 언제나 다른 풍경을 만날 수 있었다.

그만 그런 것이 아니었다. 철학자 탈레스는 산책 중에 하늘을 감상하는 일에 몰입하다가 앞을 보지 못하고 우물에 빠지기도 했고, 철학자 니체는 작품을 쓸 때 반드시 오전에 소나무 숲을 지나 멀리 바다를 바라보면서 오르막길을 산책했다. 그리고 오후에는 오전보다 더 길고 험한 길을 산책했다. 그는 왜 작품을 써야 할 시간에 산책하는 데 집중한 것일까? 답은 간단하다. 하루에 두 번 하는 산책이 그의 모든 작품을 만들어줬기 때문이다. 실제로 그는 산책을 하며 『차라투스트라는 이렇게 말했다』에 대한 첫 발상을 했다. 그는 발상을 시작하게 된 순간을 이렇게 기억했다.

차라투스트라가 내 위로 떨어졌다.

인간은 머리가 아니라 발로 생각할 때, 더욱 세심하고 깊은 사색을 할 수 있다. 그래서 괴테를 비롯한 많은 사색가들이 언제나 홀로 길을 걸었다. 하지만 많은 직장인이 점심식사를 마치고 마음이 맞는 사람끼리 산책하곤 하는데, 둘 이상이 걷다 보면 보조를 맞추려 하고, 결국 다른 데 신경이 쓰여 제대로 사색할 수가 없게 된다. 완벽한 사색에 빠지고 싶다면 과도하게 사색에 빠져 걷다가 우물 바닥으로 추락했던 탈레스처럼, 몸이 아닌 생각의 다리를 움직이겠다는 마음으로 산책해야 한다. 그런 일상이 반복되면 수많은 영감이 당신의 머리 위로 떨어질 것이다.

괴테 사색법 8 | 끝없이 실행하라.

어떤 방식으로 사색을 하든 마무리는 실천이다. 아무리 좋은 것을 사색한들 움직이지 않으면 어떤 결과도 얻을 수 없다. 그래서 괴테가 가장 강조한 인생의 덕목은 실천이다. 그는 일생 동안 실천에 대한 명언을 가장 많이 남겼다. 괴테가 전하는 명언을 차분하게 읽으며 실행력이 떨어졌을 때 마음을 다잡아보자.

꿈이 있다면 작은 일이라도 시작하라. 새로운 일을 하는 용기 속에 당신의 능력과 기적이 모두 들어 있다.

스스로 할 수 있거나 꿈꾸는 일이 있거든 당장 추진하라. 대담함 속에는 재능과 힘과 신비가 모두 깃들어 있다.

당신이 할 수 있는 것이 있는가? 아니, 할 수 있을 것 같다는 생각이 드는 것이라도 상관없다. 있다면 바로 시작하라. 용기 속에는 그 일을 능히 이루도록 만들어주는 천재성과 힘 그리고 마법이 모두 숨어 있다.

실행이 마술이다.

모든 일은 쉬워지기 전에는 어렵다.

지금까지 설명한 괴테의 8가지 사색법으로 당신은 조금 더 근사한 사색가의 풍모를 갖출 수 있다. 하지만 정말 중요한 것은 자신의 능력을 굳게 믿는 일이다. 인간이 스스로 원하는 것을 이뤄내기 위해서는, 자신을 실제 모습보다 훨씬 위대하다고 생각하는 게 좋다. 자신의 가능성을 믿는 그 신뢰의 두께가 당신이 가질 사색의 깊이를 결정할 것이다.

고독과
사색을 통한
생각 확장의 기술

괴테의 8가지 사색법을 통해 혼자 고독과 사색을 즐길 수 있는 수준에 이르렀다면, 다음에는 고독과 사색을 통한 생각 확장에 집중해야 한다. 이때 중요한 것이 같은 사물을 바라보면서도 끊임없이 다른 것을 생각해내는 능력이다. 고독 안에서 사색으로 쌓은 힘을 자신의 언어로 바꿔 세상에 제대로 보여준 사람을 소개한다.

1845년 3월 말, 27살의 젊은 남자가 호숫가 숲속에서 도끼질을 하기 시작했다. 자신이 기거할 오두막을 짓기 위해서였다. 한참 일할 나이의 남자가 대체 왜 숲속에 집을 짓고 살려고 하는 걸까? 목적은 오로지 고독과 사색이었다. 그는 호수와 주변의 아름다운 풍경을 보자마자, "아, 여기에서 살고 싶다"고 생각했다. 그는 자신의 생각을 바로 실천에 옮겼다. 돈도 많이 들지 않았다. 당시 그가 지출한 건축비는 28달러가 조금 넘었다. 하지만 그는 적은 돈으로 만든 오두막에서 철저하게 사색을 즐기며, 세상을 놀라게 할 엄청난 작품을 탄생시켰다. 그 작품이 바로 『월든』이고, 젊은 남자의 이름은 헨리 데이비드 소로다.

이처럼 불멸의 가치를 자랑하는 명작은 돈과 환경이 아니라 고독 안에 깃든 사색으로 완성된다. 이성보다는 감성을, 인간보다는 자연을 중시한 그의 삶은 굉장히 단순했다. 하지만 고독의 힘을 통한 사색으로 아무도 상상할 수 없는 먼 곳까지 뻗어나갈 수 있었다. 그는 『월든』에서 자신의 생각을 이렇게 밝혔다.

내가 숲속으로 들어간 것은 인생을 의도적으로 살아보기 위해서였다. 이를테면 인생의 본질적인 사실들만을 직면해보고 싶었고, 인생이 가르치는 것들을 내가 배울 수 있는지 알아보고자 했다. 이 모든 시도는 언젠가 죽음을 맞이했을 때 '내가 헛된 삶을 살았구나' 하고 깨닫는 일이 없도록 하기 위해서였다.

최선의 삶을 살기 위해서 그가 숲에서 한 일은 오직 산책과 집필뿐이었다. 그것은 무엇을 의미할까? 남들이 보면 철저하게 고독한 환경이지만, 그는 자연과 소통하는 삶에서 얻은 통찰을 담아 누구도 쓸 수 없는 책을 완성했다. 고독 안에서 그의 사색가적인 면모는 더욱 확장되었다.

세상에는 읽기만 해도 그 해박한 지식과 세상을 바라보는 깊고 넓은 시야에 놀라게 되는 책이 있다. 그가 쓴 책이 그렇다. 물론 모든 위대한 결과에는 과정이 있다. 자신의 생각을 폭발적으로 확장하고 싶다면, 비행기를 타고 근사한 예술 작품이 많은 여러 나라를 방문하는 게 중요한 게 아니라 비록 풀과 나무밖에 없는 곳이라도 거기에서 고독을 즐기며 하나의 풍경이 돼야 한다.

우리나라에서 1년에 발간되는 책은 수만 권이 넘는다. 그중에는 평생 한 권도 내기 힘든 책을, 매년 꾸준하게 발간하는 작가의 책도 있다. 더욱 놀라운 사실은 매년 나오는 그의 책에 경탄할 정도의 문장이 가득하다는 사실이다. 반대로 책 한 권을 끝까지 읽어봐도 감동이나 경탄을 전혀 주지 못하는 책도 있다. 아니, 매우 많다. 이유가 뭘까?

작품의 개수가 많다고 질이 떨어지는 것도 아니며, 반대로 개수가 적다고 질이 높아지는 것도 아니다. 중요한 것은 완성한 결과물의 개수가 아니라 그 안에 담은 사색의 질이 결정한다. 단 한 줄의 문장을 완성하려면 며칠을 고독 속에서 치열하게 사색해야 하는데, 많은 책이 작가의 사색을 통하지 않고 도서관이라는 꽉 막힌 공간이나 폐쇄적인 연구소에서 만들어지는 게 현실이다. 사색 끝에 나온 책이 많지 않은 이유는 사색으로 길어 올린 지혜를 담은 문장이란 매우 힘들고 고통스러운 노력의 산물이기 때문이다. 고독한 시간을 견디지 못한 자에게는 지혜를 담은 문장을 쓸 영감이 떠오르지 않는다.

이처럼 고독은 우리에게 큰 힘을 준다. 지금까지 당신이 어디에서 무엇을 하고 살았든, 이제부터라도 잃어버린 당신의 고독을 되찾기를 바란다. 그리고 꼭 붙잡고 평생을 함께 가라. 나중을 기약하지 말고, 지금 당장 고독의 숲으로 들어가라.

고독이란 느닷없이 떠나는 것이 아니다. 24시간 내내 즐길 수 있는 지적 행위이며, 지금 이 순간도 우리는 충분히 고독에 빠질 수 있다. 하던 일을 잠시 멈추고, 내 안의 나를 만나러 간다고 생각하라. 간단하다. 떠나면 만날 수 있다.

당신은
자신의 일을 하기 위해
태어났다

세종대왕도 사는 내내 자신을 깊은 고독 속에 두며 살았다. 고독 속에서만 사색의 질과 범위가 확장된다는 사실을 알고 있었기 때문이다. 1425년 그는 이런 말을 남겼다.

나는 고결하지도, 통치에 능숙하지도 않소. 때로는 하늘의 뜻에 어긋날 때도 있을 것이니 내 결점을 열심히 찾아보고, 내가 그 질책에 답하게 해주시오.

이 짧은 글에 우리가 여전히 그를 기억하며 존경하는 이유가 모두 담겨 있다. 그는 자신에 대한 비판을 경청해서 마음에 담았으며, 결코 반대편에 있는 사람들을 배척하지 않았다. 아니, 순간적으로 미운 마음이 들기도 했지만 그가 앞서 말한 것처럼 때로는 하늘의 뜻에 어긋날 때도 있다는 사실을 인지하며 조금씩 옳은 방향으로 자신을 바꿔 나갔다.

세종대왕이 위대한 이유는 그가 강했기 때문이 아니다. 비판을 허용하고 그로 인해 사는 내내 흔들렸지만, 그때마다 깊은 고독 속에서 다시 중심을 잡고 본래 위치로 돌아왔기 때문이다. 비판에 상처를 입지 않는 사람은 없다. 다만 그 고통을 이겨내지 못해 자기 자리로 돌아오지 않는(못하는) 사람이 있을 뿐이다.

수많은 사람이 악플로 삶을 마감하는 현실을 논하며 악플에 대처하는 방법을 쓴 글에는, '반드시'라고 할 정도로 꼭 달리는 댓글이 하나 있다.

"악플도 관심이죠. 서로 이해하며 삽시다."

각자 다른 삶을 사는 사람들이 서로의 삶과 생각을 완벽하게 이해하긴 어렵다. 그들에게 일일이 1초마다 달리는 최악의 댓글과 그걸 친절하게 알려주는 지옥의 소리와도 같은 알림음, 도저히 밖으로도 나갈 수 없게 만드는 악마가 남긴 악플에 대해서 "수많은 가짜 계정을 이용해서 칼날처럼 날카로운 살기의 언어만 주는 것을 당신은 관심이라고 생각할 수 있겠는가?"라고 묻는 것도 의미가 없다. 모르는 사람은 도저히 짐작할 수 없기 때문이다. 짐작할 수 없는 사실은 굳이 설명할 필요도 없다.

세종대왕은 몸이 좋지 않았고, 다양한 오해와 편견의 시선으로부터 지탄을 받아야 했다. 비난은 근거가 없는 경우가 많다. 비난하려는 마음 자체가 유일한 증거일 때가 많으니까. 하지만 세종대왕은 아픈 몸을 이끌고 다시 어제처럼 자신이 해야 할 일을 해냈다. "그것은 틀렸다"라고 반박하거나 상대를 짓밟으며 느낄 수 있는 통쾌한 감정을 원하지 않았다.

우리는 많은 것을 이겨내야 한다. 나는 병원에서 몸 상태가 매우 좋지 않다는 의사의 이야기를 듣고 돌아온 날에도 평소처럼 원고지 50매 분량의 글을 썼고, 그 글에도 악플이 달렸지만 어떤 반응도 하지 않았다. 생명이라면 그것을 견딜 수 있어야 한다. 죽어 사라지지 않는 이상, 아니 죽어 사라져도 나를 향한 안 좋은 이야기는 사라지지 않는다. 그러나 나는 그 사실에 흔들리지 않는다. 심각한 이야기, 억울한 이야기가 가득하지만 하나하나 일일이 반응하며 시간을 보내기에 나의 인생은 소중하고, 글을 쓸 시간이 줄어드는 것이 아깝기 때문이다. 사색하며 그것의 결과를 글로 쓰는 과정에, 내 남은 인생 전부를 전력을 다해 투자하고 싶어서다.

그리고 자신에게 솔직해지자. 누군가 아주 잠시만 자신을 비난해도, 다른 사람과 공평한 대우를 받지 못해도 마치 세상을 부술 것처럼 폭발하면서, 타인에게는 왜 지키기 어려운 도덕과 배려 그리고 기품을 요구하는가? 언제나 남을 평가하기 전에 자신을 돌아보자. 남이 해야 할 일이 아니라, 자신이 지금 당장 무슨 일을 해야 하는지 살펴보자. 작가는 자기 생각을 쓰고, 화가는 자기 생각을 그리면 된다. 모두가 마찬가지다. 그저, 자신의 일을 하라. 당신은 자신의 일을 하기 위해 태어났다.

　세종대왕은 나라와 국민을 위해 살겠다는 자신의 목표를 평생 지켜냈다. 언제 무슨 일이 생기든, 그저 자신의 일을 해낸 것이다. 언제나 당신의 일을 하라. 당신이 만드는 제품이나 작품에는 당신이 아프거나 힘든 이야기는 적을 수 없다. "아프지만 쓴 책입니다.", "성대가 망가졌지만 애써 부른 노래입니다." 위로는 받을 수 있겠지만 그게 전부다. 위로를 받기 위해 한 일이 아니라면 고통의 흔적은 지우고 당신의 일만 하라. 고객과 소비자는 당신의 이야기를 알 수 없으며 알아야 할 이유도 없다. 냉정한 이야기지만 다시, 언제나 그저 당신의 일을 하라.

> 아픈 만큼 아픈 사람을 이해할 수 있고,
> 힘든 만큼 고통을 안아줄 수 있다.
> 그러니 답답할수록 당신의 일을 하라.
> 고독할수록 당신의 일을 하라.
> 혼자 남겨질수록 당신의 일만 하라.
> 당신의 일이 당신의 삶을 증명할 것이다.

---- 사색 독서 ----

『자유론』

존 스튜어트 밀

    한 사람이 배달된 초밥을 먹다가 문득 생각에 잠기더니 이렇게 외친다.
    "이 많은 포장 용기가 결국 사라지지 않는 폐기물이 되어 지구를 아프게 하는 거잖아. 앞으로는 그릇을 가지고 가서 거기에 담아 달라고 해야지. 가게에서도 좋아하겠지?"
    요즘 배달 음식을 주문해서 먹는 사람이 기하급수적으로 늘어나고 있다. 그러다 보니 엄청난 양의 플라스틱 용기를 치우며 놀라는 사람도 많다. "이 많은 플라스틱을 어쩌지?"
    그러나 사업가는 거기에서 새로운 사업 기회를 발견하고, 심리학자는 "이미 음식을 담아 준비를 마친 상태일 텐데, 그릇을 가져가서 담아 달라고 하면 가게 입장에서는 반길까?"라는 사람의 심리를 발견하고, 배달로 생계를 유지하는 사람은 "다들 직접 그릇을 가져가서 담아 오면 앞으로 배달하는 사람들 입지가 줄어들겠네"라는 고민에 빠지게 된다.

세상은 이미 거미줄처럼 이것과 저것이 첨예하게 연결되어 있다. 누가 나서서 쉽게 바꾸지 못하는 이유는 하나를 바꾸면 백 개가 넘는 원칙까지 동시에 바꿔야 하고, 천 개가 넘는 영역에서 강력한 변화가 시작되기 때문이다. 사색가의 머릿속에서는 그것들이 유기적으로 움직이는 모습이 마치 전파가 오가듯 그려진다.

그래서 선명하게 세상을 바라볼 수 있지만 동시에 눈앞이 흐려지기도 한다. 하나의 정책과 하나의 원칙으로 누가 이득을 보고 누가 손해를 볼지 너무나 쉽게 짐작할 수 있기 때문이다. 안다는 것은 때로 고통이다. 웃고 있는 사람들 뒤로 찾아온 어둠이 보이기 때문이다. 그 어둠의 존재가 습격하기 전에 아무리 미리 설명해도 그들은 말을 듣지 않는다. 대화와 지식은 하나의 곧은 선에서만 서로에게 움직여 영향을 줄 수 있다. 위로도 아래로도 쉽게 흐르지 못한다. 생각하는 수준이 다르면 서로 이해하기 힘들다.

어떤 시대든 삶을 주도하는 소수의 사색법

물론 어디에서 무슨 일을 하는 사람이든 노력을 통해 삶을 바꿀 수 있다. 삶을 바꾼다는 건 뜨거운 마음으로 열정을 다해 자신에게 주어진 삶을 살아내는 사람에게만 주어지는 특권이다. 19세기 초반, 치열한 사색을 통해 생을 관통하는 희망의 빛을 찾으려 애쓴 한 남자가 있었다. 그는 당대의 일류 경제학자였던 아버지에게 조기교육을 받고 최고의 사상가로 성장한 존 스튜어트 밀이다. 그는 공리주의 철학자이자 역사가였던 아버지 제임스 밀의 지도 아래 역사상 가장 혹독한 교육을 받았다.

최근 그가 위대한 사상가로 성장할 수 있었던 본질적인 원인이 그만의 독특한 독서법에 있다는 사실이 알려지자 우리나라에서는 난리가 났다. 존 스튜어트 밀의 독서법을 배워야 한다는 부모들이 늘어났고, 아이들을 존 스튜어트 밀처럼 위대한 사람으로 키우겠다는 목표를 세우고 어릴 때부터 온갖 위대한 고전을 읽어주며 헛된 소망을 품는 부모들이 많아졌다. 존 스튜어트 밀의 독서법에 해박한 그들은 왜 정말 중요한 사실을 모르는 걸까?

밀은 자서전을 통해 이렇게 말했다.

내가 늦게 출발했음에도 남들보다 앞서 나갈 수 있었던 건 생각의 깊이 덕분이다.

그는 고전을 읽는 것보다 고전을 읽고 있는 자신의 생각이 더 중요하다고 강조했다. 고전을 읽으며 중요한 것은 "작가의 생각을 이해할 수 있는가?"가 아닌 "나만의 생각을 할 수 있는가?"라는 문제다. 그런데 위대한 고전만이 위대한 생각을 불러일으킨다고 착각하는 사람들이 많다. 그저 고전을 무작정 읽고 사상을 주입하는 것으로는 무엇도 이룰 수 없다. 순서를 제대로 지켜야 지적 성장을 기대할 수 있다.

> 사색이 깊어지고,
> 의식 수준이 높아지면,
> 성장하는 속도가 달라진다.

나는 이 세 줄을 당신이 시처럼 읽어주면 좋겠다. 한 사람이 지적 자극을 받고 성장하는 과정은 시를 쓰는 과정을 꼭 닮았기 때문이다. 사람의 의식이 저절로 성장하지 않는 것처럼, 앉아만 있어도 저절로 써지는 시는 없다. 달라진 현실을 맞이하고 싶다면, 사색으로 시작한 의식 수준의 변화가 필요하다.

천재의 삶을 구원한 한 권의 책

치열하게 책을 읽던 시절에 나는 책을 사느라 매달 100만 원이 넘는 돈을 쓰기도 했다. 알고 싶은 분야를 공부하기 위해 산 수많은 책과 새로운 지식을 쌓기 위해 분투한 나날들. 사색이 깊어지면 그 모든 일상과 이별하는 순간이 온다. 타인의 지식과 돈 그리고 외부로부터 들어오는 자극으로 배움을 추구하던 과거와의 단절을 의미하는 지점이다.

이제 나는 거의 책을 사지 않고, 단 한 권으로 한 달을 꽉 채우기도 한다. 독서가 싫어졌기 때문이 아니다. 오히려 그 반대다. 글을 어떤 마음과 방법으로 읽어야 할지 아는 사람에게는 1년에 1권이면 충분하다. 그 한 권을 백 권처럼 읽을 수 있기 때문이다. 1년에 365권을 읽는 사람은, 아직 1년에 1권을 통해 365권이 주는 영감과 지식을 뽑아낼 줄 모르는 사람일 가능성이 높다. "그것이 대체 무엇이냐?"라고 묻는 당신에게 나는 이런 답을 내놓을 수밖에 없다. "철학책에는 철학이 없고, 교육책에는 교육이 없다. 그러나 교육책에는 철학이 있고, 철학책에는 교육이 있다."

1년에 365권씩 읽기를 몇 년 동안 반복해도, 최고의 고전을 읽고 치열하게 필사를 해도, 그대 삶에 변화가 없다면 다독, 숙독, 필사 등의 외형적인 방법에서 벗어나 "왜 나는 성장하지 않는가?"라는 질문을 진지하게 던져야 한다. 틀린 방향이 가끔 혁신적인 답을 주기도 하지만 그건 당신이 천재일 경우에 해당되는 이야기다. 틀린 방향은 99퍼센트의 보통 사람들에게는 틀린 답을 주며 그 사람의 일상을 망가트린다. 그래서 누군가에게 독서는 최고의 지적 활동이지만, 누군가에게는 최고의 시간 낭비일 수도 있다.

읽는 만큼 쌓는 것은 누구나 할 수 있다.
그것은 정교한 기계의 영역이기 때문이다.
하지만 섬세한 인간의 영역은 다르다.
먼저 쌓지 말고 사방에 퍼트릴 곳을 찾아야 한다.
그리고 적절한 것을 알맞게 퍼트린 후,

그렇게 쌓인 전혀 다른 것을 서로 연결해
세상에 없는 무언가를 창조하는 것이다.
기계는 완벽하게 쌓는 일에는 천재적이지만
어지럽히는 데는 한계가 있다.
쌓는 건 기계의 일이고,
퍼트리는 건 인간의 일이다.
당신은 누구의 일을 하고 있는가?

존 스튜어트 밀의 삶을 돌아보자.

성인도 하기 어려운 일들을 열세 살 이전에 모두 완벽하게 해낸 밀은 천재로 칭송받으며 세상을 바꾸는 사람으로 성장했을까? 자신의 삶에 만족했을까?

놀랍게도 세상에서 가장 위대한 조기교육을 받은 밀은 스무 살이 되던 해 고민에 빠지게 되었다. 당시 아버지가 일하던 동인도회사에 들어간 그에게 정신을 차릴 수 없을 만큼 치명적인 위기가 찾아온 것이다. 1826년 가을, 그의 정신적인 고통은 극에 달했다. 후에 그는 당시의 심정이 콜리지의 「낙심」이라는 시 구절과 유사하다고 고백했다.

> 허전하고 음침하고 쓸쓸한 그러나 아픔 없는 슬픔
> 졸리는 듯 숨 막히는 듯 얼빠진 듯한 슬픔
> 말로나 한숨으로나 혹은 눈물로나

저절로 흘러나와 없어져 주지 않는 슬픔

그는 정신적 공황을 겪고 있었다. 온 신경에 맥이 빠지고 어떤 신나는 일에도 무감각해진 상태였다. 이런 증상이 오래 지속되자 그는 깊은 사색 끝에 이 위기 상황에서 모든 것을 바꿀 한 가지 질문을 생각해냈다.

인생의 모든 목표를 실현했다고 가정해보자. 내가 추구하는 제도와 사상의 변화가 지금 이 순간 완전히 이루어진다고 생각해보자. 과연 이것이 나에게 커다란 기쁨이고 행복일까?

그는 망설이지 않고 답했다. "그렇지 않다!"
자신의 마음이 외치는 답을 듣는 순간, 그의 가슴은 철렁 내려앉았다. 예감하고는 있었지만, 자기 자신에게 그런 답을 듣자 어릴 때부터 자신이 쌓아올렸던 모든 성취가 허무하게 느껴졌다. 그는 계속 목표를 추구하는 데서 행복을 느낄 수 있었는데, 그 목표가 자신을 행복하게 하지 않는다면 더는 노력할 이유가 없었다. 그는 기계적으로 목표를 잡고 습관처럼 일하는 상황에서 빠져나올 수 있는 방법이 무엇인지 스스로에게 물었지만 답은 나오지 않았다. 그는 잠깐 아버지를 떠올렸다. 사실 그는 그때까지만 해도 살아가며 생기는 모든 의문을 아버지에게 털어놓았다. 하지만 그는 본능적으로 이번에는 무조건 스스로 문제를 해결해야 한다고 느꼈다.

아버지는 내가 겪는 정신적 상태에 대한 지식이 전혀 없다. 설령 이해할 수 있다 해도 이를 고쳐즐 수 있는 의사는 아니지 않은가?

그는 이전보다 더 연구에 몰입했다. 1826년부터 1827년까지, 그는 2년 동안 하루 4시간 이상의 수면을 취한 적이 없었다. 또한 끼니조차 망각하고 닥치는 대로 책을 읽었다. 얼마나 연구에 집중을 했는지, 주변 사람들조차 이런 식으로 연구를 지속하면 오래 살 수 없을 거라고 걱정할 정도였다. 하지만 그는 자신의 길을 찾아야만 했다. 그 열망이 그를 2년 내내 잠들지 못하게 만든 것이다. 그는 분석적 사고 쪽으로는 천재적이었지만, 안타깝게도 이 탁월한 기술을 적용할 명확한 목표가 없었다. 조기교육을 통해 누구보다 멋지고 강한 엔진을 장착했지만 핸들이 없어 어디로도 갈 수 없는 상황이었다. 그는 2년 내내 연구하며, 방황에 방황을 거듭했다.

그때 그가 자신의 고통을 삭이기 위해 별 생각 없이 고른 한 권의 책이 그를 절망에서 구원했다. 프랑스 작가인 마르몽텔의 『회고록』이었는데, 이 책이 그에게 지식이 아닌 생각의 깊이를 추구하는 삶을 살아야 한다는 사실을 알려줬다. 그는 본래 공리주의적인 선에서 행복이 삶의 가장 중요한 목표라고 생각해왔다. 하지만 마르몽텔의 『회고록』을 만난 이후 그는 '그것을 직접적인 목표로 삼지 않아야만 그것을 성취할 수 있다'는 큰 가르침을 얻었다. 생각이 깊어진 그는 이제 전혀 다른 관점에서 행복을 바라볼 수 있게 된 것이다.

진정 행복한 사람은 자신의 행복을 접어놓고 자신의 행복이 아닌 다른 목표, 즉 타인의 행복이나 인류의 진보, 예술이나 기타 취미를 이상적인 목표로 삼아 마음을 쏟는 사람들이다. 자신의 행복이 아닌 다른 것을 목표로 삼는 사람은 그 과정에서 행복을 발견하게 된다.

그의 주장대로라면 우리는 행복을 삶의 목표로 생각하되, 그것을 성취하기 위해서는 행복을 추구하지 말아야 한다. 결국 그는 행복 그 자체가 아니라 자신의 삶에 집중해야 함을 깨달은 것이다. 얼핏 말장난으로 들릴 수도 있지만, 중요한 것은 그가 그 한마디를 얻은 이후 방황을 멈췄고 평생 그 한마디를 가슴에 안고 살았다는 사실이다.

밀은 지적으로는 굉장한 수준에 도달한 사람이었다. 하지만 세 살 때 배운 희랍어도, 그리스 원서로 된 고전들도, 여덟 살부터 배운 라틴어와 유클리드 기하학 대수도, 열두 살 때 배운 논리학이며 경제학과 과세의 원리도 그에게 삶의 진리를 알려주지는 못했다. 그에게 삶의 진리를 깨닫게 해준 것은 오직 자신이 선택한 2

년간의 방황이었다. 방황하지 않고 얻을 수 있는 건 세상에 아무 것도 없다. 그가 수없이 넘어진 끝에 자신의 길을 찾아낸 것처럼 우리도 우리의 삶에서 방황을 멈추지 말아야 한다.

결국 우리를 사색하게 만드는 것은 우리가 가진 지식이 아니라, 우리가 가진 생각의 깊이다. 그리고 기억하라. 각 사람에게 가장 큰 자산은 그 사람이 넘어진 횟수의 합이라는 사실을 말이다.

매일 인문학 공부

07

일상

단 한 번뿐인
내 인생
허투루 낭비하지 않기

쓸데없는 일과 사람으로부터
내 시간과 노력을
지켜내는 방법

인생을 낭비하지 않으려면 무엇이 중요하고 무엇이 덜 중요한지 제대로 판단할 안목이 있어야 한다. 그런데 사람들은 비합리적 선택으로 아까운 시간과 노력을 자주 허사로 만든다. 하나 묻겠다. 만약 뉴턴이 길에서 휴지를 버렸다면 그가 세상에 내놓은 만유인력의 법칙은 아무런 의미가 없게 되는 걸까? 과학자의 일상이 아름다웠다면 더욱 좋겠지만 그들의 일상과 과학적 업적은 전혀 관계가 없다. 하지만 세상에는 그런 식으로 정보와 지식을 왜곡해서 주변 사람을 현혹하는 사람들이 많다.

일단 세상이 우리에게 전해주는 모든 지식과 정보에는 언제나 수많은 모순이 있다는 사실을 기억하자. 세상에 완벽한 것은 없으니까. 그러나 놀랍게도 모순 가득한 그것들이 무언가를 주장하려는 사람이나 단체의 손에 들어가면, 모순이 전혀 없는 것처럼 말끔히 가공된 상태로 나온다. 거기에 휩쓸려 자신의 아까운 인생을 소비하는 사람이 많다.

이는 인류가 생긴 후 변하지 않는 거짓된 삶의 방식과도 같다. 괴테가 살던 시대에도 마찬가지였다. 괴테의 조언을 지금 현실에 대입하면, 지식과 정보를 자신의 이익에 맞게 변형해 대중을 속이며 살아가는 이들의 방식을 이렇게 정리할 수 있다.

- 일단 자기 입맛에 맞는 정보와 지식을 선택한다.
- 가장 명백한 사실을 하나 선택한다.
- 명백한 사실을 자신이 추구하려는 목표와 교묘히 일치시킨다.
- 명백한 사실의 시선으로 지식과 정보를 재해석한다.
- 모순되는 부분을 어떻게든 명백한 대목에 결부시킨다.

겉으로는 그럴듯하게 보여서 구별하기 힘들다 보니 많은 사람이 속고 나중에 후회한다. 그러나 이렇게 개인 혹은 집단의 이익을 위해 가공된 못된 지식과 정보를 제대로 판단할 방법이 하나 있다.

- 그들이 주장하는 내용에서 사물이나 사건의 본질을 가장 잘 표현하는 부분을 찾아낸다.
- 그렇게 찾아낸 본질을 중심으로 다시 천천히 읽는다. 그럼 날

조된 부분이 하나하나 모습을 드러낸다.

거짓을 진실로 보이게 하는 과정은 5단계로 이루어졌지만, 반대로 그것이 거짓임을 알아내는 데 필요한 과정은 2단계면 충분하다. 거짓을 진실처럼 꾸미기 위해서는 복잡한 과정이 필요하지만, 그것이 진실인지 아닌지 구분하는 과정은 언제나 단순하기 때문이다.

"○○을 하면 쉽게 돈을 벌 수 있습니다."

한번 생각해보라. 돈을 쉽게 벌 수 있다는 문구로 유혹하며, 당신에게 돈을 요구하는 수많은 사람들의 본심은 무엇일까? 결국 이 문장에서 본질이 될 표현은 '쉽게'라고 볼 수 있다. '쉽게'를 중심으로 글을 다시 읽으면 이 글을 쓴 사람의 의도를 빠르게 간파할 수 있다.

정말 그 일을 해서 돈을 벌 수 있다면, 그는 지금 왜 누군가를 가르치려고 하는 걸까? 세계 평화를 위해서? 이유는 간단하다. 직접 하는 것보다 가르치는 게 돈이 되니까. 물론 정말 세계 평화를 위해서 하는 사람도 있다. 그러나 그런 사람은 쉽게 보기 힘들다. 세상 일이 모두 그렇다. 헛된 욕심을 버리면 속이 보인다. 그런 욕망으로 우리를 자극하는 사람에게서만 멀어져도 우리는 원하는 것을 더 많이, 근사하게 성취할 수 있다.

현명한 사색가가
관계를 설정하고
대처하는 법

세상을 보면 실력 있는 사람은 자꾸 뒤처지고 이류 수준의 사람이 높게 평가되는 이해할 수 없는 일이 자주 발생한다. 이는 어떤 분야에서나 마찬가지로 일어나는 현상이다. 이유가 뭘까? 일류를 알아볼 수 있는 현자의 숫자는 언제나 적기 때문이다.

인간은 자신이 범접할 수 없는 월등한 사람에게 찬사를 보내지 않는다. 그건 그가 나쁘거나 악의가 있어서가 아니다. 매우 슬픈 사실이지만, 우리는 자신이 이해하는 것만 볼 수 있으며 인정할 수 있다. 그래서 스스로 그 능력을 측정할 수 없는 사람에게는 어떤 찬사도 보낼 수 없다.

세상에는 삼류 수준에 만족하는 사람도, 이류 수준에 만족하는 사람도 있다. 그들에게 일류를 강요할 필요는 없다. 그들 눈에는 차이가 보이지 않으며, 그들 내면에는 담을 수 없는 것들이기 때문이다. 인간은 자신이 할 수 있는 것만 치켜세우며 칭찬할 수밖에 없으니, 싸우거나 비난하지 말고 그저 그 정도의 수준이라고 생각하며 지나치는 것이 가장 현명하다. 중요한 것은 일류 수준에 도달하면 그 아래 수준에 있는 사람들의 의식과 성향, 삶의 태도까지 예상하며 짐작할 능력이 생긴다는 것이다. 그럼 우리는 이렇게 질문할 수밖에 없다.

"삼류 혹은 이류에 있는 사람은 어떻게 하면 일류 수준의 안목을 가질 수 있을까?"

먼저, 늘 마음속으로 '나보다 더 높은 경지에 도달한 사람들은 매우 많다'는 생각을 하며 일상을 보내는 것이 좋다. 그리고 주변 사람을 바꾸라. 어떤 모임이나 회의에서 상대방을 애써 설득하려 하지 않는 사람을 가까이 두라. 그는 일류일 가능성이 매우 높다. 그들이 잠시 손해를 보더라도 애써 상대를 설득하지 않는 이유는, 수준 높은 것을 받아들일 준비가 된 사람은 소수라는 사실을 알기 때문이다. 설명 단계에서 말이 통하지 않으면 의미가 없다는 것을 직감적으로 안다.

만약 현명한 사색가가 책을 내기 위해 편집자와 이야기를 나눈다면, 자신이 앞으로 무엇을 써나갈지에 대한 설명을 할까, 아니면 설득을 할까? 그는 결코 설득을 선택하지 않을 것이다. 상대방이 설명을 이해하지 못한다면, 그 기획은 어떻게 책으로 나온다고 해도 큰 반향을 일으키지 못하기 때문이다. 책을 만드는 사람이 자신을 설득하지 못한 채 낸 책이 과연 독자의 반응을 얻을 수 있을까? 시작부터 설득이 필요하지 않을 정도로 모두의 합의하에 강하게 밀어붙여서 나온 책이어야 비로소 자기 빛을 낼 수 있다.

그러므로 누구를 만나든 자신의 이야기를 설명 단계에서 그치는 사람을 곁에 많이 두라. 그래도 일류를 발견하는 데 실패할 수도 있으니, 하나의 검증 과정을 더 거치자. 그들이 사람들과 잘 다투지 않는다면 그는 일류일 가능성이 짙다.

현명한 사색가는 타인과 다툴 이유가 전혀 없다는 사실을 알고 있다. 그들이 볼 수 없는 것을 있다고 아무리 설득해도, 보이지 않는 게 갑자기 보이는 기적은 일어나지 않는다는 사실을 알기 때문이다. 그래서 그들은 생각 수준이 다른 사람들과 머물며 다투기보다는, 이 세상은 수준이 맞는 사람과 평화롭게 살기에 충분히 넓다는 사실을 기억하며 그들을 찾아 나선다.

모든 사람이 서로 다르게 생긴 것처럼 받아들일 수 있는 수준도 모두 다르다. 현명한 사색가들은 이 냉정한 사실을 빠르게 받아들이며 끊임없이 자신의 수준을 높이기 위해 애를 쓴다. 모든 관계와 대화에서 설득이 아닌 설명 단계에 머물러야, 스스로 자신의 수준을 높일 수 있다는 사실을 기억하라.

당신이 높은 의식 수준에 도달하면
그 수준에 맞는 세상과 사람을 만날 수 있다.

똑같은 일상을
특별하게 바꾸는
마법

　같은 능력을 가졌지만 이상하게 주변의 평가가 좋고 여기저기에서 많이 찾는 사람이 있다. 같은 내용의 글을 써도 더 많은 사람이 호응하고, 같은 곳에서 사진을 찍어도 특별히 더 기대하게 만드는 사람은 무엇이 다를까?

　답은 '다른 시각'이다. 같은 것을 봐도 다른 의미를 부여하고, 같은 음식을 즐겨도 그들의 입에서 나오는 표현은 다르다. 그래서 많은 사람이 자신의 생각보다, 그의 생각과 그의 느낌을 자꾸만 기대하게 된다. 그만의 특별한 표현이 매번 지켜보는 사람들을 깜짝 놀라게 만들기 때문이다. 그들의 경쟁력에는 대체 어떤 비밀이 숨겨져 있을까?

"사랑이란 무엇인가?"

누군가 이런 질문을 던지면 답하기 매우 어렵다. '사랑'이라는 단어가 유독 정의하기 힘든 감정이라서 그럴까? 아니다. '사랑'을 '사색'으로 바꾸거나, '행복'으로 바꿔도 마찬가지로 답은 쉽지 않다. 이유는 그것이 명사이기 때문이다. 명사로 질문하면 왜 답하기 힘들까? 나는 20여 년 전에 쓴 책에서 사랑을 이렇게 표현한 적이 있다. "나는 사랑을 묻지 않는다. 다만, 사랑을 하러 간다."

내 문장에는 어떤 특징이 있다. 마찬가지로 같은 장면에서도 특별한 표현을 생각해내는 사람들은 역시 나와 같은 특징이 있다. 바로 명사를 대하는 마음이다. 나는 지금까지 한순간도 명사를 좋아한 적이 없다. 명사 그 자체에는 아무런 의미가 없다고 생각하기 때문이다. 그것은 세상이 정의한 단어에 불과하다.

우리는 모두 자신이 질문해서 나온 답을 실천하며 살게 된다. 결국 명사로 질문하며 사는 사람은 그 의미를 만든 사람의 테두리 안에서 살아가게 된다. 스스로 정의한 단어가 아니기 때문이다. 스스로 정의한 단어가 없는 삶은 자유가 없는 일상과 같다. 일상은 우리가 가진 모든 것인데, 그 모든 것이 자신의 것이 아닌 셈이다. 그런 삶에서 벗어나려면 동사로 질문해, 자신이 경험한 것을 스스로 정의할 수 있어야 한다. 그럼 그 단어는 자신만의 것이 된다.

우리는 언제나 누군가의 사랑이 아닌, 자신의 사랑을 말할 수 있어야 한다. 그게 바로 자신으로 사는 삶의 시작이다. 사랑 하나도 자신의 방식으로 정의할 수 없다면 그 삶의 가치는 빛나기 힘들다.

그러므로 어떤 것의 의미를 제대로 알고 싶거나, 무언가를 자기만의 방식으로 바라보며 표현하고 싶다면, 우리가 기억해야 할 문장은 단 하나다.

명사로 묻지 말고 동사로 질문하라.

이 문장을 어떻게 일상에서 실천할 수 있을까? 지난 10년 넘게 사색을 강조하며 가장 자주 받는 질문은 "사색이 무엇인가요?"였다. 대답할 말은 물론 명확하게 있지만, 질문자는 내 답을 아무리 들어도 이해하기 힘들 것이다. 나의 실천에서 나온 나만의 답이기 때문이다. 같은 곳에서 특별한 것을 발견하며 스스로 자신을 성장으로 이끄는 사람들의 질문은 다르다. 그들은 모든 호기심을 동사형으로 바꿔 이렇게 묻는다.

"사색을 실천하기 위해서 하시는 일이 무엇인가요?"

그들의 질문에는 살아 움직이는 열기가 있다. 이유는 간단하다. 사색이 중요하다는 사실을 인지한 상태에서 스스로 그것을 실천하려고 노력한 기간이 있기 때문이다. 말로만 끝내는 사람은 언제나 명사로 질문하고, 실제로 경험해본 사람은 동사로 질문한다. 그래서 더 예리하고 더 섬세하다. 그리고 서로 경험해봤기 때문에 금방 말이 통한다.

당신의 일상을 뜨거운 동사로 가득 채우라. 명사로 묻는다는 것은 상대가 알려준 대로 살겠다는 노예 계약과도 같고, 동사로 질문한다는 것은 상대가 알려준 답을 통해 자신이 살아갈 세상을 스스로 개척하겠다는 강력한 의지를 보여주는 것이다. 그러므로 명사형 질문은 타인이 설계한 세상에서 자신이 노예인 줄도 모른 채 살아가게 하고, 동사형 질문은 스스로 설계한 세상에서 누구와의 경쟁도 허락하지 않고 주인이 되어 살게 한다. 살기 어려운 세상일수록 질문은 우리에게 힘을 준다. 동사형 질문이 당신의 일상이 되게 하라.

사랑도, 사색도, 행복도 그 무엇도 묻지 말라.
그저 그것을 하러 가라.

내 삶의
원칙을 지켜주는
루틴의 힘

세상의 기준으로 보면 매우 날씬한 편인데 "아, 요즘 너무 살이 쪄서 고민이네"라며 푸념하는 사람이 있다. 아니, 매우 많다. 볼 때마다 늘 놀랍다. 정작 보기만 해도 비만이라는 것이 느껴지는 사람들은 별 말이 없는데, 평균 이하의 체중인 사람들이 오히려 살이 쪘다며 고민한다. 그렇게 고민하는 사람들 중 절반 이상이 날씬한 이유는 뭘까? 그들은 오히려 자신의 날씬한 외모를 그런 방식으로 자랑하는 게 아닐까? 아니다. 자랑이 아니라 정말 심각하게 고민하는 문제일 가능성이 높다.

나는 강연장에 가기 위해 열차를 탈 때 먹을 것을 아무것도 들지 않고 탄다. 커피나 생수도 없이 열차에 오른다. '열차를 탄다'

라는 말은 내게 '오랫동안 앉아 책을 읽고 사색하며 글을 쓴다'라
는 의미이기 때문이다. 하지만 '열차를 탄다'라는 말이 '풍경을 바
라보며 배부르게 식사를 하고 조용히 잔다'라는 말과 연결되는 사
람도 있다. 실제로 종착지에 도착했는데도 금방 잠에서 깨어나지
못하는 사람을 많이 보았다.

모두의 선택과 기쁨은 저마다 다르다. 인생은 자신이 좋아하는
것을 선택하고 거기에서 각자의 만족을 느끼는 일이기 때문이다.
좋은 풍경을 바라보며 식사를 즐기고 기분 좋게 잠들었다면 그것
도 그 사람에게는 의미 있는 시간이다. 그래서 나는 내게 중요한
'깊은 사색'과 '치열한 독서', '규칙적인 글쓰기'를 잊지 않기 위해
일상 곳곳에 그것들을 입력해두고 지키며 살고 있다. 의식적으로
노력하지 않아도 조금은 수월하게 지킬 수 있게 일종의 루틴으로
생각하고 실천하고 있는 셈이다.

가끔 주변에 사람이 없을 때면 잠시 셔츠를 살짝 올리고 내 배
를 확인하거나 지방이 어느 정도 있는지 옆구리를 잡아보기도 한
다. 하루 중 몇 번 반복하는 행동이다. 눈과 손으로 선명하게 확인
하지 않고 살면, 사람은 곧 몸이 편안한 대로 살게 되어 균형을 잃
기 때문이다. 언제나 섬세한 시선으로 나를 바라보기 때문에, 나
는 그 루틴 속에서 살이 500그램만 쪄도 쉽게 그 무게를 느낄 수
있다. 1년 동안 어렵게 관리한 몸도 1주일이면 쉽게 망가진다. 언
제나 자신이 정한 삶의 목표가 일상에서 쉽게 이루어질 수 있게
루틴을 정하고 그걸 확인하는 과정이 필요하다. 그게 운동이든 사

색이든 말이다.

일상의 루틴은 매우 중요하다. 그것이 곧 그 사람의 현재와 미래를 보여주는 미리보기와도 같다. 가장 소중하며 지키고 싶은 것이 있다면 루틴으로 만들어 섬세하게 관리하자. 루틴은 인간이 자신을 얼마나 사랑하고 있는지를 표현하는 가장 합리적인 방법이다. 헛된 욕망이 나를 지배하지 않게, 자극적인 유혹에 넘어가지 않게, 나를 지켜줄 루틴으로 원하는 삶을 자신 있게 창조하자.

당신에게 사랑하는 꿈과 목표가 있다면,
그것을 잘게 쪼개 몇 개의 루틴으로 만들어보라.
일상이라는 위대한 기적이
그 꿈과 목표가 이루어지게 도울 테니까.

당신을
아무에게나
허락하지 말라

하늘은 어디서든 푸르다. 그러나 그것을 깨닫기 위해 세계 구석 구석을 돌아다닐 필요는 없다.

괴테의 말이다. 이것을 인간의 영감과 아이디어의 중요성을 말하는 문장으로 해석할 수도 있지만, 괴테의 마음을 잘 아는 나는 이것이 관계에 대한 이야기라고 확신한다. 괴테는 워낙 유명했기에 평생 그의 주변에 다양한 종류의 사람이 매우 많이 오갔다. 사람을 사랑하는 마음이 있어야 좋은 글을 쓰며 깊은 사색을 할 수 있다는 사실을 누구보다 잘 알았던 그는, 그렇기 때문에 더욱 주변 사람에 대해 많은 신경을 썼다.

모든 사람을 포용할 것처럼 보이는 사람일수록 오히려 관계에 까다롭다. 맞지 않는 한 사람이 자기 인생에 어떤 영향을 주는지 누구보다 잘 알기 때문이다. 그들은 각자 다른 나라에서 살고 있지만, 이런 식의 비슷한 이야기를 남겼다.

아무에게나 마음을 주지 말라.
주변 사람이 곧 당신의 수준이다.
쉽게 관계를 맺지 말라.

나는 사람과의 관계에서 "이미 알고 있는 것을 확인할 필요는 있다"라는 문장을 실천하며 살고 있다. 사람보다 소중한 재산은 없기에 사람을 더욱 깊이 연구하며 관계를 세심하게 만들어 나간다. 이를테면 나는 사람을 세 번까지만 믿는다. 그건 일적이든 사적이든 모든 관계에서 통용되는 사항이다. 그 기간 동안 나는 어떤 일이 생겨도 그를 믿을 것처럼 완전히 지지하며 모든 마음을 쏟아 그를 바라본다. 주변 사람들이 "저 사람 사기꾼이야"라고 비난해도 내게 전혀 무해한 사람을 대하듯 온전히 믿고 지지한다. 하지만 내 견해가 반영되지 않을 경우, 그게 세 번 반복될 경우 다시는 보지 않을 사람처럼 완전히 관계를 정리한다. 굳이 정리한다는 표현도 사용하지 않는다. 곁에 있어도 없는 사람처럼 대하기 때문이다. 나는 세 번까지는 매우 따스한 사람이지만, 세 번 이후에는 누구보다 차가운 사람이다.

인간은 모두 개인적인 존재다. 누구도 모든 사람에게 평생 좋은 사람으로 남을 수는 없다. 그건 오히려 형벌과도 같다. 타인의 기분을 만족시키며 눈치를 보기 위해 태어난 사람은 세상에 없기 때문이다. 우리는 결코 모두를 만족시키기 위해 태어나지 않았다. 같은 것을 추구하고, 의식 수준이 맞고, 비슷한 경향을 보이는 사람과 서로 사랑하기 위해 태어났지, 맞지 않는 사람과 애를 쓰며 살기 위해 태어난 것은 아니다.

물론 내가 세 번의 기회를 준다는 것이 오만하게 들릴 수도 있다. 조금 더 세밀하게 표현하면 나는 세 번의 기회를 주는 것이 아니라, 세 번의 사랑을 전하는 것이다. 그 사랑에 최대한 많은 마음을 담아 전한다. 아무리 사랑해도 맞지 않는 사람은 존재한다. 하지만 완전히 마음에서 버리는 것은 아니다. 세 번의 사랑과 믿음의 순간이 지나 그의 존재를 완전히 잊어도, 그의 마음은 계속 소중하게 간직하고 있다. 온갖 중독과 편협한 태도, 악의적 선택, 고집이 나와 맞지 않았을 뿐이지, 내게 준 그의 마음은 고마운 것이기 때문이다.

뭐든 자연스러운 것이 가장 아름답다. 그것은 자연이 아름다운 이유와 맞닿아 있다. 애쓰는 관계는 마음을 피폐하게 만들고 사람을 힘들게 한다. 굳이 살기도 힘든 자신을 애쓰게 만들 이유는 없지 않을까? 가장 좋은 사람은 자기 자신에게 좋은 것을 주는 사람이다. 스스로 평온한 마음을 유지할 수 없다면, 누구에게도 따스함을 주기 힘들다. 그러니 아무에게나 당신을 허락하지 말라. 또한 괜히 마음 아파하지도 말자. 그에게 실망하는 시간조차 아깝다. 오히려 소중한 마음의 가치를 모르는 그를 안타깝게 여기고 기도하고 보내주자. 아무에게나 당신의 마음과 시간을 허락하지 말라.

멀리, 깊이, 높이 바라보자.
세상은 넓고 사랑할 사람도 많다.

세상의 규칙을
내게 맞게 변형하는
7가지 생각법

"열등감은 나쁜 것인가?"

"두려운 마음은 사람에게 어떤 영향을 미치는가?"

이런 문제에 대해 생각해본 적이 있는가? 아마 세상이 가르쳐준 대로 열등감은 자신을 망치는 감정이며, 두려움은 빠지지 않아야 할 느낌이라는 것만 기억하며 살고 있을 가능성이 높다. 하지만 그렇게 자신의 경험과 지성이 녹아들지 않은 단어를 들고 살아가는 것은 위험하다. 자신도 모르게 타인이 설계한 세상의 말을 잘 듣는 심부름꾼으로 살 수도 있기 때문이다.

단어와 표현을 대하는 방식을 완전히 바꿔야 한다. "나는 왜 일을 제대로 못하는 걸까?"라는 열등감은 새롭게 일을 처리하는 특별한 방법을 찾는 데 도움이 되고, "이번 일이 제대로 되지 않으면 어쩌지?"라는 두려운 마음은 "그래도 열심히 했으니 도전해보자!"라는 용기를 만들어준다. 열등감과 두려운 마음은 나쁜 것이 아니라, 자기 안에 없던 새로운 방법과 용기를 심어주는 좋은 도구인 셈이다. 세상 어떤 부정적인 감정과 표현도 긍정적으로 바꿀 수 있다.

쉬운 일은 아니다. 매우 오랜 기간 훈련한 사색가만이 도달할 수 있는 지점이기도 하다. 하지만 차근차근 일상을 바꾸겠다는 생각이 있다면 그리 어려운 일도 아니다. 자, 시작해보자. 이미 세상에 존재하는 정의와 규칙을 자기 삶에 맞게 지혜롭게 바꿔서 생각하려면, 다음에 제시하는 7가지 생각 지침을 내면에 깊이 담고 녹여내야 한다.

새로운 것을 구하지 말고 있는 것을 활용하라.

세상을 다르게 바라볼 수 있는 능력은 이미 내면에 충분히 쌓여 있다. 문제는 새로운 것을 구하려는 태도가 아니라, 이미 존재하는 것을 꺼내 새롭게 활용하려는 의지를 다지는 것이다. 이것은 생각보다 매우 중요하므로, 삶의 원칙처럼 마음에 새겨두면 좋다.

변화를 기다리지 말고 스스로 변해야 한다.

누구나 아는 당연한 말이다. 하지만 쉽게 되지 않는 이유는, 기다리면 자신이 원하는 세상이 올 거라는 헛된 희망 때문이다. 변화는 물처럼 흐르는 것이라, 어디에서 어디로 가는지 짐작할 수 없다. 우리가 짐작할 수 있는 유일한 것은 우리 자신의 생각과 움직임뿐이다.

과거를 그리워하지 말고 현실에 몰입하라.

최근의 팬데믹 이후 자주 나타나는 현상이다. "다시 예전처럼 돌아갈 수 있을 거야"라는 생각으로 자꾸만 과거를 회상하면 나아지는 게 없다. 우리가 사는 공간은 바로 여기 현실이다. 물론 과거로 돌아갈 수 있을지도 모른다. 하지만 그건 개인이 어찌할 수 있는 문제가 아니다. 그러니 우리는 더욱 개인에게 주어진 유일한 자산, 즉 일상에 집중해야 한다.

환경을 불평하지 말고 비교 대상을 바꾸자.

환경을 불평하는 것은 비관론자의 특징이다. 그들의 눈에는 새로운 기회가 보이지 않는다. "이런 시기라서 불가능해." "저 사람 때문에 힘들어." "가진 게 없어서 쉽지 않아." 이런 표현은 결국 어떤 대상과의 비교에서 나온 비관론이다. 그렇다면 비교 대상을 바꾸면 된다. 시기가 문제라면 시기를 대상으로 삼지 말고, 지금이라서 유리한 것을 대상으로 삼자.

출발한 후에는 출발지는 잊고 목적지만 보라.

세상의 규칙을 자신에게 맞춰 바꾸려면 현실을 직시하며 앞으로 나아가야 하는데, 자꾸만 뒤를 돌아보면 아무것도 할 수가 없다. "내가 가는 이 길이 맞을까?", "내 선택에 문제가 있었던 게 아닐까?"라는 후회는 전혀 도움이 되지 않는다. 출발했다면 지금 발을 내딛는 곳에만 집중하라. 그래야 목적지를 바라보며 거기에 맞게 현실의 것들을 변주할 수 있다.

시대의 변화는 개인의 용기에서 시작한다.

당신은 삶에서 무엇이 가장 소중하다고 생각하는가? 아마 다들 하나 정도는 쉽게 말할 수 있을 것이다. 그런데 문제는 그것을 세상에 말하고 외칠 용기를 내지 못한다는 것이다. 나도 처음 사색을 말하고 다녔을 때 "살기도 힘든데 사색? 팔자 좋은 소리 하고 있네"라는 핀잔을 들었다. 그래도 나는 용기를 냈다. 반드시 세상에 사색이 필요하다고 생각했기 때문이다. 누구에게나 그런 게 하나쯤은 있다. 세상에 그것이 저절로 이루어지기를 바라지 말고, 당신이 그 변화를 주도하라.

주어지는 감정을 어떻게 느끼는지에 따라 일상의 수준이 달라진다.

우리에게 가장 중요한 것은 결국 일상이고, 그 일상을 가득 채우는 것은 온갖 종류의 감정이다. 한 사람이 일상을 살며 느낀 감정의 합이 그 사람의 인생 방향을 결정하는 셈이다. 살다 보면 "저 사람은 왜 내게 못된 소리만 하는 걸까?" 싶은 사람을 종종 만나게 된다. 그러나 감정이나 단어는 자신의 성질을 결정할 수 없다.

상대가 던진 감정과 단어를 "내가 가진 목표가 멋져서 저 사람이 부러워하는구나"라는 식으로 내가 추구하는 삶에 맞게 변형해서 받아들이면 된다.

  가장 중요한 것은 자신의 가치를 스스로 발견하는 것이다. 생명을 가진 인간에게 가장 큰 재앙은 자신의 가치를 제대로 모르는 것이다. 자신을 실제보다 못하다고 생각하는 것, 실제보다 낫다고 생각하는 것 모두 잘못이다. 자신의 가치를 세상에 주장하려면 자신의 수준을 정확하게 알아야 한다. 자신도 모르는 가치를 세상에 보여주거나 주장할 수는 없다.

― 사색 독서 ―

『프랭클린 자서전』

벤자민 프랭클린

1706년, 한 남자가 가난한 인쇄공의 아들로 태어났다. 그는 먹고사는 것조차 쉽지 않은 집안 형편 때문에 2년 남짓의 정규교육을 받은 게 전부였다. 하지만 자신의 삶을 개척해 나가기로 결심한 그는 12살이라는 어린 나이에 인쇄소 견습공으로 들어갔다. 형이 발간하는 신문에 필명으로 글을 게재하다가, 17살에는 각고의 노력 끝에 자신의 인쇄소를 경영하게 되었다. 이때 "시간은 돈이다", "하늘은 스스로 돕는 자를 돕는다" 등의 명언이 실린 『가난한 리처드의 달력』이라는 책을 출간해 사람들에게 감동을 주었다.

이후 《펜실베이니아 가제트》라는 신문을 발행하고, 1736년부터는 펜실베이니아 의회 서기로 일하다가 이후 체신부 장관까지 오른다. 하지만 그는 현재에 만족하지 않고 프랑스어, 이탈리아어, 스페인어, 라틴어를 배우며 영어를 포함해 5개 국어를 구사할 수 있는 능력을 기른다. 또한 미국의 독립전쟁 때는 토마스 제퍼슨과 함께 미국독립선언문을 완성하기도 했다. 이렇게 단 하루도 성장을 멈추지 않는 삶을 살았던 그는 바로 100달러짜리 지폐의 주인공인 벤자민 프랭클린이다. 그는 평생을 이런 마음으로 살았다.

마음속에 식지 않는 열정과 성의를 갖자. 그러면 일생이 빛을 얻게 될 것이다. 아무리 친한 벗이라도 자기 자신에게서 나온 정직과 성실만큼 자기 자신을 돕지 못한다. 백 권의 책보다 단 하나의 성실한 마음이 사람을 움직이는 데 보다 큰 힘이 될 것이다.

그는 인쇄업자, 출판업자, 정치가, 연설가, 과학자 등 평생 다양한 직업을 가졌다. 하지만 무엇보다 중요한 것은 어떤 일을 하든 최고의 성취를 이뤄냈다는 사실이다. 그는 어떻게 그런 엄청난 업적을 다 이룰 수 있었을까? 그의 자서전을 살펴보면 답을 알 수 있다. 그는 다음과 같은 조언을 하며 시대를 뛰어넘는 지혜를 보여준다.

해야 할 일은 하기로 결심하고, 결심은 꼭 이행하라.
태만은 천천히 움직이므로 가난이 곧 따라잡는다.
게으른 자여, 일어나라! 잠은 죽어서 자라.

먹기 위해 살지 말고 살기 위해 먹으라.

옷을 살 때는 환상을 좇지 말고 지갑과 먼저 의논하라.

무엇이든 마찬가지다. 어떤 일을 제대로 하기 위해서는 그 일을 하는 데 필요한 시간을 충분히 확보해야 한다. 사색도 마찬가지다. 홀로 사색할 수 있는 시간을 많이 가진 자만이 좋은 사색가가 될 수 있다. 우리가 그를 배워야 하는 이유가 여기에 있다. 그는 평생을 자신이 고안한 방법을 통해 최대한 시간을 허비하지 않고 자신의 능력을 100퍼센트 활용하며 살았다. 그의 조언은 우리가 삶을 최대한 효율적으로 살기 위해 반드시 기억해야 할 것들이다.

고통을 즐길 수 있는 자의 웃음보다 아름다운 것은 없다

사실 자서전은 과장되기 마련이고, 자랑만 가득할 확률이 높다. 하지만 그의 자서전은 전혀 다르다. 그가 남긴 행적이 아니라, 그가 사물을 바라보며 사색하는 방법이 많이 소개되어 있다.

그는 거의 하루 종일 사색에 빠져 살았다. 하루는 수영이 왜 몸에 좋은지에 대해 사색해보고, 하루는 잠잘 때 문을 열어 공기를 통하게 하는 것이 수면 시간에 어떤 영향을 주는지 연구하는 등 수많은 현상과 사물을 대상으로 사색했다. 그런 그의 사색하는 습관은 그가 조금 더 효율적으로 사는 데 큰 역할을 했다. 그가 강조한 시간을 효율적으로 쓰는 방법을 단지 자기 계발 기술 중 하나로 치부한다면, 당신은 이 책이 지닌 가치의 10분의 1도 발견하지 못할 것이다. 치열한 그의 사색의 깊이를 느껴야 한다.

일할 때 역시 마찬가지다. 런던의 한 인쇄소에서 일하던 어느 날, 그는 상식에 맞지 않는 상황을 보게 되었다. 당시 인쇄소 일은 굉장한 체력을 필요로 했는데, 놀랍게도 다수의 직공들이 힘을 내기 위해서는 맥주를 마셔야 한다며 식사 때마다 맥주를 한잔 마셨다. 공장에는 직공들에게 맥주를 갖다주는 맥줏집 종업원이 항상 대기하고 있을 정도였다. 하지만 그 상황을 보며 깊게 사색한 그는 그것이 매우 나쁜 습관이라고 생각했다. 당시 맥주를 마시지 않는 그는 큼직한 조판들을 양손에 하나씩 들고 계단을 오르내렸지만, 맥주를 마신 직공들은 힘을 쓰기는커녕 조판 하나도 겨우 들고 옮길 뿐이었다. 결국 맥주와 힘은 전혀 상관관계가 없었다.

직공들은 한 조각의 빵을 먹는 것보다 한 잔의 맥주를 마시는 게 더 힘이 난다고 말했다. 하지만 언제나 취해 있던 그들은 일을 제대로 하지 못했고, 결국 가난에서 벗어나지 못한 채 살아야 했다. 이를 통해 프랭클린은 가난과 자제력 사이의 어떤 상관관계를 발견할 수 있게 되었다. 프랭클린은 생각하는 방법을 몰라 오류에 쉽게 빠지는 사람들을 보며 차라리 그들이 민감한 본능을 타고났더라면 좋았을 것이라고 생각했다.

프랭클린의 사색은 언제나 긍정적인 부분을 바라보며 세상에 도움이 될 지혜를 발견해냈다. 하루는 책을 읽으며 이런 생각에 빠졌다.

사실 나는 '자랑하는 말은 아니지만' 하는 따위의 서두 다음에 곧바로 자랑거리가 들어 있는 말이 뒤따르지 않는 경우를 거의 듣거나 본 적이 없다. 대부분의 사람들은 자신들이 강한 자만심을 가지고 있으면서도 남의 자만심을 싫어한다. 그러나 나는 그런 자만심에 맞닥뜨릴 때마다 매우 관대하게 대했다. 자만심은 그것을 갖고 있는 사람과 그 사람의 활동 범위 안에 있는 사람에게 종종 이로운 것이라고 믿기 때문이다. 따라서 생활의 다른 여러 즐거움들 중에서 자만심을 지닌 것을 하나님께 감사한다고 해도 아주 불합리한 것은 아니다.

보통 사람들이 타인에게 관심을 주는 이유는 상대의 단점을 발견하기 위함이다. 하지만 그는 단점 안에서도 장점을 발견해냈다. 단점은 눈에 잘 보인다. 그래서 그저 바라보기만 해도 단점은 잘 잡히지만 장점은 잘 보이지 않는다. 몸에 좋은 것이 입에 쓰듯, 인생에 도움이 되는 건 쉽게 보이지 않는다. 하지만 그는 엄청난 사색을 통해 타인의 단점 안에서도 장점을 발견해냈고, 그걸 자신의 삶에 적용했다.

내가 지금까지 살면서 정말 지겹도록 들었던 말이 두 가지 있다.
"슬픈 음악을 좋아하시네요. 밝은 음악을 좀 들어보세요."
"사진 찍을 때 좀 웃어보세요. 웃으면 복이 온다잖아요."
이어령 박사는 최근 사진가의 "좀 웃어주세요"라는 주문에 "사색가는 사진 찍을 때 웃지 않는다"라는, 내가 평소 늘 생각하던 말을 했다. 그 말은 이해할 수 있는 사람만 알 수 있는 매우 고차원적인 언어의 결합이었다. '사색가'와 '웃지 않는다'를 단순히 연결만 한 것이 아니다. "어떻게 해야 그 말을 쉽게 설명할 수 있을까?" 거의 6개월 넘게 사색하며 나는 깨달았다. 그리고 마음으로 이해한 것을 이렇게 글로 표현할 수 있게 되었다.

> 내 안에 기쁨이 가득하기 때문에
> 슬픈 음악을 즐길 수 있고,
> 내 안에 복과 운이 가득하기 때문에
> 굳이 웃음으로 복을 받을 이유가 없다.
> 그런 사람이야 말로 누군가의 강요에 흔들리지 않고
> 순간의 감정을 자유롭게 표현하며 즐길 수 있다.

세상에는 웃지 않아도 기분 좋은 느낌이 전해지는 사람이 있다. 슬픈 음악을 자주 듣지만 이상하게 포근한 마음이 느껴지는 사람이 있다. 그건 그 사람이 그것을 깊이 즐기며, 일상의 자유를 만끽하며 산다는 증거다. 괜히 다른 사람의 눈치를 보며 아까운 일상을 낭비할 필요는 없다. 일상과 시간을 사랑했던 철학자 벤자민 프랭클린은 당신에게 이런 조언을 한다.

인생을 사랑하는가? 그렇다면 시간을 낭비하지 말라. 시간은 인생을 구성하는 재료이기 때문이다. 똑같이 출발했는데, 세월이 지난 뒤에 보면 어떤 이는 뛰어나고 어떤 이는 낙오되어 있다. 이 두 사람의 거리는 좀처럼 가까워질 수 없게 되어버렸다. 이것은 하루하루 주어진 자신의 시간을 잘 활용하였느냐, 허송하였느냐에 달려 있다.

계획한 것을 세심하게 실천하도록 돕는 13가지 덕목

벤자민 프랭클린이 다양한 직업을 경험하며 최고의 자리에 오를 수 있었던 결정적인 열쇠는 일을 대하는 그의 남다른 태도에 있었다. 그는 어떤 일을 하든 할 수 있는 가능성에 대해서만 생각했다. 열여섯 살 때 그는 아직 결혼하지 않은 형과 도제살이를 하는 사람들과 함께 남의 집에서 하숙을 하고 있었다. 당시 건강에 관심이 많았던 그의 눈에 띈 책이 하나 있었는데, 트라이언이라는 사람이 쓴 채식을 권장하는 책이었다. 그의 이론에 매료된 그는 채식을 실천하기로 결심했다. 하지만 단체 생활이라는 게 그렇듯 그가 육식을 거부하면 불편한 일이 일어날 수밖에 없었다. 실제로 채식을 고집하는 괴팍한 행동으로 형에게 자주 꾸중을 들어야 했다. 하지만 그는 오랜 사색 끝에 할 수 있는 방법을 생각해냈다.

일단 밥 짓기, 즉석 푸딩 요리, 그 밖에 몇 가지 트라이언식 요리법을 익힌 후 형에게 자신의 식비로 매주 지급되는 금액의 절반만 준다면 자취를 하겠다고 제안하였다.

형이 찬성하자, 그는 바로 형이 준 돈의 반을 절약하는 방법을 찾아냈다. 그리고 절약한 돈은 책을 사는 데 보태기로 결정했다.

자취 생활은 그에게 또 다른 유익을 주었다. 형과 다른 사람들이 식사하기 위해 인쇄소를 비우면 혼자 남아서 비스킷 하나나 빵 한 조각, 한 줌의 건포도나 제과점에서 산 과일을 얹은 파이와 한 잔의 물로 식사를 간단히 끝낸 후, 일행이 돌아올 때까지 나머지 시간 동안 혼자만의 공간에서 공부에 전념할 수 있었다.

이런 과정을 통해 그는, 음식을 절제함으로써 한층 더 명석해지고 이해력이 향상된 머리로 효율적으로 공부할 수 있었다.

그는 자신이 처한 상황을 불평하는 대신 이겨 나갈 수 있는 방법을 찾아냈고, 모든 상황이 자신에게 유리하게 작용하도록 만들었다. 최대한 효율적인 삶을 살기 위해 평생을 노력했던 그에게는 삶의 원칙과도 같은 13가지 덕목이 있었다. 굉장히 단순해 보이는 지침이지만, 우리는 그저 글자만 읽는 데 그치지 말고 그가 시간을 효율적으로 관리하기 위해 자신의 하루를 얼마나 치열하게 사색했는지, 그 마음과 정성을 가슴으로 느껴야 한다. 그의 정신과 접선한다는 마음으로 읽어보라.

절제 심신이 둔해질 때까지 먹지 말고, 취할 때까지 마시지 말라.
침묵 자기와 남에게 무익한 말은 하지 말라. 말을 함부로 하지 말라.
규율 모든 물건은 일정한 장소에 두고, 모든 일은 규칙적으로 하라.

결단 하고자 하는 일에 과감하고, 일단 결심한 일은 꼭 실천하라.
절약 자기나 남에게 무익한 일에 돈을 쓰지 말라.
근면 시간을 낭비하지 말라. 항상 유익한 일을 행하고 무익한 일은 삼가라.
성실 거짓으로 남에게 해를 끼치지 말라. 어지러운 마음을 버리고 공정히 생각하고, 그 생각을 표현하라.
공정 해로운 일로 남을 해치지 말라. 해야 할 의무를 게을리함으로써 남에게 해를 끼치지 말라.
중용 무슨 일이든 극단을 피하라. 격분할 만한 일이 생기거나 해를 입더라도 참으라.
청결 신체나 의복, 주거를 불결하게 하지 말라.
평정 사소한 일, 또 피할 수 없는 일이 일어났을 때 마음의 평정을 잃어서는 안 된다.
순결 성에 탐닉함으로써 신체를 허약하게 하거나, 자기와 남의 평정이나 평판을 해치는 일이 없도록 유념하라.
겸손 예수와 소크라테스를 본받으라.

중요한 건 사색 이후의 실천이다. 그는 자신이 정한 13가지 덕목을 제대로 실천하기 위한 사색까지 하며 아주 자세한 실천 방안을 만들었다.

나는 작은 수첩을 만들어 거기에 덕목 하나당 한 쪽을 할애했다. 붉은색 잉크로 쪽마다 일곱 개의 세로줄을 긋고 한 칸마다 요일을 기입했다. 이 세로줄에 열세 개의 붉은 줄을 가로로 그은 다음, 각 줄 맨 처음에 각 덕목의 첫 글자를 써넣었다. 매일 각각의 덕목을 잘 지켰는지 점검해보고 잘못이 있으면 검은색 점으로 표시했다.

여기서 주목할 부분은 그가 급한 마음에 전부를 한꺼번에 다 하려다가 일상이 엉망이 되지 않도록, 한 번에 한 가지씩 흡수한 후 다음 덕목으로 옮겨가는 방식으로 13가지 덕목을 흡수해 나갔다는 점이다. 그는 위대한 일은 한순간에 일어나지 않음을 알고 있었다. 세상에서 가장 높은 산을 한 걸음에 정복한 사람은 없다. 분명한 목표를 세우고 세심한 계획에 따라 부단히 노력해야만 목표를 달성할 수 있다.

철학자처럼 사색하고, 농부처럼 일하라

하지만 13가지 덕목을 그대로 따라 하는 건 아무런 도움이 되지 않는다. 무작정 그의 가치를 따라 하는 것 자체가, 스스로 생각하는 힘이 없다는 증거다. 중요한 건 당신이 추구하는 가치를 발견하는 일이다. 스티브 잡스의 자서전을 쓴 월터 아이작슨은 프랭클린의 삶을 이렇게 평가했다.

프랭클린이 발명한 것 중에서 가장 흥미롭고 끊임없이 재창조되는 것은 바로 그 자신이다.

프랭클린을 따라 하는 것보다 먼저 해야 할 일은 내 안에 숨어 있는 거대한 자신을 발견하는 일이다. 그래야 그처럼 자신의 삶을 100퍼센트 살아낼 수 있다. 물론 그에게도 수많은 유혹이 있었다. 그가 신문사를 경영할 당시, 남을 비방하는 종류의 글을 실어달라고 부탁해오는 필자가 굉장히 많았는데 그는 늘 이렇게 응수했다.

꼭 필요하시다면 그 글은 별도로 인쇄해드리겠습니다. 그러나 몇 부든지 필자께서 배부하고 싶은 만큼만 인쇄하는 것이 좋을 것입니다. 나는 남을 욕하는 글을 퍼뜨리는 일은 맡고 싶지 않으니까요. 나는 유익하고 흥미로운 기사를 제공할 것을 독자에게 약속했으므로, 독자와 관계없는 개인적인 논쟁을 실을 수는 없습니다. 그런 일을 한다면 명백히 독자의 이익을 해치게 됩니다.

지금도 마찬가지지만, 당시 신문에도 누군가에 대한 비방이 가득했다. 앞뒤 생각 없이 가까운 나라의 정부나 친교가 두터운 우방의 행위까지 밝혀내 비방을 일삼았다. 하지만 그는 여기에 가담하지 않고, '해로운 일로 남을 해치지 말라'는 8번째 덕목을 떠올렸다. 그리고 공정한 신문을 만들기 위해 노력했다. 언제나 자신의 말과 행동을 점검하며 13가지 덕목이 삶에 자리 잡도록 노력한 그의 모습에서 우리는 진정한 사색가의 풍모를 느낄 수 있다. 물론 하루하루 생계를 위해 열 시간씩 일할 수밖에 없는 사람들이 많다는 걸 나도 알고 있다. 가난한 환경 때문에 교육을 받을 기회도 없고, 제대로 책을 읽을 수 없는 사람도 많다는 사실 또한 알고 있다. 나는 그럴수록 더욱 당신이 프랭클린이라는 튼실한 어깨에 기대기를 바란다.

그의 어깨에 기댐으로써 우리가 얻을 수 있는 최고의 이점은 이전과는 다른 하루를 보내게 된다는 것이다. 시간을 아껴 쓴다고 하면 보통은 빈틈없이 시간을 꽉 채워 쓰는 삶을 떠올릴 것이다. 하지만 그가 자신의 시간을 아끼는 방법은 남들과 조금 달랐다. 그에게는 서서 책을 읽고 글을 쓰는 아주 독특한 습관이 있었다. 이를 통해 스스로 긴장된 상태를 유지할 수 있었고, 삶에서 자제력을 훈련할 수 있었다. 많은 사람이 운동이나 독서를 할 시간이 없다고 말한다. 하지만 그는 불평하지 않고, 서서 책을 읽음으로써 동시에 두 가지를 해냈다.

시간을 굉장히 효율적으로 사용하는 그의 삶의 태도를 엿볼 수 있는 일화가 또 있다. 한번은 어느 외국 학자가 그의 이론을 반박하며 논쟁을 벌이려고 했다. 그가 굉장한 달변가라는 사실을 아는 대중은 그들의 논쟁을 기대했다. 하지만 그의 선택은 대중의 예상을 빗나갔다. 그는 논쟁을 원하는 외국 학자와 대중에게 이렇게 말했다.

공무 시간 틈틈이 겨우 떼어내서 쓰는 내 시간을 이미 끝난 일로 논쟁하는 데 허비하느니 차라리 새로운 실험을 하나라도 더 해 보는 게 낫습니다.

당신은 쓸데없는 일에 시간을 낭비하고 있지는 않은가? 자신이 옳다는 것을 증명하는 일조차 사실은 시간을 낭비하는 짓이다. 자신이 올바른 길을 간다는 것을 증명하는 것 역시 시간을 낭비하는 짓이다. 그 모든 건 다른 사람 그리고 세월이 저절로 증명해주기 때문이다.

하지만 많은 사람이 그처럼 행동하지 못하는 이유는, 자신의 감정을 제어하지 못하기 때문이다. 아무런 이득도 없지만, 내가 옳다는 사실을 반드시 증명해 보이고 싶다는 욕망에 빠지기 때문이다. 그는 이렇게 말한다.

최초의 욕망을 억제하는 것이, 그 뒤에 따르는 욕망 모두를 만족시키는 것보다 낫다.

하지만 그의 이런 조언에도 불구하고 자신을 제어하지 못하고, 의미 없는 다툼을 반복하는 사람들이 많다. 인간의 이성이란 참으로 편리하게도 자신이 하고 싶은 일을 할 때에는 뭔가 그럴듯한 이유를 찾고 만들려고 하기 때문이다. 그런 유혹이 당신을 찾아올 때 이 문장을 기억하면, 자신의 시간을 효율적으로 쓰는 데 도움이 될 것이다.

이 세상에 너 자신만큼, 자주 너를 배신하는 사람이 또 있을까?

수많은 성공자가 자신의 성공 비결을 말한다. 그들의 성공 비결은 굉장히 제각각이다.
"절대 포기하지 마세요."
"좋아하는 일을 찾으세요."
"시간을 낭비하지 마세요."
대부분의 사람들은 이런 반응을 보인다. "그걸 누가 몰라? 실천하는 게 힘들어서 그렇지."

성공은 많은 비결을 필요로 하지 않는다. 그들이 말하는 비결 중 단 하나라도 당신 삶에 적용해보라. 누구보다 빠르게 그들의 비결을 자신의 삶에 적용하는 것도 어떤 의미에서는 시간을 효율적으로 활용하는 방법일 수 있다. 우리가 성공하지 못하고 시간만 허비하는 이유는 그들의 비결 중 단 하나도 삶에 제대로 적용하지 못하기 때문이다.

"좋아하는 일을 찾으세요"라는 비결을 들으면 "도대체 언제까지 찾아야 하나요? 저는 좋아하는 일을 도무지 찾을 수가 없습니다"라고 말하며 포기하는 삶에서 벗어나라. 그럼 다른 비결을 적용하면 되는 것이다. 시간 관리를 잘하든, 죽어도 포기하지 않는 열정을 가지든, 뭐든 하나만 제대로 하면 된다. 프랭클린이 위대한 이유가 여기에 있다. 그는 남들은 하나도 지키기 힘든 덕목을 무려 13가지나 지키며 살았다. 인생은 자신이 만드는 것이다. 그는 어느 시대, 어느 장소에서 태어났어도 결국 위대한 사람이 되었을 것이다.

지금 당신의 하루를 점검해보라. 루소는 "철학자처럼 사색하고, 농부처럼 일하라"고 했다. 그 의미가 무엇이라고 생각하는가? 사색을 하며 사는 삶과 열심히 일하며 흘리는 땀의 가치만을 논하는 것은 아니다. 중요한 건 노력의 방향과 깊이 그리고 질이다. 루소가 말한 철학자처럼 사색하라는 말의 의미는 성공할 수밖에 없도록 당신의 계획을 철저하게 수립한 이후 농부처럼 그것을 이루는 데 전념하라는 말이다. 하지만 우리의 모습은 어떤가? 사색하며 계획을 철저히 세우고 있는가? 대부분의 사람이 사색은 없이 그저 농부처럼 일하는 데만 자신의 소중한 시간을 소비하는 게 현실이다.

생각이 변하면 행동이 바뀌고, 행동이 바뀌면 습관이 바뀐다. 그리고 습관이 바뀌면 마침내 인생이 바뀐다. 노력을 헛되이 만들지 말자. 당신도 그 기적을 만날 수 있기를 소망한다.

매일 인문학 공부

08

사랑

모든 삶은
단 한 번의 사랑으로
완성된다

사랑은
우리를 멈추게 하고,
멈출 때마다 귀한 것을 준다

여기, 한 마트에서 매우 특이한 광경이 펼쳐지고 있다. 돼지가 마치 인간처럼 카트를 밀며 쇼핑을 하는 것이다. 한 심리학 교재에 실제로 그런 실험을 해서 성공한 사진이 실려 있다. 카트 손잡이에 앞발을 올려놓은 돼지는 마치 사람처럼 먹이를 찾아 이동하고 있었다.

"아니 돼지가 그럴 수 있다고?"

믿지 못하는 사람도 많을 것이다. 심리학자 스키너가 "어떤 동물이든 그들은 보상과 만족감 같은 생명을 움직일 수 있는 수단에 의해 그 행위를 반복하고, 고통이나 충격과 같은 것들에 의해 그 행위를 피하게 된다"는 가설을 증명하기 위해 시작한 실험인

데 방법은 매우 간단하다.

- 모든 돼지가 처음에는 카트를 잡아 밀 수 없다.
- 처음에는 카트 근처에 올 때만 먹이를 던져 주었다.
- 다음에는 몸의 어떤 부위를 카드에 접촉할 때 주었다.
- 그 다음에는 카트 바구니를 만질 때만 주었다.
- 마지막에는 카트 손잡이를 만질 때만 주었다.

이를 반복했더니 돼지는 결국 사람처럼 카트 손잡이를 잡고 능숙하게 끌고 다닐 수 있게 되었다.

나는 스키너의 실험과 돼지가 카트를 끈다는 사실에는 별 관심이 없다. 먹이를 주자 돼지가 불가능한 일을 했다는 사실이 아닌, 먹이를 주자 자신의 욕망을 멈추지 못했다는 사실에 절망한다. 적당한 순간에 멈추지 못하는 돼지의 모습이 마치 우리와 닮았기 때문이다. 우리는 왜 각종 유혹 앞에서 멈추지 못하고 자꾸만 선을 넘는 걸까?

사랑하는 사람이 곁에서 책을 읽으면 나는 그가 책장을 넘기는 소리만 들어도 무슨 책을 어떤 눈으로 읽고 있는지 짐작할 수 있다. 사랑하는데 왜 모르겠는가. 그 사람의 표정과 마음을 이미 내 안에 담고 살고 있는데, 이런 날에 어떤 책을 어떤 속도로 넘기고, 그 마음이 어떤지 모를 수가 있을까? 진실로 사랑하면 그 대상이 사람이든 물건이든 그렇게 된다. 어려운 일이 아니다. 사랑은 그렇게 구분할 수 있는 것이 아니니까. 그냥, 안다. 저절로 알게 된다.

나는 아무리 짧은 유튜브 영상도 처음부터 끝까지 모두 시청한 적은 없다. 책도 다양하게 읽지 않고 1년에 1권만 읽는다. 이유가 뭘까? 시작해서 끝까지 보거나 읽지 않기 때문이다. 나는 멈추기 위해 시청하고 읽는다. 중독이란 뭘까? 그것은 사랑과 유사하지만 정반대에 존재하는 단어다. 사랑하는 사람은 적당한 때에 멈추지만, 중독된 사람은 멈출 줄을 모른다. 그저 자신이 가지고 있는 것을 다 주면 상대가 좋아할 거라고 생각하며, 받을 사람 마음은 생각하지 않고 욕망이 소멸될 때까지 멈추지 않고 준다. 자신이 무슨 짓을 저지르고 있는지도 모른 채 말이다. 그것은 마치 한 자리에 앉아 유튜브를 몇 시간이나 시청하는 것과 같고, 책을 멈추지 않고 끝까지 읽어내는 것과 같다.

나는 언제나 멈출 곳을 찾는다. 책을 읽기 시작해서 끝을 본다는 것은 무엇인가? 중간에 자신을 멈추게 할 영감을 발견하지 못했다는 뜻이다. 유튜브를 계속해서 시청하는 이유는 무엇인가? 3시간 동안 타인이 만든 먹방이나 격투기, 책 추천, 강연, 온갖 소식들을 멈추지 않고 시청했다는 것은 멈춰서 사색할 지점을 찾지 못했다는 뜻이다. 긴 시간 유튜브를 보고 난 후에 어떤 기분이 드는지 질문하면 보통 그들은 이렇게 답한다.

"즐거움을 위해서 시청을 했는데 기분이 더 안 좋아졌어요."
"제 소중한 시간을 길에 버린 기분입니다."

"뭘 봤는지 기억이 나지 않네요."

우리에게 사랑하는 사람과 물건 그리고 지식이 왜 있어야 하는가? 그것이 우리를 사는 동안 멈출 수 있게 만들어주기 때문이다. 우리는 음식만 주면 무엇이든 해내는 돼지가 아니다. 나는 온갖 유혹과 방해 속에서도 그 공간에서 혼자 멈출 줄 아는 사람을 사랑한다. 그는 무언가를 진실로 사랑하는 사람이기 때문이다. 우리는 이 공간에 태어났다. 그 이유는 매우 간단하다.

뜨겁게 사랑하라,
그리고 때때로 멈추라.
그때마다 귀한 것을 발견하리라.

어떻게
자기완성을 추구하며
살아갈 것인가?

인터넷에서 이런 이야기가 유행한 적이 있다. 한 친구가 "요즘 돈 때문에 걱정이야"라고 말하자, 그걸 듣던 지인이 이렇게 답한다. "돈은 잘 있으니, 네 걱정이나 해라."

그냥 웃고 말 수도 있다. 하지만 이 짧은 말 속에 우리가 추구해야 할 자기완성의 가치가 모두 녹아 있다.

일단 돈 걱정하지 않고 살고 싶다면, 돈이라는 대상이 아닌 그걸 원하는 자신의 가치를 생각하며 살아야 한다. 세상에는 온갖 재테크 수단이 있다. 그러나 많은 사람이 돈과의 승부에서 무참히 패배하는 이유는, 돈을 가지려는 욕망만 키웠지 그걸 대하는 손과 머리의 수준은 제대로 완성하지 못했기 때문이다. 그것은 아이의 손으로 농구공을 움켜쥐고 달리며 덩크슛을 노리는 것과도 같다. 우리는 지금 손의 크기와 속도, 점프력, 경험 등 모든 것이 갖춰지지 않은 상태다. 그렇다면 인생을 크게 걱정하지 않고 사는, 자기완성을 추구하며 사는 사람은 무엇이 다를까? 다음의 4가지 사항을 읽으며 그 경쟁력을 스스로 발견해보자.

자신을 제대로 알아야 한다.

어떤 일을 시작할 때 우리는 의욕이 충만한 상태로 뭐든 할 수 있다는 착각에 빠진다. 자기완성을 추구하는 자와 아닌 자의 결정적인 생각의 차이가 여기에서 드러난다. 성급한 보통의 사람은 시작과 동시에 목표로 삼은 대상의 안방에 도착했다고 생각하는 반면, 자기완성을 추구하는 자는 매우 오랫동안 목표를 추구하지만 자신이 여전히 목표물의 정원에도 도착하지 못했다는 사실을 안다. 그래서 그들은 더욱 차분하게 자신의 일상 전부를 목표로 정한 것을 성취하기 위해서 쓸 수 있다. 그런 삶을 살기 위해서 우리는 주변을 제대로 관찰할 수 있는 예리한 관찰자가 되어야 한다.

예리한 관찰자는 오래 버티는 사람이다.

보통은 예리한 사람을 두고 '문제를 쉽고 빠르게 해결하는 사람'이라고 생각하지만, 그건 사실과 전혀 다르다. 그들은 오히려 남들보다 매우 늦게 문제를 해결하며 남들이 지쳐 사라질 때까지 홀로 남아 문제를 뚫어지게 바라보는 사람이다. 성급한 마음으로 결론을 정하고 대상을 편협하게 바라보는 사람들은 자신의 생각과 바람을, 자신이 방금 보고 들은 것에 너무나 빠르게 그리고 쉽게 연결해서 뒤섞는다. 오랫동안 관찰하는 사람으로 머물지 않고 바로 심판자 위치로 넘어가는 것이다. 그런 태도로는 자신에게 닥친 문제를 풀 수 없다.

우리는 모두 자신을 심판하기 위해 태어났다.

심판은 어쩌면 인간의 욕망이다. 보통 관찰은 결국 결과를 토대로 타인을 비난하고 심판하기 위해 시작하기 때문이다. 그래서 충분히 관찰하지 않고, 충분히 시간을 투자하지 않고 서둘러 결론을 내린다. 그러므로 우리는 일상을 대하는 시각을 바꿔야 한다. 세상과 타인을 심판하려는 태도로는 자기완성을 추구할 수 없다. 우리가 사는 이유는 오직 하나, 자신을 극복하기 위해서다. 치열하며 고통스러운 표현이지만 세상과 타인을 아름답게 바라볼 수 있다면 그는 분명 자신을 완성할 수 있다.

어제의 확신은 오늘의 확신에 자리를 내어준다.

당연히 세상에 '완성'이란 없다. 그것은 사실 너무나 거창한 단어다. 우리는 누구나 자연 속에서 불완전한 존재이기 때문이다. 그래서 늘 어제와 오늘을 분리해서 생각하는 게 좋다. "그건 어제 이미 결론이 난 문제잖아"라는 완강한 태도가 아닌, "그건 어제의 결론일 뿐이지"라는 유연한 태도로 세상을 바라봐야 주변에 있는 모든 것에 귀를 기울일 수 있다. 그렇게 우리는 순간순간 자신의 부족한 점을 인식하며 그런 자신을 극복하려는 작은 의지를 불태우게 된다. 멈추지 않고 자신의 완성을 추구하게 되는 셈이다.

자기완성의 길은 어렵다. 대개 자신과의 고독한 대화로 이루어지기 때문이다. 마음이 맞는 사람과의 대화는 즐겁다. 고뇌를 사라지게 만들기 때문이다. 그러나 그것은 사라지는 것이 아니라, 잠시 그림자를 감춘 것에 불과하다. 대화가 주는 위안은 일시적이다. 결국에는 혼자 뛰어야 하고, 자신과 대화를 나눠야 한다. 자신이 지금까지 얼마나 먼 길을 뜨겁게 뛰어서 여기까지 왔는지는 오직 자신만 알고 있으니까.

또 하나, 타인의 인정을 받으려고 애쓰지 말자. 갈채를 받으려는 마음은 필시 자신에게 부담을 준다. 자신에게 박수를 보내는 마음으로 살아야 한다.

오늘 더 아름다워져라.
오늘 더 자신을 사랑하라.
당신 자신을 중심에 두고 하루를 시작하라.
그래야 견고한 내면을 완성할 수 있다.

누군가의 가치를
찾아낸다는 것에
대하여

바이마르 궁정의 극장 감독을 맡고 있던 괴테에게는 고민이 하나 있었다. 18세기 중반 당시 독일의 문화 수준이 영국과 프랑스 등 다른 유럽 국가보다 낮았다. 연극과 뮤지컬의 가치를 낮게 평가하는 경향이 있었고, 그로 인해 극단의 배우들 역시 자의식이 매우 약했기 때문이다.

그래서 괴테는 먼저 극단의 배우들을 차례차례 자신의 살롱에 초대했다. 거기서 끝이 아니었다. 그는 감독이었지만 마치 팬이 스타를 바라보듯 그들을 존경하는 마음으로 극진히 대했다. 절대 쉬운 행동이 아니었다. 당시 괴테는 『젊은 베르테르의 슬픔』을 통해 유럽에서 이름을 날리는 작가였기 때문이다. 하지만 그런 그가 고개를 숙이며 다가오자 그들의 자의식은 강해졌고, 자신이 감독과도 동등하게 소통할 정도로 가치가 있는 사람이라는 인식을 갖게 되었다. 쉽지 않았던 그 모든 과정이 끝난 후, 괴테는 자신의 목적을 이렇게 한마디로 압축해서 말했다.

나는 모든 배우들을 사람들의 존경을 받는 가치 있는 존재로 만들기 위해 노력했다.

그렇게 배우들의 자의식이 강해졌다. 강력한 자의식은 곧 카리스마가 되어 사람들의 존경을 이끌었고, 존경은 쌓여 배우들 모두를 빛내는 명예가 되었다. 그 과정에서 자연스럽게 극단의 예술성은 높아졌고, 괴테는 그 힘으로 망해가던 극장을 멋지게 성장시킬 수 있었다. 그가 먼저 자신의 허리를 숙여 상대의 가치를 인정하자, 모든 주변의 상황이 순식간에 긍정적으로 바뀐 것이다.

그러나 보통은 괴테의 방식을 따르지 않는다. "너의 가치를 찾아. 넌 분명히 가치 있는 존재이니까"라는 말로 자극과 용기를 주는 선에서 끝나기 때문이다. 하지만 그건 무책임한 말이다. 격려가 아닌 지시에 가깝다. 상대방 입장에서는 억압처럼 느껴져 오히려 성장하려는 의지를 버릴 수도 있다.

상대의 가치를 느끼고, 그것을 진실한 마음으로 전하기 위해서는 결국 서로의 마음을 잇는 사랑을 인식해야 한다. 사랑이 없으면 애초에 가능한 일이 아니기 때문이다. 상대에 대한 애정을 느낀 사람만이 상대의 가치를 진실로 느낄 수 있고, 괴테가 그랬던 것처럼 그 가치를 존경하는 사람이 되어 소통할 수 있다.

 억지로 되는 일은 없다. 상대가 자신의 가치를 스스로 느끼게 하고 싶다면 자신을 사랑하듯 그를 사랑하라. 그리고 자신을 대하듯 그를 대하라. 그리하면 그가 자신의 가치를 믿지 않을 수가 없게 될 것이다.

> 같은 말을 전해도
> 어떤 사람은 머리로 듣고
> 또 어떤 사람은 귀로 듣는다.
> 그러나 나는,
> 마음으로 듣는 사람을 만나고 싶다.
> 한 사람을 제대로 알기 위해서는
> 그를 오랫동안 깊이 경험해야만 한다.
> 그러나 더 빠른 방법이 하나 있다.
> 바로 그의 밑바닥까지 완벽하게 믿는 거다.
> 비록 중간중간 힘들고 지치겠지만,
> 완벽한 믿음은 결코 실패하지 않는다.

천 개의 눈과 심장으로
관찰하고,
사랑으로 연결하라

 우리는 살면서 사람들에게 참 많은 실망을 한다. 선한 가면을 쓰고 세상을 속이며 이득을 챙기는 사람을 보면, 세상에 존재하는 모든 욕을 퍼붓고 싶어지는 것도 사실이다. 하지만 나는 그들을 비난하고 욕하지 않는다. 대신 그 전보다 몇 배 더 사랑하려 노력할 뿐이다. 사람은 그 사람을 사랑하는 한 포기하지 않기 때문이다.

 나는 그들에게 부족한 건 돈과 명예가 아니라 누군가의 사랑이라고 생각한다. 결코 나는 그 사람을 포기하지 않을 것이다. 세상 모든 사람의 마음가짐이 바뀌기를 바라며, 세상이 미워질수록 세상을 더욱더 사랑할 생각이다. 물론 쉽지 않을 테고. 가끔은 억울

함에 가슴이 답답해질 수도 있다. 하지만 나는 사랑을 멈추지 않을 것이다. 사랑을 만나면 기적을 꽃피울 수 있다는 세상에서 가장 향기로운 사실을 알고 있으니까.

많은 사람이 수많은 착각을 하며 산다. 그중 대표적인 착각이 바로 높은 위치에 오른 사람일수록 고독해서 불행한 삶을 살게 된다는 것이다. 물론 틀린 말은 아니다. 직접 그들의 이야기를 들어보면 정말 엄청난 고독 속에서 산다는 게 느껴진다.

- 수많은 사람의 시선이 따라다닌다.
- 그래서 실수를 하면 보통 사람보다 몇 배의 고통을 겪어야 한다.
- 그럼에도 무거운 책임감이 뒤따르는 선택의 기로 앞에 자주 서야 한다.

높은 자리에 있는 사람은 수많은 고통 속에서 살면서도 흔들려서는 안 된다. 온몸을 뒤흔드는 비바람이 세차게 불어도, 세상을 조각낼 엄청난 천둥소리가 들려도 안으로 삭이고 또 비워야 한다. 이런 삶의 반복이 그들을 더욱 고독하게 만든다. 지금까지 직장인을 비롯하여 예술이나 운동 등 자신의 분야에서 어느 정도 반열에 오른 수많은 사람이 내게 비슷한 방식의 고민을 털어놓았다.

"여기까지 올라오니 참 고독해지는 것 같습니다."

이런 고민을 들으면 이런 조언을 한다.

"당신은 높은 자리에 올라 고독한 게 아니라, 고독의 힘으로 여기까지 올라온 것입니다."

그들이 지금 겪는 수많은 시선과 실수에 대한 고통 그리고 무거운 책임감이 주는 고독감은 사실 그들이 그 일을 시작했을 때부터 겪었던 것들이다. 그들은 지금 갑자기 고독해진 게 아니라 처음부터 고독했다. 고독했기에 지금의 자리에 오를 수 있었다. 그래서 그들에게는 고독이 불행이 아니라, 그들을 세상에 설 수 있게 만든 원동력이자 유일한 무기다.

그러니 당신은 당신이 닮고 싶은 사람들이 어떻게 성장했는지, 그 과정을 관찰하고 연구해야만 한다. 그 과정을 따라가는 것만으로 엄청난 변화를 시작할 수 있기 때문이다. 나는 이 책을 쓰기 위해 총 10년이 넘는 시간을 방황하며 살았다. 개정판 작업도 쉬운 일이 아니었다. 몸은 현실에 있지만 매일 나의 괴테가 있는 곳으로 이동해서 그의 식탁 친구들과 마차 산책을 했고, 홀로 철학자의 길을 걸었다. 최대한 다양한 분야에서 일하는 지인들과 정기적으로 식사를 함께 하며 나눈 다양한 이야기와 정보를 홀로 산책하며 나의 지식으로 바꿔서 흡수했다.

괴테가 철학자의 길을 걸었던 것처럼 매일 그 정도의 거리를 산책하는 건 쉬운 일이 아니었다. 사실 괴테가 걸었던 철학자의 길은 험한 산을 오르는 것과 맞먹을 정도로 엄청난 체력을 요구했다. 사색에 빠진 그였기에 체감하는 고통이 덜했을 뿐이지, 일반 사람은 그가 걸었던 길을 완주하는 것조차 쉽지 않다. 나는 최대한 그의 마음을 느끼고 싶고, 나 역시 완벽한 사색을 통해 고통이 느껴지지 않는 나 자신을 만나고 싶다는 열망으로 급격한 오르막길과 꺾인 도로가 있는 곳을 골라 매일 산책하고 또 산책했다. 이미 지난 책에서 고백했지만, 그가 먹었던 음식을 먹고 그의 방식대로 잠을 잤다. 생각하고 말하는 것도 마찬가지로 최대한 유사하게 따라 하려고 노력했다. 하루 10시간 이상을 집중해 사색을 하는 날에는 극심한 탈수 현상과 구토 증세에 시달린 나머지 의식을 잃기도 했다. 그러나 나는 포기하지 않았다. 그 이유와 힘이 바로 다음 이야기에 들어 있다.

필요한 모든 것을
당신 자신에게서
구하라

많은 사람이 잡생각 때문에 사색에 몰입하기 힘들다고 하소연을 한다. 만약 당신도 그렇다면, 당신이 보내는 일상에 무엇이 존재하는지 사색해보라.

세상에는 가장 중요한 일이 있고, 두 번째로 중요한 일, 세 번째로 중요한 일이 있다(물론 하지 않아도 될 일도 있다). 만약 당신이 지금 당장 해야 할 가장 중요한 일을 하고 있는데 자꾸만 두 번째로 중요한 일이 머릿속에서 떠나지 않아 신경을 쓰게 된다면, 당신이 두 번째로 중요한 일을 아무리 잘 해낸다 할지라도 잡생각에 빠져 가장 중요한 일을 하지 못한 사람이 될 수밖에 없다. 몰입 능력이 부족한 사람들이 자주 하는 변명이 바로 이것이다.

"물론 그게 가장 중요한 일이라는 건 알아요. 그래도 저는 다른 것을 멋지게 해냈잖아요. 그러니 조금 봐주세요."

모든 것은 당신 안에 존재한다. 그러나 순서와 중요도를 제대로 따져볼 필요가 있다.

직장 생활을 하는 사람이라면, 살면서 한 번 이상은 구직 활동을 하며 자기 소개서를 써본 경험이 있을 것이다. 아마도 틀에 박힌 내용을 쓰지 않기 위해, 엄청난 노력으로 마치 수공예품을 만드는 장인처럼 한 글자 한 글자 글을 썼을 것이다. 어떤 기업에 흥미로운 내용을 담은 자기 소개서가 접수된 적이 있다.

나는 교량과 성, 궁과 기타 비밀 장치를 만들고 제조하는 데 세계적인 능력을 갖고 있다.
회화와 조각에서 내 능력을 따라올 사람이 없다.
최고의 매듭 묶기 실력을 가지고 있다.
세상에 둘도 없는 특별한 빵을 구워낼 수 있다.

굉장히 엉뚱하고 말도 되지 않는 자기 소개서라고 생각할 수 있지만, 위의 내용은 1482년에 실제로 일자리를 구하는 지원자가 쓴 자기 소개서를 요약한 것이다. 지원자는 바로 르네상스 시대의 이탈리아를 대표하는 천재적 미술가, 과학자, 기술자이자 사상가인 레오나르도 다빈치이다. 사실 레오나르도는 이탈리아의 빈치라는 마을에서 사생아로 태어났다. 당시 이탈리아는 다른 나라에

비해 사생아에 대한 대우가 좋은 편이었지만, 귀족 가문이 아니면 일반 사생아들은 좋은 직업을 가지거나 대학에 갈 수 없었다. 천재적인 재능을 가지고 태어난 레오나르도 역시 선택할 수 있는 직업이 그다지 많지 않았다.

그래서 1482년, 서른 살이 된 레오나르도는 직업을 얻기 위해 자기 소개서를 준비해 밀라노의 대공을 찾아간 것이다. 이를 전달받은 대공은 그의 독특한 자기 소개서에 마음을 빼앗겼다. 그 후 레오나르도는 대공이 권좌에서 물러날 때까지 무려 17년간 대공의 전폭적인 후원속에서 대공의 전속 화가이자 조각가, 궁정연회 기획자, 군사·토목·건축 고문으로 지내며 자신의 능력을 세상에 보여줬다. 그가 남긴 최고의 작품 〈최후의 만찬〉을 포함한 6점의 그림도 그 시절에 그린 것이다.

모든 것은 이미 당신 안에 존재한다. 단지 꺼내지 못했을 뿐이다. 우리가 다시 사색해야 할 이유다. 남다른 환경을 가지고 태어나지 못했다면 남다른 생각으로 살면 된다. 레오나르도처럼 자기 소개서의 일반적인 개념을 깨면서 말이다. 그에게 자기 소개서는 스펙을 적는 곳이 아니라 자신의 생각을 적는 곳이었다.

스펙은 세상의 기준이라 쓰면 쓸수록 경쟁의 늪에 빠지게 되지만, 생각은 개인의 개념이라 쓰면 쓸수록 자유를 얻게 된다. 이를테면 당신이 자랑스럽게 적은 토익 점수와 운전면허 자격증에 대한 이야기보다는 "나는 남들과 다른 떡볶이를 만들 수 있습니다"라는 문장이 차라리 신선하며 당신에게 자유를 허락한다. 누구나 가지고 있는 스펙이 아닌, 당신의 생각이 당신을 더 잘 소개해줄 수 있기 때문이다.

나는 당신을
만나기 전부터
당신을 사랑했습니다

──────────────── 99 ─
                  99

    2010년, 내가 생각하기에 세상에서 가장 사랑이 많은 사람이 하늘로 떠났다. 바로 이태석 신부다. 그의 삶을 알게 되면 사색이 무엇이며 사색의 완성에 어째서 사랑이 필요한지 사색이 삶에 어떤 위대한 영향을 주는지 생생하게 느낄 수 있다.

    그는 피난민들이 모여 살던 부산의 산동네에서 무려 10남매 중 아홉째로 태어났다. 당연히 사는 것 자체가 힘들었다. 늘 내일을 걱정하며 살아야 했다. 설상가상으로 그가 9살 때 아버지가 돌아가셨고, 어머니가 자갈치시장에서 삯바느질로 자녀들을 키워야만 했다. 하지만 그는 어릴 때부터 환경의 지배를 받기보다는 스스로 희망을 생각하며 아름다운 내일을 꿈꿨다. 그래서 아픈 사람을 돕는 신부가 되려고 했지만 형이 먼저 신부가 되는 바람에 꿈을 접고, 평생을 고생하신 홀어머니를 위해 의대에 진학했다. 졸업 후 의사가 될 줄 알았지만, 결국은 어머니의 바람을 저버리고 신학 공부를 시작해 신부가 되었다.

봉사 활동을 위해 수단 남부(현재의 남수단)에 있는 마을 톤즈로 떠난 그는 매우 가난한 마을 사람들을 위해 많은 계획을 세웠다. 그러나 그는 곧 깨닫게 되었다. 지금 그들에게 필요한 것은 돈과 음식이 아니라, 오래 곁에 남아 지켜주는 사람이라는 사실을. 그래서 그는 어떤 어려움이 와도 그들을 버리지 않고 끝까지 함께 있을 거라고 다짐했다. 그가 계속 자신의 남은 삶 동안 톤즈에서 계속 봉사하겠다고 말하자 주변 사람들은 하나같이 물었다. "한국에도 가난하고 어려운 사람이 많은데 왜 굳이 거기에서 봉사를 해야 하나요?" 그러자 그는 톤즈가 가난한 곳 중에서도 가장 가난한 곳이라고 말하며, 성경 구절을 인용하여 이렇게 전했다.

가장 보잘것없는 이에게 해준 것이, 곧 나에게 해준 것이다.

그 가난한 땅에서 벽돌 하나하나 직접 만들어 톤즈 최초의 병원을 세우고, 아이들의 자립을 위해 12년 과정의 교육을 진행하는 학교까지 만들었다. 아이들을 가르칠 교사가 많지 않아 교육에 차질이 생기면 진료가 없을 때를 이용해 그가 스스로 아이들을 가르쳤다. 아이들의 감정까지 소중하게 생각해서 남수단 최초의 근사한 35인조 밴드까지 만들어 직접 음악까지 가르쳤다. 발가락이 닳아 없어진 한센병 환자들을 위해 직접 신발을 만들어 선물했고, 그것을 자기 삶의 가장 큰 기쁨으로 여겼다.

그러나 사랑과 마음만으로 모든 것이 이루어지는 것은 아니었다. 톤즈는 모든 것이 상상을 초월할 정도로 열악한 곳이었다. 전쟁으로 이곳저곳에서 총을 맞고 찾아오는 환자가 가득했는데, 수단에는 만약 누군가의 공격을 받으면 상대는 물론이고 그의 친척과 친구에게까지 해를 가해야 한다는 문화가 있어서 이유 없이 총을 맞고 죽는 사람도 자주 생겼다. 그는 그런 상황을 이해할 수 없었지만, 이내 이해하려는 노력을 멈추고 그 시간에 자신을 찾아온 환자를 한 사람이라도 더 살리는 것이 우선이라고 생각했다.

톤즈에서 그는 다양한 직업으로 살았다. 처음에는 의사로, 다음에는 선생님, 건축가, 지휘자로 다양한 활동을 펼쳤다. 그 중심에 무엇이 있을까? 사람은 누구나 다재다능하다. 그 재능들을 꺼내지 못하는 사람과 꺼내는 사람이 있을 뿐이다. 꺼내는 사람에게는 그래야만 하는 뜨거운 목적이 있다. 바로 '내가 사랑하는 사람에게 필요하기 때문에'라는 마음의 지시다. 그는 이 문장을 기억하며 평생을 뜨겁게 살았다.

타인을 사랑하는 것에 그치지 말고, 사랑받도록 힘쓰라.

그는 대장암 말기로 생명이 얼마 남지 않은 순간에도 톤즈의 아이들을 걱정해서 그들을 세상에 알리고자 책을 썼고, 두 명의 아이들을 우리나라로 인도해 의대에 입학할 수 있게 도왔다.

그가 세상을 떠나던 날 우는 것을 부끄럽게 생각해서 잘 울지 않는 톤즈의 사람들은 아이 어른 가릴 것 없이 통곡했다. 그리고 2018년, 그가 우리나라 의대에 진학시킨 아이들은 졸업을 하고 톤즈로 돌아가 아픈 친구들을 치료하는 의사로 살고 있다. 모두가 그의 사랑이 남긴 세상에서 가장 아름다운 모습이다.

그의 삶을 기록한 〈울지 마 톤즈〉라는 영화에는 이런 구절이 나온다.

가진 것 하나를 열로 나누면
우리가 가진 것이 10분의 1로 줄어드는
속세의 수학과는 달리,
가진 것 하나를 열로 나누었기에
그것이 천이나 만으로 부푼다는 하늘나라의 참된 수학.
끊임없는 나눔만이 행복의 원칙이 될 수 있다는
행복의 정석을 그들과의 만남을 통해서 배우게 된다.

그는 언제나 이 말을 기억하며 그대로 살았다.

나는 당신을 만나기 전부터 당신을 사랑했습니다.

나는 이 말보다 더 사랑을 아름답게 표현한 글을 본 적이 없다. 그 사람의 외모와 환경을 보며 사랑을 결정하는 것이 아닌, 모든 존재를 사랑할 마음의 여유를 갖고 산다는 것, 그보다 귀한 일이 또 어디에 있을까? 우리는 누구나 그의 말처럼 살 수 있다. 다시 말해서 그처럼 사색하며, 모든 능력을 꺼내 자기 삶을 근사하게 만들 수 있다. 조금 더 사랑하고, 조금 더 나누고, 조금 더 다가서자. 그리고 아무리 힘들어도 그가 죽기 전 슬픔에 잠긴 톤즈의 친구들에게 마지막으로 남긴 이 말을 기억하며 희망을 보며 살자.

너의 생각대로 살고 있다면 걱정하지 마,
모든 것이 잘되고 있으니까!

성장하려면
혼자가 될
용기를 내라

자신에게 집중하며 자신을 삶의 중심에 두라는 말을, 귀로는 듣지만 삶에서 실천하는 건 매우 힘들다. 왜 그럴까? 적당한 바람과 따스한 햇살만 있다면 좋겠지만, 인생에서 그런 잔잔한 날은 극히 드물다. 내가 의도하지 않은 일이 일어나거나, 타인의 오해나 실수로 생긴 일에 대한 극심한 비난으로 힘들 때가 있기 때문이다. 고독을 즐기는 것도 어려운 일이지만, 자신을 비난하는 말들을 가슴에 담고 해명하고 싶다는 강한 욕망을 머리에 채운 상태로 자신의 삶에 집중하기란 보통의 의식 수준으로는 불가능하다.

당장 달려가서 해명하고 싶고, 지인을 만나 자신의 생각을 전하고 싶고, 타인의 비난과 조롱에서 벗어나 자유를 얻고 싶기 때문이다. 하지만 그런 행동이 과연 당신에게 자유를 줄까?

그럴수록 철저히, 완벽한 혼자가 되라. 자신을 비난하며 오해하는 100명을 만나 하나하나 해명하며 잠시 오해를 풀 수는 있지만, 그건 정말 순간적인 자유일 뿐이다. 그들은 머리카락을 흔들 수도 없는 연약한 바람에도 다시 세차게 흔들려, 방금 돌아선 당신을 또 오해하고 비난할 것이다. 그럴 때마다 그들을 만나 오해를 풀 수는 없다.

오해는 결국 내가 준 것이 아니라, 그들이 그렇게 받아들여서 결론 낸 것이다. 가끔은 그럴 빌미를 제공할 수도 있지만, 그것 또한 만나서 해결할 문제는 아니다. 빌미를 제공한 나의 일상을 바꿔야지, 말을 통해서 해결할 문제는 아니기 때문이다.

그러므로 더 나은 내일을 원한다면 철저히 혼자가 되라. 아무것도, 그 누구도 두려워할 필요가 없다. 당분간은 어떤 손가락질도 웃으며 받을 의지를 다지자. 곧 당신이 햇살처럼 웃을 날이 올 테니까.

당신의 삶은 무엇을 위한 삶인가? 단순히 오해와 비난을 받지 않기 위해 수백 명을 찾아다니며 변명하는 삶인가, 당신 자신에게 집중하며 보낸 세월을 통해 수백 명에게 빛나는 영감을 선물하며 사는 삶인가. 그대가 자기 자신에게 집중하면 수백 명, 아니 수천 명의 마음이라도 쉽게 얻을 수 있다. 그리고 그렇게 얻은 마음은 쉽게 사라지지 않는다. 분명히 말할 수 있다. 당신의 고귀한 삶이 떠날 수 없는 모든 증거이므로.

혼자로 남는 것은
피하거나 숨는 것이 아니라,
존재의 근거를 만드는 시간이다.
당신이라는 존재에 자신을 가지라.
찾아가지 말고 찾아오게 하라.
변명하지 말고 깨닫게 하라.

외로움에서 벗어나야
삶의 자유를
찾을 수 있다

지하철이나 사람이 많이 다니는 길에서 조금이라도 사람을 관찰해본 적이 있다면, 당신은 이미 알고 있을 것이다. 많은 사람이 군중 속에서 느끼는 외로움을 감추기 위해 의식적으로 스마트폰을 들고 무언가에 열중하는 모습을 보여준다. 물론 정말 필요한 전화나 정보 검색을 할 때도 있겠지만, 대개 연출에 가까운 모습을 보일 때가 많은 게 사실이다. 우리는 왜 굳이 자신이 외롭지 않다는 걸 보여주기 위해 스마트폰을 꺼내 억지 모습을 연출해야 할까? 결국 길을 걷다가 어떤 일이 생겨도 뒤를 돌아보지 않는 이유는 초라한 자신과 같은 사람의 등을 바라보는 게 두려워서는 아닐까?

먼저 알아둘 게 하나 있다. 외로움이란 자신을 찾아오는 불안한 감정이고, 고독이란 내가 무언가를 얻기 위해 찾아가는 희망의 감정이라는 사실이다. 당연히 사색가가 되기 위해서는 고독이란 감정에 익숙해져야 한다. 반대로 말하면 최대한 외로움을 느끼지 않아야 한다.

초등학생도 직장인도 노인도 모두 외로운 일상의 요소가 가득한 세상에 살고 있다.

"다들 좋은 직장에 다니고 있는 것 같은데, 나는 그 정도에 미치지 못하는 것 같아 외롭다."

"다들 적금 하나 정도는 들고 있는 것 같은데, 나는 한 달 사는 것조차 빠듯해서 외롭다."

삶의 모습은 각자 다르지만 외로움을 느끼는 이유는 단 하나다. '남들은 쉽게 가고 있는 곳으로, 나는 가지 못하고 있는 것 같다는 불안한 마음'이 외로움을 느끼게 만든다.

지하철 좌석에 앉아도 마찬가지다. 언제나 바로 앞에 앉아 있는 사람이 눈에 띈다. 나와 나이도 비슷한 것 같은데 한눈에 봐도 명품인 것 같은 근사한 옷을 입고 있다. 나와는 수준이 다른 삶을 사는 것 같다는 마음이 들자마자 또다시 외로움에 빠진다. 괜히 자기 삶에 죄를 진 것 같은 기분에 고개를 숙여 스마트폰만 만지작거린다. 몇 정거장이 지난 후 앞에 앉아 있던 사람이 내려 다시 고개를 들었지만, 그 자리엔 예쁜 연인이 앉아 빛나는 눈빛으로 사랑을 나누고 있다. 순간 '내게도 언젠가 저런 멋진 반쪽이 나타날 날이 올까?'라는 생각과 함께 다시 고개를 숙인다. 남들처럼 행복하게 살 수 있는 날이 내게는 도저히 으지 않을 것 같아 또다시 외로워진다.

외로움을 느끼는 사람의 공통점은 남의 시선에 너무 많은 신경을 쓴다는 것이다. 최근 1년 만에 지인을 만났는데, 그간 수술을 좀 했는지 얼굴이 많이 변해 있었다. 사업을 시작하고 돈도 좀 버는지, 물어보지도 않았는데 자꾸만 자신의 재정 상태와 연소득을 자랑처럼 늘어놓았다.

"요즘 남자들이 줄을 서네, 아무튼 남자들이란 예쁜 여자만 보면!"

"돈을 많이 버니까 좋긴 한데, 세금을 너무 많이 내게 되네."

그녀는 나를 만나는 내내 자신이 이룬 것들을 인정받고 싶어 했다.

"나 예쁘지?"

"연봉 3억 넘게 벌면 잘 사는 거 맞지?"

나는 1시간 내내 듣고만 있다가 이대로는 안 되겠다는 생각이 들어, 그녀에게 조용히 물었다.

"그런데 너, 지금 행복하니?"

순간 고개를 숙인 그녀의 눈에서 눈물이 떨어졌다. 그녀는 자신을 주체할 수 없었는지, 사람 많은 카페에서 소리 내어 울기 시작했다. 그녀는 철저하게 외로운 사람이었고, 모든 성공은 그걸 가리고 싶다는 욕망에서 나온 것들이었다.

강연을 하러 다니다 보면 그녀와 비슷한 사람들을 굉장히 많이 만나게 된다. 그들은 만나자마자 물어보지도 않은 자기 자랑을 늘어놓는다. 하지만 말과 표정이 일치하지 않는 코미디를 보는 것처럼, 이상하게도 얼굴은 전혀 행복해 보이지 않는다. 이처럼 외로움은 타인으로부터 인정받지 못하는 사람과 자기 자신에 대한 자신감이 없는 사람에게서 나타난다. 때문에 외로울수록 그들의 겉을 감싼 외관은 더욱더 화려해진다. 빛나는 껍데기는 초라한 알맹이를 증명할 뿐이다.

"나는 아무리 바빠도 하루에 원고지 50매 분량의 글을 쓴다"라는 말은 얼핏 그를 매우 성실한 작가처럼 보이게 만들지만, 사실은 쓰기를 업으로 생각하지 않는 매우 불성실한 작가의 표본이라고 할 수 있다. 정말로 글을 쓰는 일에 혼을 바쳐서 살고 있는 사람이라면, 하루에 원고지 50매를 채우기 위해서 일상을 바쁘지 않게 만들어야 하기 때문이다. 그래서 아무리 바빠도 하루에 원고지 50매씩 글을 꼭 쓴다는 말은 애초에 전제부터 잘못된 것이다.

인생을 걸 수 있을 정도로 사랑하는 일이 있는 사람은, 다른 일로 바쁘지 않게 일상을 우선순위에 맞춰 잘 정리한다. 나는 매일 원고지 50매 분량의 글을 쓰지만, 전혀 바쁘지 않게 하루를 보내고 있다. 가장 먼저 해야 하며, 가장 소중하게 생각하는 일이 바로 글쓰기이기 때문이다. 일상이 바빠서 사랑한다고 말하는 일을 할 시간이 없거나 억지로 해야 한다면, 그 일은 사랑하는 일이 아닐 가능성이 높다.

"나는 이 일을 사랑하고 있는 걸까?"

많은 사람의 고민이다. 그러나 간단하게 자신의 마음을 알아볼 수 있다. 그 일을 위해 일상의 시간을 넉넉하게 비워두고 있다면, 그건 사랑이 아닐 수가 없다.

--- 사색 독서 ---

『젊은 베르테르의 슬픔』

요한 볼프강 폰 괴테

열심히 살면 살수록 철저하게 외로워지는 이유는 의외로 간단하다. 살면서 자신을 제대로 사랑한 적이 한 번도 없기 때문이다. 나는 지난 10년 동안 초대 문화부 장관을 역임했던 이어령 박사와 정기적으로 대담을 하며 삶의 다양한 주제에 대해 심도 있는 대화를 나눴다. 대담이란 결국 서로에게 자신이 알고 있는 삶의 문장을 섬세하게 읽어주는 것이다. 10년간 그는 내게 수천 개 이상의 문장을 읽어주었다. 그런데 그 많은 문장 가운데 유독 내 가슴 깊숙이 파고드는 단어가 하나 있는데, 다름 아닌 '사랑'이다.

사랑을 발견한 후 세상을 발견했다 ___

그는 나이 일흔이 넘어서야 인생에서 가장 소중한 '사랑'이라는 단어를 발견했다. 사랑에 눈을 뜨면서 사과가 나무에서 떨어지는 게 중요한 게 아니라, 작은 사과나무가 성장해서 가지 끝에 열매를 맺기까지의 치열한 과정과 생명이 더욱 소중한 것이라는 사실을 알게 되었다. 그것은 그저 쉽게 지나칠 수 있는 간단한 발견이 아니다. 보통 사람은 뉴턴이 떨어지는 사과를 보면서 중력의 이론을 생각한 것을 대단하게 생각한다. 하지만 이어령 박사는 삶의 진정한 의미를 알기 위해서는 현상이자 결과물인 떨어지는 사과만 볼 것이 아니라 사과가 중력을 거슬러서 어떻게 성장해서 익어가고, 또다시 번식할 수 있는 씨앗을 갖고 태어나는지도 봐야 한다고 강조했다. 그의 눈과 마음은 내게 강렬하게 외치고 있었다.

나는 사랑을 발견한 후 세상을 발견했다.

그는 만약 자신이 사랑을 알게 된 일흔 살 이전에 죽음을 맞이했다면, 세상에 아무런 발자취도 남기지 못하고 외로운 삶을 살았던 사람으로 기억됐을 거라고 말했다. 이렇게 단 한 번의 사랑으로 한 사람의 인생이 완성되기도 한다.

사랑하는 사람의 마음을 들여다보는 일에 온 힘을 쏟으며, 우리는 그간 미처 발견하지 못했던 수많은 삶의 비밀을 배우게 된다. 하지만 그 소중한 사랑을 깨닫기에 우리 삶은 너무나 성급하다. 시대를 흔든 수많은 고전을 읽는 것보다, 세계 최고의 석학에게 개인 수업을 받는 것보다, 한 사람을 미친 듯이 사랑하는 과정에서 우리는 삶을 구성하고 있는 거의 모든 지혜를 배울 수 있다. 하지만 빠르게 정점에 도달하고 싶은 성급한 마음이 아무것도 갖지 못하게 만든다. 또한 최선을 다해 사랑하지 않고 머리로 계산하는 사랑을 하게 만든다.

연인 간의 사랑이든, 가족 간의 사랑이든, 직장에서 일에 대한 사랑이든 마찬가지다. 인생의 끝자락에 다다른 수많은 사람이 인생을 뒤돌아보며 절실하게 후회하는 것 중 하나는, 누군가 혹은 어떤 대상을 조금 더 깊이 사랑하지 못했다는 것이다.

사랑에 관한 수많은 불멸의 고전들 중에서도 『젊은 베르테르의 슬픔』을 최고로 꼽는 이유 역시 베르테르의 치열한 사랑을 통해 한 사람을 진정으로 사랑한다는 게 얼마나 위대한 일이고, 그 위대한 사랑으로 우리가 얼마나 많은 것을 얻을 수 있는지 섬세하게 이해할 수 있기 때문이다.

주인공 베르테르는 자연을 사랑하는 감수성 풍부한 청년이다. 그는 새롭게 정착한 마을에서 순수하고 아름다운 여인 로테에게 첫눈에 반해 사랑에 빠진다. 그의 사랑은 시작부터 의지로 막을 수 있는 게 아니었다. 그는 로테가 이미 약혼한 몸이라는 사실을 알면서도 그녀를 향한 사랑의 크기를 키워가는 동시에, 어리석게도 그녀의 약혼자인 알베르트와 진심 어린 우정을 쌓는다. 누구라도 불행을 예상할 수 있을 만큼 세 사람의 인연은 슬프게 얽혀 있다.

그런데 책을 읽다 보면 주인공 베르테르와 책의 저자인 괴테의 상관관계가 감지된다. 놀랍게도 세계 최초의 베스트셀러로 불리는 이 위대한 작품은 겨우 4주 만에 완성되었는데, 『젊은 베르테르의 슬픔』이 괴테 자신의 경험담으로부터 탄생한 작품이기 때문이다. 그는 자신의 마음속에 진하게 남아 있는 사랑과 그리움을 담아 작품을 빠르게 완성했다.

괴테는 소설 속 베르테르처럼 약혼자가 있는 여성인 샤를로테 부프를 사랑했다. 당시 외교관 케스트너와 약혼한 샤를로테는 자신의 마음을 적극적으로 표현하는 괴테에게 "당신과 친구 이상의 관계는 될 수 없어요"라며 그의 사랑을 단호하게 거절했다. 자신의 사랑을 이룰 수 없다는 사실을 알게 된 괴테는 샤를로테와 케스트너에게 편지를 남긴 채 고향으로 돌아왔다. 괴테가 실연당한 모습은 『젊은 베르테르의 슬픔』에 나오는 베르테르와 굉장히 많이 닮아 있다. 이 둘은 전혀 다른 세상에 살고 있지만, 결국 하나라고 생각하면 된다.

괴테의 이루지 못한 사랑에 대한 열정은 이야기 속 베르테르를 통해 더욱 뜨겁게 나타난다. 로테를 보자마자 첫눈에 사랑을 느낀 베르테르는 주체할 수 없는 마음을 담아 그녀에게 편지를 썼다. 그는 조금도 망설이지 않고 자신의 감정을 표현했다. 자연을 즐기는 등 사색가의 면모가 있던 베르테르는 누구보다도 자신의 사랑에 솔직한 말과 행동으로 그녀에게 다가섰다.

그녀 앞에 나서면 모든 욕망이 사라지고, 그녀 옆에 있으면 넋 잃은 사람이 되어버린다오.

나는 하인을 그녀에게 보냈지. 그저 오늘 로테에게 다녀온 사람을 내 곁에 두고 싶었기 때문이다.

자나 깨나 그녀의 그림자가 내 마음을 완전히 점령하고 있다. 눈을 감으면, 이마 속으로 마음의 시력이 집중되어 그녀의 검은 눈동자가 나타난다.

아아, 무의식중에 내 손가락이 로테의 손가락에 닿거나, 발이 탁자 밑에서 서로 부딪치기라도 할 때 내 혈관이란 혈관이 얼마나 마구 치솟는지 모른다.

그는 끊임없이 사랑을 이룰 수 없는 못난 자신을 위로했다. 하지만 사랑의 크기를 도무지 감당할 수 없을 때는 자신의 마음을 솔직히 담아 이런 식으로 사색하며 혼란스러운 감정을 다독였다.

내가 아무리 많은 것을 가지고 있다 해도, 로테에 대한 감정이 이 모든 것을 삼켜버리고 만다네. 내가 아무리 많은 것을 가지고 있다 해도 그녀 없이는 아무것도 없는 것이나 다름없다네.

약혼자가 있는 사람을 사랑하는 것만큼 슬픈 일도 없다. 이루어질 수 없는 그들의 사랑. 하지만 그들에게도 딱 한 번 뜨겁게 사랑을 불태운 순간은 있었다. 베르테르가 로테에게 자신이 번역한 오시안의 시를 낭송할 때였다. 낭송을 듣고 로테는 절망으로 가득한 가슴을 붙잡고 하염없이 울었다. 오열하는 그녀의 모습에 베르테르는 심장이 터져 나갈 것 같은 고통을 느꼈지만, 온몸을 벌벌 떨면서도 종이에 적힌 시의 마지막 부분까지 읽었다. 여기서 우리는 아픔을 느끼면서도 시를 마지막까지 낭송했던 베르테르의 아픈 마음에 감정이입해야 한다. 그 마지막 부분을 소개한다.

어찌하여 그대는 나를 깨우는가, 봄바람이여! 그대는 유혹하면서 '나는 천상의 물방울로 적시느니'라고 하는구나. 그러나 나 또한 여위고 시들 때가 가까웠다. 나의 잎사귀를 휘몰아 떨어드릴 폭풍우도 이제 가까웠다. 그 언젠가 내 아름다운 모습을 보았던 나그네가 내일 찾아오리라. 그는 들판에서 내 모습을 찾겠지만, 끝내 나를 찾아내지는 못하리라.

타오르던 불은 그가 4주만에 작품을 완성한 것처럼 아주 빠르게 꺼졌다. 결국 로테는 끝없이 방황하는 베르테르를 뒤로하고 약혼자와의 결혼을 선택했다. 사실 처음부터 그녀는 베르테르와 결혼할 생각도 없었다. 사랑하는 감정이 있기는 했지만, 그저 시간의 흐름에 따라 거기까지 온 것일 뿐이었다. 그녀는 두 사람의 사랑을 주도한 적이 없었다. 그리고 사랑의 슬픔은 언제나 더 많이 사랑한 자의 것이었다. 베르테르는 터져 나오는 슬픔을 제어할 길이 없었다. 수없이 고민하며 고통 속에서 절망을 거듭하던 그는 결국 하지 말아야 할 선택을 하고 만다. 12월 21일, 그는 고통스러운 마음을 담아 사랑하는 여인 로테에게 마지막 편지를 남긴다.

드디어 결심을 하였습니다. 로테, 나는 죽으려고 합니다. 이것은 절망이 아닙니다. 스스로 참고 견디어냈다는 것, 당신을 위해서 스스로 몸을 바쳐 희생하겠다는 것에 대한 확신입니다.

사랑한다면 사랑만 생각하라

베르테르는 주위의 모든 것을 오직 로테와의 관계 속에서 바라본 사람이었다. 세상 속 그녀가 아닌, 그녀 속 세상이었다. 그렇게 그는 자기만의 세상에서 그녀와 누구도 짐작할 수 없는 행복한 시간을 보낼 수 있었다. 두 시간이나 세 시간, 그 정도의 시간은 그녀 옆에 앉아 있으면 아주 빠르게 지나갔다. 산들바람에 작게 흔들리는 장미처럼 기품 넘치는 행동과 고상한 어투, 거기에 매료된 상태로 지내다 보면 모든 감각이 저마다 생명을 얻어 각기 움직이는 것 같았다. 눈앞이 흐릿해지고 마음의 귀까지 멀게 되면서, 인간이 인간을 바라보며 느낄 수 있는 최고의 경탄으로 심장마저 세차게 고동치며 오직 그녀만을 원하는 상태로 치달았다.

그러나 좀 이상하다. 베르테르는 자살하는 사람이라고는 생각되지 않는 뉘앙스의 편지를 썼다. 죽을 만큼 사랑한 사람이 보내는 마지막 편지라고 보기에는 믿을 수 없을 정도로 담담하다. 그가 자신의 자살을 절망이 아닌 희생이라고 표현했다는 점도 눈여겨봐야 한다. 여기에 이 작품의 매력이 있다.

사실 베르테르는 굉장히 비극적인 사랑의 주인공이다. 하지만 그의 사랑이 비극적으로 끝났음에도 지금까지 다양한 뮤지컬과 책을 통해 아름다운 사랑으로 기억되는 이유는 그가 자신의 사랑을 이루기 위해 약혼자로부터 로테를 빼앗으려는 행동을 하지 않았기 때문이다. 그는 사랑하는 사람이 진심으로 행복하기를 바랐다. 그래서 그녀를 빼앗으려고도, 그녀에게 매달리지도 않았다. 다만 죽음이라는 방법으로 기억 속에서라도 함께 있기 위해, 웃으며 자살을 선택한 것이다. 베르테르의 입장에서는 죽음이 곧 사랑의 시작이자, 무엇보다 아름다운 사랑의 완성이었던 셈이다. 그래서 그는 마지막 편지에서 자신의 죽음을 절망이 아닌, 사랑하는 사람을 위한 희생이라고 말했다.

이렇게 반문하는 사람도 있을 것이다.

"세상에 목숨보다 사랑이 중요하단 말인가?"

"죽으면 모든 게 해결되는가!"

사랑 때문에 깊은 슬픔에 잠겨보지 않은 사람은 쉽게 공감을 할 수 없는 작품이 바로 『젊은 베르테르의 슬픔』이다. 그러나 사랑에 밤을 새워본 사람은 안다. 사랑한다면 죽일 수도, 죽을 수도 있다는 이 아름답고도 비참한 사실을. 사랑한다면, 거침없이 방아쇠를 당긴 베르테르의 마음을 이해할 수 있다. 사랑하는 사람은 뭐든지 할 수 있다. 그는 그녀를 처음 만났을 때부터 이미 그녀를 위해 모든 것을 할 수 있다는 다짐을 했다는 고백과 함께 이런 말을 남겼다.

기쁨과 슬픔, 괴로움 등 희로애락의 감정을 참는 데도 한도가 있는 법입니다. 그 한도를 넘으면 당장에 파멸하게 되지요. 그래서 이런 때는 어떤 사람이 강하거나 약한 것이 문제가 되는 것이 아니라, 정신적인 일이든 육체적인 일이든 간에 자기의 고통의 한도를 견디어낼 수 있는가 없는가가 문제지요.

그는 바람이 감당할 수 없을 정도로 불면 결국 만물이 날아가 사라지는 것처럼, 사람이 감당할 수 없을 정도의 아픔이 오면 사라지게 되는 것이 자연의 이치라고 말하고 싶었던 것이다. 그때나 지금이나 자기의 목숨을 스스로 끊는 자를 사람들은 비겁하다고 말하지만, 베르테르는 그것을 마치 열병에 걸려 죽어가는 사람을 겁쟁이라고 비난하는 것과 마찬가지로 이상한 일이라고 생각했다.

사실 가슴이 따뜻해지는 사랑 이야기라고 말할 수는 없다. 하지만 분명한 것은 베르테르의 사랑이 그 어떤 사랑보다도 순수했다는 사실이다. 그리고 우리는 무엇보다도 그의 확신에 찬, 느끼는 그대로를 전하는 사랑의 마음을 배워야 한다. 사랑한다면, 사랑만 생각해야 한다. 사랑한다면, 함께 걷고 싶다면, 함께 이야기를 하고 싶다면 주저하지 말고 다가가 그 마음을 전해야 한다. 하지만 많은 사람이 드라마에나 나오는 운명적인 사람을 기다리느라, 더 나은 환경에서 더 좋은 사람을 만나고자 아까운 시간을 낭비하고 있다.

초보 사업가들에게는 공통점이 하나 있다. 너무 심하게 때를 기다린다는 것이다. 많은 예비 사업가가 좀더 좋은 업종을 찾거나 경기가 살아나기를 바라며 시간만 보내다가, 결국 사업을 제대로 시작하지도 못한 채 아무것도 할 수 없는 상황에 처한다. 파도를 타며 바다를 즐기는 사람을 우리는 서퍼라고 한다. 그들에게는 변하지 않는 법칙이 하나 있는데, '좋은 서퍼는 파도를 기다리지 않는다'라는 것이다.

마냥 기다리는 건 신중한 것이 아니라, 행동하지 않는 것이다. 파도가 오면 일단 타고 봐야 한다. 경험하지 않으면 그게 좋은지 나쁜지 알 수가 없다. 하지만 우리는 경험하기도 전에 너무나 많은 생각을 한다. 물론 선택이 언제나 옳을 수는 없다. 엎어지거나, 바닥을 기게 될 수도 있다. 하지만 중요한 사실은 시작하지 않으면 그것조차 알 수 없다는 사실이다.

당신에게 이렇게 묻고 싶다.

"당신에겐 중요한 모든 일을 제쳐두고 사랑하는 사람을 향해 뛰어갈 용기가 있는가?"

"보고 싶다는 그 사람의 문자 하나에, 중요한 약속을 취소하고 단숨에 달려가 안겨본 적이 있는가?"

단순하지만, 때론 무모하지만, 사람이 사람을 사랑한다는 것은 바로 이런 게 아닐까?

진심을 다룰 때 유념해야 할 두 가지가 있다. 하나는 다른 사람의 진심을 갖고 농락하면 안 된다는 것, 그리고 진심을 담을 그릇이 없는 자에게는 나의 마음을 주지 말아야 한다는 것이다. 여기에서 말하는 그릇이란 포용할 깊이나 넓이가 아니다. 진심은 주파수가 정해져 있는 라디오방송과 같아서 모든 사람에게 전해지는 것이 아니다. 상대가 진심을 알아주지 않는다고 그 사람을 미워하거나 자신의 선택을 자책할 필요는 없다. 괴테는 베르테르를 통해 이런 말을 하고 싶었을 것이다.

진심에는 아무런 문제가 없다.
다만 주파수가 맞지 않았을 뿐이다.
진실한 마음을 준비했다면,
이제 당신 마음과 주파수가 맞는 사람을 찾으라.

주는 것이 아닌 받는 것까지가 사랑이다

물론 사랑은 보답을 바라고 주는 것은 아니다. 하지만 그것이 단지 사랑은 주면 끝이라는 사실을 의미하는 것은 아니다. 진정한 사랑은 상대에게 사랑을 돌려받으면서 비로소 완성된다. 주기만 하는 건 사랑이라 부를 수 없다. 안타깝게도 그것은 엇나간 욕망이나 헛된 바람일 가능성이 높다.

만약 당신이 어려운 상황에 놓였다고 하자. 당신을 진심으로 도와줄 사람이 몇 명이나 있을 것 같은가? 이를테면 100만 원을 빌려줄 수 있는 사람이 많은 것도 좋지만, 반대로 내게 100만 원이 필요하다고 할 때 내가 돌려받는 것을 생각하지 않고 돈을 선뜻 빌려줄 수 있는 사람의 존재도 매우 중요하다.

만약 돈을 기꺼이 빌려줄 만한 사람이 딱히 생각나지 않는다면, 그동안 당신이 사람들에게 전한 사랑은 사랑이 아니었을 가능성이 높다. 앞서 말한 것처럼 주기만 했던 것이고, 그것은 사랑이 아니라 인정받고 싶은 욕망이나 좋은 사람처럼 보이려는 바람일 확률이 높다.

기부도 그저 기부로 끝나지 않는다. 기부를 하는 사람이 스스로 행복해지는 이유는 그걸 받은 상대에게 좋은 마음을 돌려받기 때문이다. 너무 먼 곳에 있어 직접 만날 수는 없어도 마음이나 편지를 통해 귀한 사랑을 돌려받는다. 많은 돈을 기부하고 봉사하는 삶을 살아도 그걸 사랑으로 돌려받지 못한다면, 애초에 당신이 전한 돈과 마음에는 사랑이 빠져 있었을 가능성이 높다. 내가 아는 자기 삶의 대가들도 마찬가지다. 자영업자, 직장인, 발레리나, 작가, 음악가, 과학자, 혹은 철학자와 경영자까지 그들 모두는 자신이 생산한 것을 세상에 전하며 대중의 사랑을 받기 위해서 최선을 다하며 살고 있다. 물론 아무리 사랑을 담아도 상대는 그걸 다 느낄 수 없을 것이다. 그럼 그들은 이렇게 생각한다. '천 개의 사랑을 담자, 그럼 최소한 하나라도 전해질 테니까.' 너무 멀고 아득해서 상대에게 사랑이 도달하지 못한다면 내 사랑을 더 진하고 풍부하게 전하면 된다.

> 사랑은 하나의 원을 그릴 때
> 서로를 지켜주는 공간을 이룬다.
> 주는 것이 끝이 아니다.
> 받는 것까지가 사랑이다.

한 사람을 끝까지 사랑해본 사람만이 소중한 사람과 소중한 일을 사랑할 수 있다. 지금 하고 있는 일이 스스로도 너무 무모해 보여서, 지금 가지고 있는 꿈이 너무 막연해서 모두가 그만 포기하고 다른 길을 찾아보라고 한다면 답은 하나다.

무모할 정도로 당신의 일과 꿈을 사랑하라. 미쳐서 세상이 보이지 않을 정도로 사랑하라. 이 세상에서 사랑하는 사람보다 더 강한 사람은 없다. 이 세상에서 사랑하는 것보다 더 소중한 것은 없다.

때로는 감정이 이끄는 욕망을 따를 수 있는 괴테의 삶을 살아야 한다. 모든 사랑은 그런 태도에서 시작되기 때문이다. 물론 그 상대가 반드시 이성이어야 할 필요는 없다. 사물이든 일이든 취미이든, 무엇이든 상관없다. 중요한 건 그 안에 있는 사랑이다. 베르테르처럼 사랑할 수만 있다면 우리의 삶은 더없이 뜨거워질 것이다. 내가 가장 많이 사랑한 사람이 나를 가장 많이 아프게 하지만, 동시에 성장시켜주기도 한다. 뜨겁고 간절한 사랑에 빠지는 행위는 특별한 누군가에게 주어진 특권이 아니라 우리 모두의 의무다. 사랑은 평생 사라지지 않는, 살아가는 자만의 의무다.

갑자기 고개를 돌려 바라봐도
언제나 당신을 보고 있는
그런 한결같은 사람을 만나라.
당신이 바라보고 있지 않아도
항상 당신을 바라보고 있는,
이 세상에 오직 당신만 아는 사람을 만나라.
둘이 함께 있지 않아도
생각만으로 괜히 마음이 따스해지는
심장처럼 따로 떼어낼 수 없는 사람을 만나라.
너무 이기적이라고
누군가는 당신을 비난할 수도 있다.
그럼에도, 그런 사람을 만나라.
그런 비난 정도는 얼마든지 받아도 될 만큼
귀한 가치가 있는 사람이니까.

매일 인문학 공부

09

자립

사색이란
불확실성과의
고독한 결투

정보의 양이 아닌
생각의 깊이가
성장을 결정한다

세상에 정보는 차고 넘친다. 중요한 건 정보의 양이 아니라, 생각의 깊이다. 생각이란 그저 정보를 쌓는 것이지만, 사색은 하나만 남기고 배제하는 것이기 때문이다. 만약 당신이 이것과 저것을 연결하지 못한다면, 당신이 아무리 고급 정보를 가지고 있어도 제대로 쓸 수 없을 것이다.

그래서 성장과 자립 두 가지를 모두 갖고 싶다면, 현실에서 갖고 있는 정보를 끊임없이 자신이 상상하는 미래와 연결해야 한다. 쉽게 말하면 '다리 놓기'다. 다리를 잘 놓기 위해서는 앉아서 세상을 바라보는 법을 배워야 하는데, 이 능력을 배우게 되면 당신의 삶은 이렇게 변한다.

- 당신이 직장인이라면 어떤 직종에 종사하든 하늘에 떠 있는 작은 구름 한 조각만으로도 최고의 기획안을 끊임없이 만들어낼 수 있게 된다.
- 당신이 작가라면 산책길에서 발견한 작은 돌멩이 하나를 주제로 10권짜리 대하소설을 써낼 수 있게 된다.

어떤 직업을 가졌든 상관없다. 당신은 자신이 앉아 있는 그 자리에서 사람이나 물체에게서 받은 아주 사소한 영감만으로도 최상의 결과를 반복해서 만들어낼 수 있게 된다. 다시 한 번 사색의 과정과 힘을 언급하는 이유는 지금까지 읽은 내용을 통해 당신이 마지막으로 정리해보는 시간을 갖기를 바라기 때문이다.

많은 사람이 식사 후 혹은 따로 시간을 내어 산책을 한다. 당신은 산책을 하며 무엇을 생각하고 발견하는가? 나는 산책을 하는 동안 주변에 있는 풍경만 보는 건 눈과 귀만 있으면 누구나 할 수 있는 1차원적인 일이라고 생각한다. 우리가 눈과 코, 귀로 할 수 있는 건 굉장히 제한적이다.

이를테면 우리가 아무리 눈꺼풀을 닫든 열든 세상은 변함없이 그대로이다. 그저 본다는 건 그렇게 중요한 일이 아니라는 말이다. 보는 게 아니라 발견해야 한다. 지식과 상상력의 범위가 보이지 않는 저 너머까지 뻗어 나갈 수 있어야 한다. 이때 '다리 놓기' 능력은 우리의 육체적 능력만으로는 갈 수 없는 곳으로 우리를 인도해준다.

정보를 얻는 것보다 중요한 건 숨어 있는 의미를 발견해내는 일이다. 그리고 전에 없던 완전히 새로운 것을 만들어내기 위해서는 전혀 다른 두 분야의 현상이나 법칙에서 공통점을 발견하여 응용할 수 있는 연결력이 필요하다. 그래서 일상에서 습관처럼 전혀 상관이 없다고 생각되는 사물에서 연결 고리를 찾아내는 연습을 하며 단련해야 한다. 더 나아가 생각의 3, 4차원으로 가기 위해서는 찾아낸 연결 고리에서 또다시 한 번, 두 번, 몇 번이고 연결 고리를 더 찾아내야 한다. 보통 작가와 위대한 작가가 역시 여기에서 갈린다. 작가라는 호칭은 사물의 연결 고리를 한 번 찾아낼 수 있는 사람에게 주어진다. 하지만 위대한 작가는 연결 고리를 몇 번이고 더 찾아낸다. 작가든 직장인이든 모두 마찬가지다.

이를 통해 우리는 1년 후든, 3년 후든, 아직 오지 않은 미래 세상을 짐작할 수 있게 된다. 나는 언제나 새로운 원고를 쓸 때, 시선을 현재에 두지 않는다. 집필 과정과 편집 과정을 거쳐 이 책이 나올 시기를 상상하고 바라보며 생생하게 느낀다. 그게 1년 후라면 1년 후로 날아가 그 시대에 사는 사람과 세상이 어떻게 돌아가는지를 느끼는 방식이다. 그리고 다시 현실로 돌아와 정확히 1년 후에 필요할 책을 쓴다. 지금 필요한 것이 아니라, 상품이 나올 시기에 필요할 것을 만드는 것이다. 언제나 일상의 현상을 바라보며 '이것은 무엇인가?'에 대한 의문보다는 '앞으로 어떻게 될 것인가?'라는 질문을 품어야 한다. 거기에 추가로 당신에게 필요한 시점인 1년 후, 3년 후를 대입하면 된다. 그런 능력을 갖출 때, 당신은 앉아서 세계를 바라볼 수 있다.

영국의 시인 새뮤얼 존슨은 이렇게 말했다.

현재는 순식간에 지나가기 때문에 과거나 미래와 연결 짓지 않고는 아무 생각도 할 수가 없다.

순간마다 느끼는 것들을 바로 어딘가에 기록하기 전에 머릿속에서 무언가와 연결을 시키는 과정을 거치면 더욱 좋다. 그게 바로 가만히 앉아서 세계를 바라보는 사람들의 삶에서 공통적으로 나타나는 행동이다. 그들은 굳이 기록하지 않아도 보고 들은 모든 것을 자신만의 것으로 만들어 사용한다. 자신만의 언어로 들리는 것과 보이는 것을 저장하기 때문에 가능한 일이다.

사색을 통해
성숙해진 사람은
강하다

앉아서 세계를 볼 수 있는 힘이 생겼다면, 이번에는 그 힘을 제어할 수 있는 더 거대한 힘을 키워야 한다. 힘은 제어를 통해 더욱 강해지기 때문이다. 인품이 진정으로 성숙한 인간이 돼야 한다는 말이다. 사실 우리가 내면세계에 바람직하다는 각종 고전을 읽는 이유 역시 마찬가지다. 고전을 통해 얻은 삶의 지혜를 자신의 사업에 적용해 돈벌이로 이용하겠다는 생각을 가지고 있다면 당신은 고전의 진짜 가치를 모르는 하수다. 우리는 모두 고전을 읽으며, 좀더 튼튼하고 완성된 내일을 맞이하기를 바란다. 때로는 그 열망이 강렬해서 조급해지기도 한다. 하지만 세상에 조급함으로 이룰 수 있는 건 아무것도 없다. 우리가 기적이라고 생각하는 모든 것은 무지에서 오는 착각일 뿐, 철저하게 순리대로 차분하게 이뤄진 결과이기 때문이다.

물론 그저 시간이 지난다고 모든 게 저절로 이뤄지는 것은 아니다. 아무리 노력해도, 어떤 방법을 써도, 늘 제자리에서 맴도는 사람이 분명 있다. 주변 사람들이 "당신의 꽃도 언젠가 한 번은 피어날 것이다"라며 그들을 위로하지만, 안타깝게도 세상엔 세월이 아무리 흘러도 피어나지 않는 꽃도 분명 존재한다. 그들이 자신이 원하는 인간이 되지 못하고, 자신의 삶에서 위대해지지 못하는 이유는 간단하다. 버트런드 러셀은 이런 말을 남겼다.

훌륭한 삶이란 사랑에 의해 고무되고 지식에 의해 인도되는 삶이다.

세월이 지나도 성숙해지지 않는 사람의 공통점은 오직 하나, 삶에 사랑이 존재하지 않았다는 것이다. 반면 세월의 흐름을 뛰어넘어 스스로 성숙해지는 사람의 공통점은 그들 삶에 인간에 대한 사랑이 가득했고, 사랑이 가리키는 곳을 향해 거침없이 전진했다는 것이다.

『예루살렘의 아이히만』의 작가, 한나 아렌트 역시 마찬가지였다. 그녀는 유대인 대학살의 주범인 아이히만의 재판을 참관하고, 그와 관련된 글을 썼다. 나치의 반인륜적 행위를 주도한 아이히만을 만나러 가면서, 그녀가 기대한 그의 모습은 악마 그 자체였다.

하지만 아렌트가 만난 아이히만은 평범한 인간일 뿐이었고, 그녀는 당시 마음을 이렇게 고백했다.

생각과 너무 달랐죠. 그는 유리 칸막이 안에 유령처럼 앉아 있었어요. 감기 든 유령처럼. 으스스하지 않았냐고요? 아뇨, 오히려 보잘것없었어요.

여기서 중요한 것은 그가 그녀를 만나 나눈 대화가 아니다. 잘 생각해보라. 그녀가 만약 아이히만에 대한 증오에 눈이 멀어 인간에 대한 사랑을 잃었다면 그의 재판에도 참석하지 않았을 테고, 참석했어도 무서운 눈으로 그의 얼굴을 노려보기만 했을 것이다. 하지만 그녀는 인간에 대한 사랑으로 그를 바라보았고, 세상에 존재하지 않았던 이론을 발견했다. 사랑하지 않으면 아무것도 발견할 수 없다. 사랑의 부재는 증오를 부르고, 증오는 순식간에 그 사람의 눈과 가슴을 빼앗아버리기 때문이다.

물론 많은 사람이 자신 안에는 사랑이 가득하다고 말한다. 과연 그럴까? 철학자 니체는 『차라투스트라는 이렇게 말했다』를 통해 이렇게 충고한다.

무엇 때문에 그대들은 아침에는 긍지를 가졌다가 저녁에는 체념하는가? 삶을 감당하기 어렵기 때문이다. 그러나 내게 그처럼 연약한 태도를 보이지 말라! 우리 모두는 무거운 짐을 지고 갈 수 있는 수나귀들이고 귀여운 암나귀들이 아니다. 한 방울의 이슬이 그 몸에 떨어지기만 해도 흔들리는 장미꽃봉오리와 우리는 어떤 공통점이 있는가? 그렇다. 우리가 삶을 사랑하는 것은 삶에 익숙해져서가 아니라, 사랑에 익숙해졌기 때문이다.

당신은 스스로 자신을 사랑한다고 말하지만, 과연 진짜 사랑일까? '사랑'이라는 단어에 익숙하기 때문에 사랑하지도 않는 자신을 사랑한다고, 입버릇처럼 말하는 건 아닐까?

습관처럼 사랑을 말하지 않기 위해서는, 사람을 잊지 않아야 한다. 사람들은 어리석게도 정작 사람 사이에 살면서 사람을 잊어버린다. 당신이 어떤 일을 하든, 어떤 성과를 내야 하든, 중심에는 언제나 사람이 있어야 한다. 사람을 잊은 사람은 아무것도 만들 수가 없고, 다른 사람에게서 잊히기 때문이다.

우리는 사랑을 통해 어떤 환경도 극복할 수 있는 강력한 힘을 얻는다. 오이는 비료를 주지 않으면 스스로 뿌리를 뻗어 흙속에 쌓인 영양분을 흡수한다. 사랑으로 바라보지 않으면 오이를 키우는 건 비료라고 생각하고 넘어가지만, 사랑하고 소중히 아끼는 마음으로 바라보면 비료가 아닌 흙으로 성장한다는 사실을 새롭게 알게 된다. 마찬가지로 사람을 키우는 건, 여기저기서 주입받은 온갖 스펙과 기술이 아니라 자기 안에 있는 사랑의 마음이다. 온 마음으로 자신의 꿈을 열망하면 우주가 그 꿈이 이루어지도록 돕는다는 말이 있다. 그런데 왜 우리의 꿈은 잘 이뤄지지 않는 걸까? 간절함이 부족해서일까? 나는 그렇게 생각하지 않는다. 자신의 꿈에 간절하지 않은 사람이 대체 어디 있을까? 문제는 간절함이 아니라, 뜨겁게 타오르지 않고 식어버린 사랑에 있다. 살면서 얼마나 많은 사람을 진심으로 사랑했느냐에 따라 당신의 꿈이 이뤄지는 속도도 빨라진다. 당신이 사는 동안 사랑했던 모든 사람이, 당신의 꿈이 이뤄지기를 간절하게 소망하기 때문이다.

지금 이 순간에도, 당신이 보내는 하루를 절대 사소하게 생각하지 말라. 프란츠 카프카는 이런 말을 남겼다.

일상이 우리가 가진 인생의 전부다.

그리고 다른 사람의 삶을 대신 살지 말라. 세상에 수많은 조개껍질이 있어도 서로 짝이 맞는 건 처음 붙어 있던 껍질뿐이다. 남의 목표와 생각 그리고 꿈을 따라가지 말라. 아무리 멋지고 훌륭해 보여도 그것은 당신과 절대 맞지 않는 껍질일 뿐이다. 인생은 결국 평생 자신을 찾아가는 과정의 연속이다.

당신은
당신이 생각하는 만큼
성장할 수 있다

최근 트위터나 페이스북과 같은 SNS를 대중을 선동하는 데 활용하는 사람들이 많아지고 있다. 그들은 대개 수백 개 이상의 계정을 이용해 자신의 입맛에 맞는 글을 쓰고 여기저기 공유하며, 유언비어를 유포하는 방식으로 누군가를 비방한다. 실제로 2015년 페이스북의 발표에 따르면 전체 사용자의 7퍼센트에 달하는 8,309만 개의 사기 계정이 존재한다. 그들은 왜 가짜 계정을 만들어 유언비어를 유포하는 걸까? 한번 곰곰이 아래 질문에 대해 사색해보자.

"그들은 과연 누구의 이익을 위해 활동하고 있는 것일까?"
"그들은 당신의 관심을 어디로 돌리고자 하는 것일까?"

"당신이 내리는 결정 중 그들이 흔들고자 하는 것은 무엇일까?"

사실 많은 사람이 그들이 올린 글을 별생각 없이 읽고 지나간다. 거꾸로 생각해보면, 그런 사람들이 많이 생겼다는 사실은 생각하며 사는 사람의 숫자가 줄어들었다는 불행한 현실의 방증이기도 하다. 그래서 이전에는 상상할 수 없었던 사기 행각도 빈번하게 일어나고 있다.

페이스북을 자주 쓰는 사용자라면 아마 2014년 화제가 되었던 'R선글라스'에 대해 잘 알 것이다. 많은 사람이 페이스북에서 정상가보다 90퍼센트 이상 싼 가격에 판매되는 R선글라스를 보고 망설임 없이 구매했다. 실제로 R선글라스를 구매했다는 사람의 이야기를 들었는데, 그는 자신의 억울한 마음을 이렇게 털어놨다.

"물론 처음에는 너무 싸서 의심도 했던 게 사실이에요. 그런데 저와 오프라인에서 인연이 있는 지인 몇 명이 '좋아요'를 누른 게 보이더라고요. 그걸 보니 안심이 됐어요. 그래서 망설이지 않고 결제했습니다. 하지만 아무리 기다려도 제품이 배송되지 않는 거예요. 불길한 마음에 확인해보니 R선글라스를 파는 사이트는 이미 사라진 후였습니다."

"에이, 속는 게 바보지!"라고 말하는 사람도 있을 것이다. 하지만 이런 말도 되지 않는 사건이 거의 매일 일어나고 있다.

SNS를 자세하게 살펴보면 많은 사람이 이런 과정을 통해 선동되는 걸 알 수 있다.

- 빠르게 의사 결정을 해야 하는 SNS의 특성상 여기저기에 떠도는 근거 없는 주장과 옳고 그름이 판명 나지 않은 정보를 무분별하게 받아들인다. 그리고 생각할 틈도 없이 의사 결정을 해 버린다.
- 누군가가 던진 말에 공감하면, 나와 의견을 함께하는 사람들이 순식간에 모이게 된다.
- 무리의 생각이 좋든 안 좋든, 군중심리에 의해 자연스럽게 따라가게 된다.
- 가끔 이건 아니라는 생각이 들기도 하지만, 결국 아무도 이의를 제기하지 않는다. 그들의 머릿속에는 이 생각만 가득하다. '아니면 말고!'

이렇게 우리는 무리에 들어가 군중심리에 의해 움직이게 되고, 결국 비슷한 성향의 사람들이 올린 기사와 정보만을 집중적으로 읽게 된다. 자신은 다양한 정보를 공평하게 읽고 있다고 생각하겠지만, 다른 사람들이 볼 때는 세상을 바라보는 100가지 방법 중 딱 한 가지로만 세상을 보고 있는 셈이다. 이렇게 우리는 자신도 모르게 딱 하나만 아는 편향적인 사람이 된다. SNS의 특성 중 하나가 친구 차단 기능이다. 버튼 한 번만 누르면 마음에 들지 않는 글을 올리는 친구를 영원히 차단시킬 수 있다. 실제로 SNS 사용자 5명 중 1명은 친구가 정치적 주제에 관해 올린 포스트가 마음에 들지 않는다는 이유로 그 친구가 올리는 모든 포스트를 차단하고 있다고 한다. 이런 과정이 반복되면 늘 똑같은 정보만 편향적으로 받아들이고 세상을 제대로 바라볼 수 없게 된다. 그리고 생각하는 능력을 영영 잃게 된다.

여기서 중요한 점은 생각하는 힘이다. 스스로 생각할 줄 아는 사람은 유언비어에 선동당하지 않을 수 있다. 말도 안 되게 싸게 파는 상품을 지인이 누른 '좋아요'만 믿고 구매하는 어리석은 결정을 하지 않을 것이다. 타인의 생각에 무조건 기대거나 영향을 받지 않기 때문이다. 세상이 제공한 울타리가 아무리 편안해도 자신의 생각 없이 기대서는 안 된다. 다양한 정보를 받아들이되, 자신의 머리로 생각할 수 있어야 한다. 한 울타리에만 갇혀 있는 사람에게는 언제나 같은 풍경만 보일 뿐이다. 고개를 조금만 돌려도 다른 세상이 존재한다는 것을 인식하지 못한 채, 한곳만을 바라보며 평생 성장하지 못하는 정체된 삶을 살게 된다.

직장에서도 마찬가지다. 여러 번 수정 끝에 기획안을 어렵게 완성한 후 상사에게 보고할 때, 대게 이런 식의 첨언을 하게 된다.

"이 기획안이 최선입니다."

"이 정도 전략이면 충분히 목표 달성이 가능합니다."

이 말의 뒤에는 사실 이런 의미가 생략되어 있는 것이다. '더 이상 다른 방법은 떠오르지 않았습니다.'

세상에 완벽한 것이란 존재하지 않는다. 하지만 내가 모르는 것, 나에게 떠오르지 않은 다른 생각들이란 세상 모든 사람의 한계가 아니라 내 생각의 한계이다. 그렇다고 실망할 필요는 없다.

왜냐하면 아직 나는 더 성장할 가능성이 충분하기 때문이다. 문제는 '생각의 폭과 깊이를 어떻게 확장시키느냐'이다.

생각의 폭과 깊이를 확장시키지 못한 사람들은 소리로 사람을 제압하려 든다. 토론회에서 정책에 대한 생각은 없이 상대를 비방하는 정치인들이나 회의실에서 뚜렷한 방향을 제시하지 못한 채 어떻게든 해내라고 소리 지르는 관리자들, 그리고 사소한 오해에서 시작된 말다툼을 온갖 욕설이 난무하는 싸움판으로 만드는 사람들 등…. 그들이 소통하지 못하고 소리만 지르는 까닭은 고함을 지르는 방법 이외에 다른 방법은 전혀 생각나지 않기 때문이다.

그들은 소통하지 않은 게 아니라, 소통하는 방법을 모르는 것이다. 즉 생각의 한계에 맞닥뜨리면서 행동의 한계에 직면하게 된 것이다. 마찬가지로 대부분의 사람들이 자신에게 주어진 일만 반복적으로 처리하는 데 만족하는 이유는 좀더 잘해낼 수 있는 방법을 생각하지 않기 때문이다. 삶이 나아지지 않을 거라 단정하며 사는 이유도 마찬가지이다. 나의 막힌 생각이 나의 성장을 믿지 않는 것이다. 우리가 만약 지금 하고 있는 일을 좀 더 잘할 방법을 생각해낼 수 있고 생산적인 사고를 할 수 있게 된다면, 어떤 세상에서도 더는 내일을 걱정하며 불안해 하지 않고 안정된 삶을 살게 될 것이다. 그러므로 기억하자. 내가 생각하는 만큼 내 인생은 성장한다.

사색의 수준이
인생의 수준을
결정한다

환경이 중요하다며 이의를 제기하는 사람도 있을 것이다. 물론 사람이 성장하기 위해 가장 중요한 건 그 사람이 처한 환경이다. 누구도 환경의 힘을 거스를 순 없다. 하지만 단 하나 방법이 있다. 당신 자신을 바꾸면, 환경도 바뀐다. 결국 환경이라는 벗어나기 힘든 엄청난 영향력도, 당신의 생각을 바꾸면 바뀔 수 있다!

술이 아니라 생각에 취하라. 실제로 위대한 사색가들은 매일 어지러울 정도로, 금방이라도 구토가 날 정도로, 엄청나게 사색에 몰입했다. 그들이 사색을 위해 걸었던 길은 우리가 상상하는 평지가 아니었다. 그들은 때론 산을 넘기도 했고, 구불구불하고 험한 길을 몇 시간 동안 걷기도 했다. 보통 사람은 완주하기도 힘든 그 길을 그들이 매일 걸을 수 있었던 힘은 어디에 있었을까? 간단하다. 사색가들은 자신이 걷는 길이 아니라, 자신이 하고 있는 생각에 집중했기 때문이다.

당신이 한 사색의 수준이,
당신이 살 인생의 수준을 결정한다.

다만 사색가가 되어 새로운 삶을 시작하기 이전에 갖춰야 할 게 하나 있다. 대문호 괴테와 나치 선전 부장인 괴벨스의 공통점이 무엇인지 알고 있는가? 바로 고도의 언어 지능을 가지고 있었다는 점이다. 하지만 괴테는 자신의 장점을 통해 세상에 위대한 작품을 남겼고, 괴벨스는 사라지지 않는 증오를 남겼다.

당신은 괴테가 되고 싶은가 아니면 괴벨스가 되고 싶은가? 여기에서 사색의 방향이 결정된다. 사색법과 독서법의 노하우만을 배우는 데 그친 사람은 괴벨스처럼 자신의 능력을 엉뚱한 데 쓸 가능성이 높다. 하지만 '이것'까지 배운 사람은 전혀 다른 삶을 살게 된다. 고귀한 정신이 스스로를 숨기지 못하고 드러내듯, 보기만 해도 '아, 저 사람은 정말 괜찮은 사람이구나'라는 생각이 들게 만드는 사람이 있다. '이것'은 바로 '인격'이다.

인격은 아무리 숨기려 해도 숨길 수가 없다. 괴테에 의하면, 인격은 외적인 아름다움과는 전혀 다른 마력과도 같은 것이기 때문에 가까이 다가서기만 해도 그 고상함이 절로 느껴진다. 실제로 우리가 알고 있는 괴테의 위대함은 그의 두뇌가 아니라 인격에서 비롯된 것이다. 이처럼 인격이란 굉장히 중요한 덕목이다. 때론 인격이 최고의 능력일 수도 있다.

인격적인 사람이 되는 데 필요한 덕목은 겸손이다. 꽃은 곱지만 지고 나면 추하다. 한참 피어날 때는 자신의 아름다움만 믿고, 세상이 모두 내 것 같다는 착각에 빠진다. 하지만 그런 교만함은 자신을 더욱 빨리 지게 만들 뿐이다. 최고의 인기를 구가하던 연예인이 순식간에 몰락해 구렁텅이로 빠지는 것을 우리는 자주 목격했다. 몰락한 그들을 밟고 올라선 사람들 역시 교만에 빠져 자신의 권세가 죽는 날까지 사라지지 않을 거라고 생각하며, 사람들에게 거만하게 말하고 행동한다. 때로 세상이 자기를 중심으로 돌아가지 않으면 마치 일곱 살 아이처럼 투정을 부린다. 그리고 그게 멋진 일이라 생각한다.

직장에서도 마찬가지다. 명성을 얻어서 좋은 점은 내 말이 먹힌다는 것이다. 예를 들어 한 회사의 임원이 상황에 맞지 않는 말을 해도 부하 직원들은 눈치를 보며 '최고'라는 말을 연발한다. 이때 겸손하지 못한 임원은 그것이 자리가 주는 이득이 아닌, 자신이 현명하고 논리적이기 때문이어서라고 착각한다.

우리는 언제나 이 문장을 기억하고 살아야 한다.

실력에서 진 사람에게는 패자부활전이 허락되지만 인격적인 부분에서 진 사람에게는 패자부활전마저 주어지지 않는다. 명심하라, 아무도 당신을 보지 않는 것 같지만 제3의 카메라는 존재한다.

언제나 겸손해야 하고 인격적이어야 한다. 이를 통해 진정한 사색가가 될 수 있다. 또한 사색의 힘은 남을 누르고 밟기 위해서가 아니라, 더 아름다운 세상을 만들기 위해 써야 한다는 사실을 기억해야 한다.

나는 우리나라 최고의 사색가로서 존경받는 기업가 중 한 명이었던 고故 유일한 박사를 꼽는다. 그는 1971년 봄, 76세를 일기로 생을 마감하며 가족들에게 짧은 유언을 남겼다.

손녀에게는 대학 졸업 때까지 학자금으로 1만 불을 준다.
딸에게는 유한공고 안에 있는 묘소와 주변 땅 5천 평을 물려준다. 그 땅을 유한동산으로 꾸미고 결코 울타리를 치지 말고 학생들이 마음대로 드나들도록 하라.
내 명의의 주식은 전부 한국 사회 및 교육기금에 기증한다.
아내는 딸이 잘 돌보아주기 바란다.
아들은 대학까지 졸업시켰으니 앞으로는 자립하여 살아가거라.

모든 재산을 사회에 환원한 그는 생전에 사회사업과 독립운동 그리고 교육 사업 등으로 존경받아왔다. 더욱 놀라운 사실은 20년 후 그의 딸이 세상을 떠나면서 아버지가 남겨주신 마지막 재산마저 사회에 환원했다는 사실이다. 그는 생전에 이렇게 말했다.

기업으로 아무리 큰 부富를 축적했다 할지라도, 죽음이 임박해 하얀 시트 위에 누운 자의 손에는 한 푼의 돈도 쥐어져 있지 아니하는 법이다. 기업에서 얻은 이익은 그 기업을 키워준 사회에 환원하여야 한다. 기업의 기능이 단순히 돈을 버는 데서만 머문다면 수전노와 다를 바가 없다.

그는 대체 어떻게 유한양행을 설립하고, 위대한 사람으로 성장할 수 있었을까? 유일한 박사가 남긴 아래 글을 눈이 아닌 가슴으로 읽어보라.

눈으로 남을 볼 줄 아는 사람은 훌륭한 사람이다. 그러나 귀로는 남의 이야기를 들을 줄 알고, 머리로는 남의 행복에 대해서 생각할 줄 아는 사람은 더욱 훌륭한 사람이다.

어느 정도를 아느냐, 그것이 문제가 아니다. 아는 것을 어떻게 이용하느냐, 이것이 문제인 것이다. 때문에 사색하고 관찰하는 습관은 인간의 지적 성장에 촉진제 역할을 한다.

그가 남긴 글을 읽으며, 그가 가진 최고 사색가의 면모를 그대로 확인할 수 있다. 그는 모든 상황을 눈으로만 판단하지 않고 귀와 머리 그리고 가슴으로 사색한 후, 그가 번 모든 것을 나라에 바쳤다.
 여기서 궁금증이 생긴다. 대체 사색의 방향을 어디로 잡아야 할까? 유일한 박사가 전한다.

 나는 모든 한국인이 자신이 아닌 남을 먼저 생각할 때, 최고의 성취를 이룰 수 있다는 사실을 알기를 바랍니다.

 그가 사람들의 존경을 받을 수 있었던 이유는, 단지 그가 성공한 사업가였기 때문만은 아니다. 그가 자신보다는 세상을 돕는 인격자로서 최고의 삶을 살았기 때문이다. 삶에서 자동차의 브레이크 역할을 하는 것은 인격이다. 인격이라는 브레이크가 없는 삶은 사고가 나기 마련이다. 후회를 남기지 말고, 늘 고귀한 인격을 가슴에 품은 채 사색하라.
 "나는 그때 왜 그들의 말을 듣지 않았을까?"
 "나는 왜 나만 열심히 하면 이 자리를 지킬 수 있을 거라 생각했을까?"
 "대체 나는 왜 그렇게 거만했을까?"
 삶은 때론 단 한 번의 추락으로 끝나기도 한다. 사랑이 끝난 후에야 사랑이 찾아오듯, 깨달음도 언제나 가장 뒤에 온다. 어지럽고 유혹이 가득한 이 세상에서 나의 중심을 지키는 일은 치열한 사색에서 출발한다. 하지만 그 중심에는 인격이 있어야 함을 늘 명심하라.

유일한 삶을
살게 하는
이어령의 5가지 조언

나이가 들고 세월이 흐르면 시간이 없으니까,
지금 자기가 좋아하는 여행부터 하라.

여행을 하라는 이어령 박사의 말은 어딘가로 떠나라는 것이 아니라 자신이 원하는 방향을 선택해서 유일한 삶을 살라는 조언이다. 그를 좋아하지 않는 사람도 그가 자신만의 유일한 삶을 살았다는 사실은 인정할 수밖에 없을 것이다. 그는 하고 싶은 것을 하고 싶을 때 하며 살았고, 어떤 변화에도 흔들리지 않고 내일을 예상하며 주변 사람들의 지적 등불이 되어주었다.

최근 방송과 기사 등으로 그는 자주 자신의 마지막이 될지도 모를 이야기를 전하고 있다. 모든 것을 알 순 없지만, 지난 10년 동안 지속적으로 그를 만나 이야기를 나누며 그의 삶을 존경해온 나로서는 그가 유일한 삶을 살 수 있었던 힘에 대해 전파할 책임을 느낀다.

죽음도 막을 수 없는 너의 일을 찾으라.

세상에서 가장 인간을 절망하게 만드는 소리 중 하나는 "암입니다"라는 의사의 진단일 것이다. 그러나 이어령 박사는 그 고통스러운 진단을 받고 오히려 희망을 봤다. "아직 내게 시간이 있구나, 진짜 하고 싶은 것을 하자." 실제로 그는 암이란 얘길 듣는 순간 '쓰고 싶은 글을 쓰고 죽자'라는 생각을 했다. "나는 글을 쓰는 사람이며, 글을 쓸 수 있었기에 그 다양한 일을 지금까지 할 수 있었다"라는 사실을 누구보다 잘 알고 있었다. 그는 4기 암 선고를 받았지만 항암 치료를 전혀 하지 않고 오직 자신이 해야 할 글쓰기에 몰입하며 살고 있다. 죽음 앞에서도 자신이 지금 무엇을 해야 하는지 명확하게 아는 사람은 늙어도 늙지 않는다. 그래서 그는 죽는 날까지 청춘이다.

젊은이는 늙고, 늙으면 죽는다.

우리는 모두 결국 죽는다. 사람은 누구나 자기 삶의 마지막에 이르면 자신을 정의할 한마디를 남긴다. 그가 87년 평생을 살며 남긴 한마디로 내가 꼽는 것은 바로 이것이다.

젊은이는 늙고, 늙으면 죽는다.

그는 평생 죽음을 기억하며 살았다. 언제 죽을지 모른다고 생각하면 생이 농밀해질 수밖에 없다. 그러므로 그는 몇 명이 살아도 할 수 없는 일을 단 한번의 생에 완벽하게 해냈다. 그는 '메멘토 모리Memento Mor(죽음을 기억하라)'라는 문장을 강조한다. 그러나 같은 문장을 읽어도 반응은 전혀 다르게 갈린다. "어차피 죽는 거 즐기며 사는 거지!"라고 생각할 수도, "오늘 사랑과 희망을 전하며 살아야 한다"라고 생각할 수도 있다. 무엇이 영원할 수 있을까? 술은 마르고 음식은 썩어 사라지지만, 한 사람이 남긴 사랑과 희망은 다음 세대로 영원히 살아 전해진다는 것만 기억하면 된다.

자기 삶의 시인으로 살라.

여기저기에서 시를 읽으라며 시를 강조한다. 이유가 뭘까? 유일한 삶을 사는 비결이 시에 모두 녹아 있기 때문이다. 굳이 예술에 종사하지 않더라도 시인이 시를 쓰듯 장사를 하고 기업 경영을 하면 아무도 따라올 수 없는 창조적인 기업이 된다. 이어령 박사가 평생 강조한 '베스트 원best one이 아닌 온리 원only one의 삶'으로 가는 길이 바로 여기에 있다. 최고는 멋지지만 평생 타인과 경쟁하며 순위를 다퉈야만 한다. 하지만 유일한 자신의 삶을 사는 사람에게는 오직 어제의 자신만이 유일한 경쟁자일 뿐이다. 누구도 의식하지 않고 자기 길을 편안하게 걸어갈 수 있다. 좋은 시집을 자주 읽으며 시인이 어떤 마음과 과정을 통해 시를 썼을지 섬세하게 들여다보자. 그리고 그 모든 것을 자신의 일에 적용하며 살면 유일하다는 것이 무엇인지 조금씩 깨달을 것이다.

당신의 시선이 당신의 자본이다.

그는 입시생이었던 당시 성적이 좋았음에도 공부를 잘해야 갈 수 있었던 의대나 법대가 아닌, 인문대 국문과에 진학했다. 나는 그것이 그 자신을 위한 인문학적 삶의 시작이라고 생각한다. 나는 『사색이 자본이다』라는 책을 내며 "당신이 당신의 눈 그리고 가슴과 머리로 생각할 수 있도록 돕습니다"라는 캐치프레이즈를 걸고 사색가의 삶을 시작했다. 인문학적 삶이란 결국 같은 것을 다르게 바라보며 그것을 자기 삶에 적용하는 것이다. 어떤 프레임도 그를 가둘 수 없으며, 어떤 직업도 그를 정의할 수 없다. 경계를 허무는 그의 삶은 평생 다양한 우물을 파게 만들었다. 그는 이제 마지막으로 죽음을 마주 보며 죽음이라는 최종 우물을 파고 있다. 그가 치료를 거부한 이유는 세상의 소리가 섞이면 죽음을 제대로 바라보며 느낄 수 없기 때문이다. 바라볼 수 있다면 담을 수 있고, 담은 것을 서로 연결할 수 있다면 의미를 남길 수 있다. 그래서 당신의 시선이 곧 당신의 자본이다.

AI의 방향을 결정하는 주인이 되라.

그는 늘 "계급사회가 위험한 것이 아니라, 계급과 계급 사이에 통로가 없는 것이 위험하다"라고 말했다. 그렇게 그는 디지털과 아날로그를 합친 '디지로그'가 돼야 후기 정보화사회가 온다고 예상했다. 중요한 것은 그의 예상이 적중했다는 사실이 아니라, 그가 세상에 디지로그를 내놓은 이유를 파악하는 것이다. 그는 계급과 계급 사이에 통로를 내고 싶다면 디지로그의 움직임을 파악하고 준비하면 된다는 신호탄을 날렸다. 우리는 늘 그가 바라보는 지점이 아닌 손가락 끝만 바라보았다.

"인간보다 잘 뛰는 말을 이기려면 어떻게 해야 할까?" 아무리 연습해도 인간은 말보다 빠르게 오래 달릴 수 없다. 해결책은 하나다. 말은 인간의 머리 위에 탈 수 없지만 인간은 말의 등에 올라타 말의 방향과 힘을 제어할 수 있다. AI도 마찬가지다. 굳이 AI를 이기려고 할 필요가 없다. 말처럼 올라타서, 기계가 할 수 있는 이성적인 일과 기계가 못하는 감성의 영역을 합치면 된다.

자신의 힘으로 지구를 한 바퀴 도는 일은 대단한 일이지만, 자기 자신의 내면을 한 바퀴 도는 일은 위대한 일이다. 하루라도 더 빨리 자기 삶을 위한 시동을 걸자. 살아 있다는 것은 축복이다. 그래서 죽음만큼 절박하고 중요한 게 없다. 죽음을 기억하라. 그리고 창조가 바로 그곳에서 시작된다는 사실을 잊지 말라.

나는 죽을 때까지
우아하게
살기로 했다

우아하게 산다는 것은 뭘까? 나는 그 답을 "인간은 선하게 태어나지 않았다"라는 말로 시작하려고 한다. 아무리 선하게 태어난 사람이라도, 일상을 살면서 악해질 수밖에 없는 수많은 현실과 마주하며 혼란에 빠지게 된다. 99번을 참고 선한 의지를 고수한들 단 한 번만 실수하면 어떤 이에게는 악한 사람으로 낙인찍힌다. 그때 인간은 악한 길에 빠지며 인간이 가진 고유의 우아함을 잃는다. 그래서 나는 우아하게 산다는 것을 '나를 둘러싼 유혹의 언어에서 중심을 지키며 사는 것'이라고 생각한다. 나는 다음 3개의 단어에서 우아함을 지키며 살아가게 돕는 단서를 찾았다.

자존심

애매하면 먼저 고개를 숙이자. 누구의 잘못인지 쉽게 구분하기 힘들 때는 상대보다 먼저 마음을 담아 사과하라. 세상에 일방적인 잘못으로 일어나는 일은 거의 없다. 애매한 경우 먼저 손을 내미는 것이 현명하다. 서로가 서로의 잘못이 크다고 생각할 때, 자존심은 더욱 확장되어 고개를 숙이지 않으려고 하게 된다. 그럼에도 먼저 고개를 숙이며 손을 내밀자. 어떤 경우에도 먼저 사과하는 사람이 손해를 보는 법은 없다. 만약 당신의 사과에 오히려 우쭐대는 사람이 있다면, 다시는 그를 상대하지 말라. 그는 사과할 가치가 없는 사람이다.

욕망

지지 않으려는 욕망이 결국 지게 만든다. "나 그거 알아요"라고 말하며 억지로 무언가를 설명하는 것보다는 "잘 모르는데, 알려줄 수 있어요?"라고 말하는 것이 지혜롭고 아름답다. 지성은 싸워 쟁취하는 전투가 아니다. 모르는 것을 모른다고 말할 때 인간은 빛이 난다. 모르는 것을 자주 고백하는 사람들은 자주 타인의 이야기를 들으며, 자연스럽게 경청하는 시간을 갖게 된다. 지금 주변을 둘러보라. 자신이 아는 것을 외치는 사람과 그걸 조용히 경청하는 사람 중 누구에게서 우아한 분위기가 더 많이 느껴지는가? 나이가 들면 자꾸 말하고 싶은 욕망이 강해지니 더욱 조심해야 한다. 물론 말할 때 우아한 사람도 있을 수 있다. 하지만 인간은 무언가를 듣기 위해 상대를 조용히 바라볼 때 가장 우아한 모습이 된다는 사실을 기억하자.

복수

통쾌라는 치명적인 유혹에서 벗어나자. "두고보자"라는 말은 왜 태어났을까? 미래의 어느 날 복수한다는 생각만 해도 짜릿하며 스스로 행복해지기 때문이다. 그런데 그들의 표정과 말에서 느껴지는 분위기를 찬찬히 살펴보면 우아함이라고는 전혀 느껴지지 않는다. 복수하겠다는 마음을 갖게 되면, 그 사람 내부에 있는 온갖 부정적인 감정의 스위치가 일제히 켜진다. 그 안 좋은 에너지가 일상에서 눈빛과 표정, 사소한 행동 하나에도 묻어나 주변 사람들을 불편하게 만든다. 통쾌를 추구하지 말자. 그것은 타인의 고통에서 행복을 찾는 어리석은 선택이다. 그냥 "저런 사람도 있구나"라는 마음으로 스쳐 지나가자.

먼저 고개를 숙이지 않으려는 자존심과 지지 않으려는 욕망, 그리고 복수하려는 마음이 결국 그 사람의 우아한 일상을 멈추게 만든다. 돈이 많다고, 화려한 식당에서 식사를 즐긴다고 그 사람이 우아해 보이지는 않는다. 앞서 말한 것처럼 우아함이란 선하게 살겠다는 마음의 의지를 지키는 사람에게서 느껴지는 인간의 고귀한 가치다.

확실한 것에서
우리는 무엇도
배울 수 없다

과거를 기억하지 못하면
과거를 반복하며 살게 되고,
현재에 충실하지 않으면
현재라는 자산을 잃고 살게 되며,
미래를 계획하지 않으면
미래라는 주인의 계획대로 살게 된다.
그대의 과거와 현재 그리고 미래의 주인이 되라.

이어령 박사는 어린 시절 집에 머슴을 여러 명이나 둘 정도로 상당히 부자였다. 여기에서 "부자였네! 역시 부자니까 마음 편히 사색하고 학문에 전념할 수 있었겠지"라며 그의 삶을 낮추면 오히려 자신이 얻는 게 없어진다. 그래서 나는 이런 질문을 던진다. "편히 살 수 있는 부자였으면서도, 그는 왜 사색과 지성을 추구한 걸까?"

주변의 부자와 권력자들의 자식들을 보라. 부와 권력을 가진 상태에서 자기 삶에 몰두하기란 오히려 더 어렵다. 언제나 모든 상황에서 무언가를 얻고 발견하는 자들은 "그러니까 그렇지!"라는 사고가 아닌 "그럼에도 어떻게?"라는 시선으로 대상을 바라본다. 그렇게 발견한 지혜와 삶의 철학이 하나 있다.

때는 1950년, 하루는 인기척이 나서 이어령의 할머니가 무심코 창문 밖을 내다봤는데, 마침 이웃집에 사는 가난한 김씨 아저씨가 쌀을 훔치려고 하는 것을 목격하게 된다. 할머니는 바로 큰소리로 머슴들을 불렀다.

"이 서방, 김 서방, 여기 빨리 나와보세요."

순간 할머니의 음성을 들은 김씨 아저씨는 움직일 수도 없을 정도로 긴장했을 것이다. 하지만 이후에 나온 할머니의 말은 그 예상을 크게 빗나간, 참 거룩하고 아름다운 말이었다.

"내가 오늘 오전에 김씨 아저씨한테 쌀 몇 가마니 가져가라고 일렀는데, 글쎄 얼마나 바빴는지 이렇게 늦은 저녁에야 왔네. 너무 많아서 혼자는 가져갈 수 없을 테니까, 미안하지만 자네들이 좀 들어다 줄 수 있겠는가?"

모두가 할머니의 배려였다. 애초에 쌀을 주겠다는 언질도 없었으니까. 쌀을 훔치다가 걸렸다고 생각했던 김씨 아저씨는 과연 어떤 마음이었을까? 게다가 할머니는 대체 어느 정도의 의식 수준이었으면 그렇게 순간적으로 모두의 생명과 자존감을 살리는 선택을 할 수 있었던 걸까? 여기에서 다시 '에이, 사람한테 잘해줘봐야 하나도 소용없어, 결국 배신이나 하겠지!'라고 생각하며 좋은 마음을 지우려는 사람도 있을 것이다. 하지만 곧 두 사람 사이에 기적이 일어났다.

몇 달 후 6.25 전쟁이 일어났고, 마을에서는 동네 부자들을 잡아다가 죽이는 인민재판이 진행되었다. 그런데 운명의 장난이었을까? 마침 쌀을 훔치러 왔던 김씨 아저씨가 인민 위원장이 되었고, 그는 매우 단호한 음성으로 이렇게 말했다. "이 할머니만큼은 반드시 살려야 합니다."

김씨 아저씨 입장에서는 자기 목숨을 걸어야 하는 일이었다. 괜한 오해를 살 수 있었기 때문이다. 그렇게 김씨 아저씨가 지켜준 덕분에 할머니는 물론 가족 모두가 생명을 보존할 수 있었다. 우리는 진실한 마음을 주면 반드시 더 고귀한 마음을 받게 된다는 사실을 알고 있다. 그러나 그 과정은 참 힘들고 길며, 우리는 안타깝게도 머리로만 그 사실을 알고 있다. 줄 때는 무언가를 받는다는 기약을 할 수 없으니 진실한 마음을 담기가 어렵기 때문이다.

내가 여기에서 말하고 싶은 것이 바로 진실과 창조 그리고 사랑으로 가는 과정에 있는 '불확실한 것들에 대한 믿음'이다. 지식은 누구나 알고 있는 확실한 것이지만, 지성은 불확실한 것이다. 그것은 개인의 안목과 식견이 좌우하는 것이기 때문이다. 나는 여전히 부족하지만 끝내 닮고 싶은 정신이 하나 있다. 그것이 바로 이어령 박사에 대한 이야기를 하는 이유이기도 하다.

세상을 바꾸고 자신이 사는 세상을 하나하나 창조해나가는 사색가가 되기 위해 우리에게 필요한 것은 검색을 하면 나오는, 누구나 알 수 있는 정보가 아니다. 아무리 훌륭한 정보라 할지라도 그건 우리 자신의 것이 아니기 때문이다. 누가 만들었는지 알 수도 없는 정보를 통해 우리가 얻을 수 있는 것은 시간 낭비뿐이다. 정보를 대하는 우리의 태도를 바꿔야 한다. 프랑스에서 현실을 뜻하는 '레알리테realite'라는 말은 '고쳐나가야 하는 현실'이라는 의미로 자주 쓰인다. 사색가가 되고 싶다면 현실을 그저 받아들여야 하는 것이라고 생각하지 말고, 내가 고치고 수정해나갈 대상으로 바라보는 자세를 가져야 한다.

―― 사색 독서 ――

『죽음의 수용소에서』

빅터 프랭클

1946년에 출간된 『죽음의 수용소에서』는 오스트리아 심리학자인 빅터 프랭클 박사의 자전적인 체험 수기다. 이 책이 중요한 이유는 나치의 강제수용소에서 작가 자신이 직접 겪은 생사의 엇갈림을 바탕으로 인간의 심리를 비롯하여 다양한 삶에 대한 관점을 제시하기 때문이다. 덕분에 이 책은 1991년 미국 의회도서관과 북 오브 더 먼스 클럽Book of the Month Club이 공동으로 조사한 '미국에서 영향력 있는 10권의 책'에 선정되었고, 지금까지도 그 가치를 인정받고 있다.

세상에 최악의 환경을 이겨낸 사람들에 대한 이야기는 많다. 그중에서도 유독 이 책이 독자들의 사랑을 받는 이유는 무엇일까? 이 책의 무엇이 그토록 사람들을 매혹시키는 것일까? 답은 간단하다. 이 책이 이전에는 어디에서도 볼 수 없었던 전혀 새로운 상황과 생각을 보여줬기 때문이다.

흔들리지 않고 나를 지키며 사는 법

사색가들은 언제나 수많은 정보를 끊임없이 의심하고, 다른 사람이 정의한 모든 것 위에 불확실한 생각을 올려놓고, 오직 자신만이 할 수 있는 무언가를 만들어낸다. 그 수준에 도달하기 위해서는 어떤 상황에서도 흔들리지 않는 힘이 있어야 한다. 이 책을 통해 흔들리지 않는 힘을 지니고 세상을 바라보는 방법을 알 수 있다.

순간에 집중하는 것이다.

순간에 집중하기 위해 가장 먼저 필요한 것은 성공을 목표로 삼지 않는 삶의 태도. 성공을 목표르 삼으면 삼을수록 우리는 오히려 성공에서 더욱더 멀어질 뿐이다. 성공은 행복과 마찬가지로 찾는 것이 아니라, 우리를 찾아오는 것이다. 나는 여러분이 양심의 소리에 귀를 기울이고, 그것이 원하는 대로 확실하게 행동하기를 바란다. 그러면 언젠가는 정말로 성공한 자신을 보게 될 날이 올 것이다. 성공한 사람이나 뭔가를 성취한 사람들의 인터뷰를 보면, 그들은 약속이라도 한 것처럼 늘 비슷한 이야기를 늘어놓는다.

"매 순간 제 할 일만 했을 뿐입니다."
"오늘 해야 할 일에 충실했을 뿐입니다."

많은 사람이 그들의 이야기를 들으며 '그래도 뭔가 비밀이 있지 않을까?'라는 생각을 한다. 그러나 그들의 답은 거짓이 아니다. 그들이 겸손하기 때문도 아니다. 목표를 가진 사람이라면 누구나 경험해봤을 것이다. 아무리 작은 목표라 할지라도 그것을 생각하면 생각할수록 불가능하게만 보인다. 그럴 때는 성취에 대한 것을 잊고 지금 이 순간을 최대한 열심히 사는 것이야말로 성취를 위한 가장 빠른 길일 수 있다. 자꾸 생각하면 자꾸 멀어진다. 현실의 무게만 짊어지자.

목표 의식을 갖고 노력의 가치를 제대로 아는 것이다.

빅터 프랭클은 니체의 "왜 살아야 하는지를 아는 사람은 그 어떤 상황도 견뎌낼 수 있다"라는 말을 인용하여 두 가지 이야기를 들려줬다.

잔인한 죽음의 수용소에서 부모 형제가 죽고, 나 자신도 처참한 생활 가운데 모든 소유물을 빼앗기고, 가치는 파멸당하면서 남은 것이라고는 벌거숭이가 된 몸뚱어리 하나밖에 없었다. 여기서 깨달은 것은 살아야 할 이유를 아는 사람은 거의 어떠한 상태에서도 견디어낼 수 있다는 것이다.

산다는 것은 곧 시련을 감내하는 것이며, 살아남기 위해서는 그 시련 속에서 어떤 의미를 찾아야 한다는 것이다. 만약 삶에 어떤 목적이 있다면 시련과 죽음에도 반드시 목적이 있을 것이다. 하지만 어느 누구도 그 목적이 무엇인지 말해줄 수는 없다. 각자가 스스로 알아서 찾아야 하며, 그 해답이 요구하는 책임도 받아들여야 한다. 그렇게 해서 만약 그것을 찾아낸다면 그 사람은 어떤 모욕적인 상황에서도 계속 성숙해갈 수 있을 것이다.

그의 말에 따르면, 죽음의 수용소라는 극한 상황에서도 살아야 하는 목표와 이유를 찾으면 반드시 살아남을 수 있다. 아무리 극한 상황이라도, 이 세상에서 자신이 아니면 누구도 자신을 대신할 수 없다는 신념을 가지고 있다면 살 수 있다. 자신이 겪는 고통이 분명 자신의 목표를 이루는 데 도움이 된다고 생각하는 사람은 어떤 환경에서도 자신을 지킬 수 있는 힘을 가지게 된다.

같은 맥락에서 도스토옙스키는 이런 말을 남겼다.

내가 세상에서 한 가지 두려워하는 것이 있다면, 그것은 내 고통이 가치 없는 것이 되는 것이다.

엄청난 양의 불멸의 고전을 써낸 도스토옙스키도 고통이 없이는 완전한 사색을 할 수 없음을 알고 있었고, 그래서 자신의 고통이 가치가 없어지는 것을 가장 두려워했다. 마찬가지로 빅터 프랭클이 수용소에서 죽음의 공포를 견딜 수 있던 것은 그가 인간에 대해 더 깊게 아는 데 목표를 두고, 이를 통해 자신의 고통에 대한 가치를 충분히 인식했기 때문이다.

내 삶은 내가 결정한다는 의지를 가지는 것이다.

빅터 프랭클은 1905년 오스트리아의 빈에서 태어났고, 빈대학교에서 의학박사와 철학박사 학위를 받았다. 엘리트로 살고 있던 그가 한순간에 최악의 상황에 이른 것이다. 그래서 더욱 고통을 많이 느꼈을 수도 있다. 그러나 그는 생존이 불확실한 상황에서도 삶의 의지를 잃지 않았다.

하지만 그와 달리 수용소 안에서 삶의 이유를 잃어버린 사람들은 인간이 아닌 동물의 삶을 살았다. 그들은 좁은 공간 안에서 자신의 배설물 위에 아무렇지도 않게 누워서 생활했다. 우리가 사는 곳도 마찬가지다. 언제나 우리는 그들처럼 최악의 상황에 빠질 확률을 안고 살아가고 있다. 지금 빅터 프랭클과 같은 처지에 놓인 당신의 모습을 상상해보라.

당장 먹을 게 없는 곳에서, 당장 누군가 죽어 나가야만 하는 참혹한 곳에서, 사람들이 다닥다닥 붙어 있는 상태로 화장실을 가지 못하고 그 자리에서 대소변을 해결해야 하는 곳에서, 거울 앞에 서 있는 처참한 자신과 마주했을 때 어떤 기분이 들까? 아마 의지를 잃고 주어진 환경에 순응하며 살게 될 가능성이 높다. 하지만 그는 삶의 의지를 잃지 않았고, 주어진 환경에서 벗어나는 삶을 선택했다. 아무리 어려운 환경일지라도 자신의 태도를 결정하고 자신의 길을 선택할 수 있는 인간이 누릴 수 있는 자유만은 빼앗아갈 수 없다.

여기서 하나 염두에 두어야 할 것이 있다. 언제나 의지의 방향이 엉뚱한 곳으로 흐르지 않도록 주의해야 한다. 때로 사람은 자신의 원칙을 지키기 위해 타인을 희생시킬 정도로 악독해지기 때문이다. 그는 수용소에서 이를 직접 경험했다.

수용소 생활을 경험해보지 못한 사람들은 수용소 생활에 대해 그릇된 생각, 즉 감상이나 연민을 갖기 쉽다. 하지만 밖에 있던 사람들은 당시 수감자들 사이에서 벌어졌던 생존을 위한 치열한 싸움이 무엇을 의미하는지 전혀 모른다. (…) 그렇다면 이제 곧 수송될 처지에 놓인 수감자들을 살펴보자. 그들에게는 도덕적이고 윤리적인 문제에 관심을 기울일 이유도 없고 또 그러고 싶은 생각도 없다. 모든 사람들이 오로지 한 가지 생각에만 사로잡혀 있다. 집에서 자기를 기다리고 있을 가족을 위해 살아남아야 한다는 생각, 아니면 이제 곧 끌려갈 친구의 목숨을 구해주어야 한다는 생각뿐이다. 그래서 그는 주저하지 않고 자기를 대신할 사람, 즉 다른 '번호'를 수송자 명단에 집어넣는다.

잘못된 의지는 이렇게 비인간적인 선택을 하도록 만들기도 한다. 그래서 중요한 게, 자신의 의지 안에 언제나 사람을 넣어야 한다는 것이다. 사람이 빠진 사색은 껍데기일 뿐이다. 언제나 혼란스러울 때는 사람을 기억하라. 사람이 당신의 길을 안내해줄 것이다.

가장 중요한 것은 강력한 정신력이다.
그가 경험한 수용소에서의 삶은 상상 이상이었다. 하지만 사람들은 놀랍게도 그 말도 안 되는 상황에 적응해 나갔다.

밖에서 생활할 때 잠을 제대로 못 잤던 사람이 있었다. 옆방에서 바스락거리는 소리만 들어도 잠이 깰 정도로 예민한 사람이었다. 그런데 수용소에서는 그런 사람이 동료의 몸 위에 엎어져서 귀에서 불과 몇 인치 떨어지지 않은 곳에서 코를 고는 소리를 들으면서도 아주 깊이 잠을 잤다. 만약 어떤 사람이 인간을 어떤 환경에서도 적응할 수 있는 존재로 묘사한 도스토옙스키의 말이 사실이냐고 묻는다면 우리는 이렇게 대답할 것이다. "물론입니다. 인간은 어떤 환경에도 적응할 수 있습니다."

그들은 이를 닦을 수조차 없었다. 그리고 심각한 비타민 결핍증에 시달렸다. 하지만 이상하게도 그들의 잇몸은 그 어느 때보다 건강했다. 셔츠 한 벌을 반 년 동안이나 입어 그 형체를 알아볼 수 없을 정도였고, 수도관이 얼어붙어 세수는커녕 손 한 번 제대로 씻을 수가 없었지만 그들은 건강했다. 일을 하다가 찰과상을 입어도 상처가 곪는 법이 없었다. 몸이 움직이므로 생이 살아지는 것이 아니라, 생각한 대로 몸이 살아진다는 것을 여실히 보여주는 것이다.

우리는 자기 삶의 습관에 대해 자주 이런 이야기를 한다.

"나는 최소 8시간은 자야 합니다."

"나는 반드시 식사할 때 국을 먹어야 합니다."

"나는 절대 30분 이상 운동할 수 없습니다."

우리는 습관처럼 '몸이 피곤해 죽겠다', '잠이 부족하다'라고 말하지만, 사실은 몸이 아니라 나의 생각이 피곤한 것이다. 몸은 생각할 능력이 없다. 따라서 마음만 달리 먹으면, 자신의 삶을 지배하고 있는 무기력을 쫓아낼 수 있다. 다만 나의 모든 발전은 내게 변화하고 싶은 의지가 얼마만큼 있는가에 달려 있다. 극한 상황에서 의지만으로 어떻게 가능할 수 있느냐고 반문할 수 있다. 그럼 죽음의 수용소에서 온 그의 처절한 증언을 들어보자.

6인치밖에 되지 않는 계단을 걸어갈 힘조차 없었다. 너무 배가 고파 계단을 오르다 쓰러지기를 반복했다.

가장 견딜 수 없던 것은 모욕감이었다. 몽둥이로 때리는 것도 아니고 돌멩이를 던지며 감시병은 우리를 모욕했다. 마치 짐승을 대하듯 비웃는 그들의 태도는 육체적 고통보다 견디기 힘든 모멸을 주었다.

맨 처음 만나게 되는 관문은 장교였다. 나중에야 그가 손짓으로 왼쪽, 오른쪽 할 때 우리의 운명이 결정됨을 알았다. 90퍼센트는 여러 나라 언어로 목욕탕이라고 쓰인 곳으로 가고, 10퍼센트만이 수용소로 수감된다. 90퍼센트의 수감자는 불에 타버려 연기처럼 날아간다.

원하는 것을 이루기 위해서는 강력한 정신력이 있어야 한다. 우리는 우리 자신을 제어할 수 있어야 한다. 그게 불확실성이 가득한 이 세상에서 우리를 살아남게 할 가장 강력한 힘이다. SNS나 메신저의 대화명을 보면 "한 달 동안 금주 선언! 아무도 방해하지 마세요", "5킬로그램 감량! 저녁 약속 사절입니다"라는 글을 자주 볼 수 있다. 이들을 보면 대단하다기보다는 측은하다는 생각이 든다. '한 달 금주' 혹은 '5킬로그램 감량'을 계속해서 마음먹는 이유는 평소 자신을 제어하지 못하기 때문이다. 완전하게 취할 때까지 마시고, 필요 이상으로 먹기 때문이다. 정신력은 오랜 시간 쌓여 만들어지는 수공예품이다. 그래서 언제나 자신의 의지력을 개선하려는 노력을 해야 한다. 노력하면 강력한 정신력을 가질 수 있다.

순간의 합이 현실의 결과를 결정한다

허리가 안 좋다 보니 산책을 오랜 시간 즐길 수 없어서 대신 택한 것이 실내 자전거였다. 그래서 매일 2시간씩 꼬박꼬박 페달을 밟고 있는데, 아무래도 타는 시간이 많다 보니 기계가 금방 고장이 난다. 2년 전에 구매한 10만원 정도 하는 실내 자전거도 1,400시간 정도를 타니 페달의 속도 제어 장치가 고장이 나서, 페달이 힘없이 저절로 돌아갔다. 수리를 하자니 아예 새로운 제품을 구매하는 게 비용면에서 효율적이었다. 검색을 해보니 다들 페달 부분이 고장이 나면 버리고 새로운 제품을 사는 것이 일반적인 선택이었다.

그러나 나는 일주일 정도만 더 페달을 돌려보기로 했다. 고장 났다고 생각되는 이 페달도 분명 다른 쓸모가 있다고 생각했기 때문이다. 그러다가 이런 사실을 깨달았다. 시속 25킬로미터 이하일 때는 저절로 돌아가는 페달 속도에 내가 지배를 받지만, 25킬로미터 이상으로 강하게 돌리면 반대로 내가 속도를 지배할 수 있었다. 물론 시속 25킬로미터 이상으로 페달을 돌리는 것은 매우 힘든 일이다. 페달이 고장이 나기 전에 돌리던 15에서 18킬로미터의 속도에 비해서 너무 빨랐기 때문이다. 게다가 나는 책을 읽으며 페달을 돌리기 때문에 더욱 힘들었다.

일주일 동안 나는 내 몸을 시속 25킬로미터 이상의 속도에 맞게 재설정했다. 3일 정도가 되자 속도에 몸이 익숙해졌고, 일주일이 지나자 30킬로미터가 넘는 속도로 페달을 돌리면서도 예전처럼 차분하게 책을 읽을 수 있었다. 페달이 고장 나기 전에 나는 시속 15킬로미터에서 책을 읽는 법을 깨우쳤지만, 고장이 난 덕분에 이제는 시속 30킬로미터로 페달을 돌리며 책을 읽을 수 있는 내가 되었다. 세상에 쓸모없는 것은 없다. 대상이 쓸모없어지는 것이 아니라, 내가 쓸모를 마련해주지 못했을 뿐이다. 모든 것에서 쓸모를 발견할 수 있다면 내 주변에 존재하는 모든 것이 희망이다.

어떤 상황에서도 흔들리지 않는 사람이 되고 싶다면 운동선수가 체력 단련을 하듯 정신력을 단련해야 한다. 오랜 세월이 쌓여 만들어진 정신력은 어떤 스펙보다 강력한 힘이 된다. "그렇게까지 피곤하게 살아야 하나요?"라고 불평을 하는 사람에게 빅터 프랭클은 이렇게 답한다.

내가 가장 자신 있는 건 나를 제어하는 일이어야 합니다. 내가 나를 제어하지 못하는 순간, 비만 환자가 의사의 제어를 받듯, 결국 나는 누군가의 제어를 받게 될 테니까요.

세상은 온통 불확실성으로 가득 차 있다. 누구도 내일을 정확하게 예측할 수 없다. 오늘은 정답이지만, 그 답이 내일까지 이어진다는 보장은 어디에도 없다. 1년만 지나도 전혀 다른 세계에 살고 있는 것 같은 느낌이 들 정도로, 세상은 아주 빠르게 변하고 있다. 우리는 확실한 것이 아니라, 불확실한 것에 대한 믿음을 가져야 한다. 불확실성에 대한 끝없는 탐구와 믿음은 삶의 변화를 가능하게 하는 필수 조건이기 때문이다.

순간에 집중하는 능력과 목표 의식을 가지고 노력의 가치를 제대로 알며, 내 삶은 내가 결정한다는 의지를 갖고 강력한 정신력을 단련한다면 어떤 상황에서도 흔들리지 않고 사색하는 사람이 될 수 있을 것이다. 그리고 이 불확실한 것으로 가득한 세상에서 사색을 즐기며 삶을 소풍처럼 보낼 수 있을 것이다.

 여기, 그렇게 인생을 멋지게 즐기다 간 사람이 한 명 있다. 1862년 5월 6일, 미국의 작가 헨리 데이비드 소로는 밀려오는 죽음의 기운을 느꼈다. 하지만 마지막까지 여유를 잃지 않았다. 문득 여동생에게 『소로우의 강』의 마지막 장을 읽어달라고 부탁했다. 얼마나 시간이 지났을까? 그는 작지만 분명한 목소리로 이렇게 말했다.

 이제야 멋진 항해가 시작되는군.

 그리고 그는 숨을 거두었다. 많은 사람이 죽음의 순간 생을 갈망하며, 조금 더 살고 싶다는 욕망에 사로잡힌다. 사는 동안 삶을 충분히 즐기지 못했기 때문이다. 하지만 사색가들이 죽음을 맞이하는 순간은 다르다. 그들은 생을 구걸하거나, 고통의 눈물을 흘리지 않는다. 그저 어제와 같은 하루를 보내며 자신의 삶을 조용히 정리한다. 이처럼 사색은 고달픈 게 아니다. 당신도 그 즐거움을 느낄 수 있기를 바란다.

나가며 **읽었으면, 배웠으면,
이제 밖으로 나가라**

　세상의 기준에서 성공한 어떤 사람들은 온갖 방법을 다 사용해서 그 자리에 올라간 후, 자신처럼 되고 싶은 사람들을 가르칠 때는 자신의 과거를 좋은 것들로 포장하고 전혀 다른 것을 가르친다. 편법의 전문가였던 사람이 갑자기 도덕을 강조하며 법을 지켜야 성공한다고 말하는 것이다. 이제 그들에게 필요한 것은 부와 권력이 아닌, 명예와 인품이기 때문이다. 그걸 모르고 그들의 교육이나 조언을 통해 성공하려 애쓰는 수많은 사람들은 시간이 지나면서 성공하기보다는 오히려 바닥에 주저앉게 된다.

　나는 성공한 그들이 나쁘다고 말하는 것이 아니다. 오히려 그들이 지난 수십 년 동안 노력해서 얻고 쌓은 것을 그 짧은 시간에 배워서 성공하려는 사람들이 순진하거나 엇나간 욕망을 가지고 있다고 본다.

　인생은 수많은 과정의 연속이다. 많은 사람이 자신이 잠자고 있는 동안에도 수입이 입금되는 인생을 원하지만 그건 하루아침에 이뤄지는 것이 아니다. 현실에서 치열하게 속고 빼앗기고 쓰러진 경험이 쌓이며 차곡차곡 과정을 밟은 사람에게 주어지는 특권이기 때문이다. 하나 묻겠다.

"지금 당신은 자신의 인생을 살고 있는가?"

삶을 한번 돌아보라. 당신은 어떤 일을 시작할 때 '남들이 내가 시작한 일을 어떻게 생각할까?'라는 걱정을 하지 않는가? 당신이 움직이고 이야기를 할 때마다 상대의 눈과 귀를 의식하고 있다면, 과연 그게 자신을 위한 것이라고 말할 수 있을까.

상대를 의식하는 한, 당신은 상대의 것이다.
결국 당신은 타인의 삶을 살고 있는 셈이다.
그것도 아주 열심히.

나는 말이 앞서는 사람을 믿지 않는다. 소리 지르는 사람을 믿지 않는다. 다만 조용히 뜨겁게 불타오르는 사람을 믿는다. 그들은 자신의 생각으로 삶을 살고 있기 때문이다. 지금 어디에서 무엇을 하든 그게 내가 선택한 삶이라면, 뜨겁게 불태우길 바란다.

아무리 고가의 신선한 식재료가 있다 한들 그저 노려본다고 음식이 되는 것은 아니다. 해본 적이 없는 사람은 오히려 엄청난 꿈을 꾸지만 조금이라도 해본 사람의 꿈은 바로 앞을 보고 있다. 무언가를 이룬다는 것이 쉽지 않다는 사실을 경험으로 알았기 때문이다.

들었으면, 읽었으면, 배웠으면, 이제 밖으로 나가라.

매일 인문학 공부

초판 1쇄 인쇄일 2021년 1월 29일
초판 4쇄 발행일 2024년 9월 20일

지은이 김종원

발행인 조윤성

편집 정상미 **디자인** 양혜민 **마케팅** 서승아
발행처 ㈜SIGONGSA **주소** 서울시 성동구 광나루로 172 린하우스 4층(우편번호 04791)
대표전화 02-3486-6877 **팩스(주문)** 02-585-1755
홈페이지 www.sigongsa.com / www.sigongjunior.com

글 ⓒ 김종원, 2021

이 책의 출판권은 ㈜SIGONGSA에 있습니다. 저작권법에 의해
한국 내에서 보호받는 저작물이므로 무단 전재와 무단 복제를 금합니다.

ISBN 979-11-6579-399-9 03190

*SIGONGSA는 시공간을 넘는 무한한 콘텐츠 세상을 만듭니다.
*SIGONGSA는 더 나은 내일을 함께 만들 여러분의 소중한 의견을 기다립니다.
*잘못 만들어진 책은 구입하신 곳에서 바꾸어 드립니다.

WEPUB 원스톱 출판 투고 플랫폼 '위펍' _wepub.kr
위펍은 다양한 콘텐츠 발굴과 확장의 기회를 높여주는
SIGONGSA의 출판IP 투고·매칭 플랫폼입니다.